Manual del Discipulado

Creciendo y ayudando a otros a crecer

Manual del Discipulado

Creciendo y ayudando a otros a crecer

❖ 24 estudios para desarrollar la madurez en Cristo ❖
❖ Ideal para grupos pequeños ❖
❖ Una herramienta eficaz para hacer discípulos ❖

Gregory J. Ogden

editorial clie

EDITORIAL CLIE
M.C.E. Horeb, E.R. n.º 2.910 SE-A
C/ Ramón Llull, 20
08232 VILADECAVALLS (Barcelona) ESPAÑA
E-mail: libros@clie.es
Internet: http:// www.clie.es

MANUAL DEL DISCIPULADO:
Creciendo y ayudando a otros a crecer.
Gregory J. Ogden

Publicado originalmente en inglés por InterVarsity Press con el título *Discipleship Essentials* por Greg Ogden.
Copyright © 1998 por Greg Ogden.
Traducido y publicado en español por CLIE con permiso de InterVarsity Press, P.O. Box 1400, Downers Grove, IL, 60515, USA.

© 2006 por Editorial CLIE para la edición en español.

Todos los derechos reservados.

Director de la colección: Dr. Matt Williams

Traducción:
Dorcas González Bataller

Equipo editorial (revisión y corrección):
Anabel Fernández Ortiz
Dorcas González Bataller

Diseño de cubiertas: Ismael López Medel

ISBN: 978-84-8267-502-2

Printed in USA

Clasifíquese:
585 MINISTERIOS CRISTIANOS:
Discipulado
CTC: 02-08-0585-39
Referencia: 22.46.38

*A Eric,
un querido hermano que,
en su lecho de muerte,
reflejó la presencia
del Cristo vivo*

COLECCIÓN TEOLÓGICA CONTEMPORÁNEA:
Libros publicados

Estudios bíblicos

Michael J. Wilkins & J.P. Moreland (editores), *Jesús bajo sospecha*
F.F. Bruce, *Comentario de la Epístola a los Gálatas*
Peter H. Davids, *La Primera Epístola de Pedro*
Gordon Fee, *Comentario de la Epístola a los Filipenses*
Murray J. Harris, *3 preguntas clave sobre Jesús*
Leon Morris, *El Evangelio de Juan, 2 volúmenes*
Robert H. Stein, *Jesús, el Mesías: Un estudio de la vida de Cristo*

Estudios teológicos

Richard Bauckham, *Dios Crucificado: Monoteísmo y Cristología en el Nuevo Testamento*
G.E. Ladd, *Teología del Nuevo Testamento*
Leon Morris, *Jesús es el Cristo: Estudios sobre la teología joánica*
N.T. Wright, *El verdadero pensamiento de Pablo*
Clark H. Pinnock, *Revelación bíblica: el fundamento de la teología cristiana*

Estudios ministeriales

Bonnidell Clouse & Robert G. Clouse, eds., *Mujeres en el ministerio. Cuatro puntos de vista*
Michael Green & Alister McGrath, *¿Cómo llegar a ellos? Defendamos y comuniquemos la fe cristiana a los no creyentes*
Wayne. A. Grudem, ed., *¿Son vigentes los dones milagrosos? Cuatro puntos de vista*
J. Matthew Pinson, ed., *La Seguridad de la Salvación. Cuatro puntos de vista*
Dallas Willard, *Renueva tu Corazón: Sé como Cristo*
Gregory J. Ogden, *Discipulado que transforma: el modelo de Jesús*
Gregory J. Ogden, *Manual del discipulado: creciendo y ayudando a otros a crecer*

Índice

Presentación de la Colección Teológica Contemporánea 9
Cómo usar el *Manual del discipulado* 19

Primera parte: Creciendo en Cristo 27
1 Hacer discípulos 29
2 Ser un discípulo 37
3 El tiempo devocional 46
4 El estudio bíblico 55
5 La oración 63
6 La adoración 73

Segunda parte: Entendiendo el mensaje de Cristo 83
7 Dios en tres personas 85
8 Hechos a imagen de Dios 96
¿Cómo vamos? Revisión del pacto 106
9 El pecado 107
10 La Gracia 116
11 La Redención 125
12 La Justificación 135
13 La Adopción 145

Tercera parte: Siendo como Cristo 154
14 Llenos del Espíritu Santo 156
15 El fruto del Espíritu Santo 165
16 La confianza 176
¿Cómo vamos? Revisión del pacto 186
17 El amor 187
18 La justicia 197
19 El testimonio 209

Cuarta parte: Sirviendo a Cristo 221
20 La Iglesia 223
21 Los dones ministeriales 238
22 La guerra espiritual 253
23 Andar en obediencia 265
24 Compartir la riqueza espiritual 275
Apéndice: Construye un ministerio de discipulado 283

Bibliografía en castellano 287
Bibliografía selecta en inglés 289

Presentación de la
Colección Teológica Contemporánea

Cualquier estudiante de la Biblia sabe que hoy en día la literatura cristiana evangélica en lengua castellana aún tiene muchos huecos que cubrir. En consecuencia, los creyentes españoles muchas veces no cuentan con las herramientas necesarias para tratar el texto bíblico, para conocer el contexto teológico de la Biblia, y para reflexionar sobre cómo aplicar todo lo anterior en el transcurrir de la vida cristiana.

Esta convicción fue el principio de un sueño: la "Colección Teológica Contemporánea." Necesitamos más y mejores libros para formar a nuestros estudiantes y pastores para su ministerio. Y no solo en el campo bíblico y teológico, sino también en el práctico –si es que se puede distinguir entre lo teológico y lo práctico–, pues nuestra experiencia nos dice que por práctica que sea una teología, no aportará ningún beneficio a la Iglesia si no es una teología correcta.

Sería magnífico contar con el tiempo y los expertos necesarios para escribir libros sobre las áreas que aún faltan por cubrir. Pero como éste no es un proyecto viable por el momento, hemos decidido traducir una serie de libros escritos originalmente en inglés.

Queremos destacar que además de trabajar en la traducción de estos libros, en muchos de ellos hemos añadido preguntas de estudio al final de cada capítulo para ayudar a que tanto alumnos como profesores de seminarios bíblicos, como el público en general, descubran cuáles son las enseñanzas básicas, puedan estudiar de manera más profunda, y puedan reflexionar de forma actual y relevante sobre las aplicaciones de los temas tratados. También hemos añadido en la mayoría de los libros una bibliografía en castellano, para facilitar la tarea de un estudio más profundo del tema en cuestión.

En esta "Colección Teológica Contemporánea," el lector encontrará una variedad de autores y tradiciones evangélicos de reconocida trayectoria. Algunos de ellos ya son conocidos en el mundo de habla hispana (como F.F. Bruce, G.E. Ladd y L.L. Morris). Otros no tanto, ya que aún no han sido traducidos a nuestra lengua (como N.T. Wright y R. Bauckham); no obstante, son mundialmente conocidos por su experiencia y conocimiento.

Todos los autores elegidos son de una seriedad rigurosa y tratan los diferentes temas de forma profunda y comprometida. Así, todos los libros son el reflejo de los objetivos que esta colección se ha propuesto:

1. Traducir y publicar buena literatura evangélica para pastores, profesores y estudiantes de la Biblia.
2. Publicar libros especializados en las áreas donde hay una mayor escasez.

La "Colección Teológica Contemporánea" es una serie de estudios bíblicos y teológicos dirigida a pastores, líderes de iglesia, profesores y estudiantes de seminarios e institutos bíblicos, y creyentes en general, interesados en el estudio serio de la Biblia. La colección se dividirá en tres áreas:

Estudios bíblicos
Estudios teológicos
Estudios ministeriales

Esperamos que estos libros sean una aportación muy positiva para el mundo de habla hispana, tal como lo han sido para el mundo anglófono y que, como consecuencia, los cristianos –bien formados en Biblia y en Teología– impactemos al mundo con el fin de que Dios, y solo Dios, reciba toda la gloria.

Queremos expresar nuestro agradecimiento a los que han hecho que esta colección sea una realidad, a través de sus donativos y oraciones. "Tu Padre... te recompensará".

DR. MATTHEW C. WILLIAMS
Editor de la Colección Teológica Contemporánea
Profesor en IBSTE (Barcelona) y Talbot School of Theology
(Los Angeles, CA., EEUU)

Lista de títulos

A continuación presentamos los títulos de los libros que publicaremos, DM, en los próximos tres años, y la temática de las publicaciones donde queda pendiente asignar un libro de texto. Es posible que haya algún cambio, según las obras que publiquen otras editoriales, y según también las necesidades de los pastores y de los estudiantes de la Biblia. Pero el lector puede estar seguro de que vamos a continuar en esta línea, interesándonos por libros evangélicos serios y de peso.

Estudios bíblicos

Nuevo Testamento

D.A. Carson, Douglas J. Moo, Leon Morris, *Una Introducción al Nuevo Testamento* [An Introduction to the New Testament, rev. ed., Grand Rapids, Zondervan, 2005]. Se trata de un libro de texto imprescindible para los estudiantes de la Biblia, que recoge el trasfondo, la historia, la canonicidad, la autoría, la estructura literaria y la fecha de todos los libros del Nuevo Testamento. También incluye un bosquejo de todos los documentos neotestamentarios, junto con su contribución teológica al Canon de las Escrituras. Gracias a ello, el lector podrá entender e interpretar los libros del Nuevo Testamento a partir de una acertada contextualización histórica.

Jesús

Murray J. Harris, *3 preguntas clave sobre Jesús* [*Three Crucial Questions about Jesus*, Grand Rapids: Baker, 1994]. ¿Existió Jesús? ¿Resucitó Jesús de los muertos? ¿Es Jesús Dios? Jesús es uno de los personajes más intrigantes de la Historia. Pero, ¿es verdad lo que se dice de Él? *3 preguntas clave sobre Jesús* se adentra en las evidencias históricas y bíblicas que prueban que la fe cristiana auténtica no es un invento ni una locura. Jesús no es un invento, ni fue un loco. ¡Descubre su verdadera identidad!

Robert H. Stein, *Jesús, el Mesías: Un Estudio de la Vida de Cristo* [*Jesus the Messiah: A Survey of the Life of Christ*, Downers Grove, IL; Leicester, England: InterVarsity Press, 1996]. Hoy en día hay muchos escritores que están adaptando el personaje y la historia de Jesús a las demandas de la era en la que vivimos. Este libro establece un diálogo con esos escritores, presentando al Jesús bíblico. Además, nos ofrece un estudio tanto de las enseñanzas como de los acontecimientos importantes de la vida de Jesús. Stein enseña Nuevo Testamento en Bethel Theological Seminary, St. Paul, Minnesota, EE.UU. Es autor de varios libros sobre Jesús, y ha tratado el tema de las parábolas y el problema sinóptico, entre otros.

Michael J. Wilkins & J.P. Moreland (editores), *Jesús bajo sospecha*, Terrassa: CLIE, Colección Teológica Contemporánea, vol. 4, 2003. Una defensa de la historicidad de Jesús, realizada por una serie de expertos evangélicos en respuesta a "El Seminario de Jesús," un grupo que declara que el Nuevo Testamento no es fiable y que Jesús fue tan solo un ser humano normal.

Juan

Leon Morris, *Comentario al Evangelio de Juan* [*Commentary on John*, 2nd edition, New International Commentary on the New Testament; Grand Rapids, MI: Wm. B. Eerdmans Publishers, 1995]. Los comentarios de esta serie, *New International Commentary on the New Testament*, están considerados en el mundo anglófono como unos de los comentarios más serios y recomendables. Analizan el texto de forma detallada, deteniéndose a considerar temas contextuales y exegéticos, y el sentido general del texto.

Romanos

Douglas J. Moo, *Comentario a la Epístola a los Romanos* [*Commentary on Romans*, New International Commentary on the New Testament; Grand Rapids, MI: Wm. B. Eerdmans Publishers, 1996]. Moo es profesor de Nuevo Testamento en Wheaton College. Los comentarios de esta serie, *New International Commentary on the New Testament*, están considerados en el mundo anglófono como unos de los comentarios más serios y recomendables. Analizan el texto de forma detallada, deteniéndose a considerar temas contextuales y exegéticos, y el sentido general del texto.

Gálatas

F.F. Bruce, *Comentario a la Epístola a los Gálatas*, Terrassa: CLIE, Colección Teológica Contemporánea, vol. 7, 2004.

Filipenses

Gordon Fee, *Comentario de la Epístola a los Filipenses* [*Commentary on Philippians*, New International Commentary on the New Testament;

Grand Rapids, MI: Wm. B. Eerdmans Publishers, 1995]. Los comentarios de esta serie, *New International Commentary on the New Testament*, están considerados en el mundo anglófono como unos de los comentarios más serios y recomendables. Analizan el texto de forma detallada, deteniéndose a considerar temas contextuales y exegéticos, y el sentido general del texto.

Pastorales
Gordon Fee, *Comentario a 1ª y 2ª Timoteo, y Tito*. El comentario de Fee sobre 1ª y 2ª a Timoteo y sobre Tito está escrito de una forma accesible, pero a la vez profunda, pensando tanto en pastores y estudiantes de seminario como en un público más general. Empieza con un capítulo introductorio que trata las cuestiones de la autoría, el contexto y los temas de las epístolas, y luego ya se adentra en el comentario propiamente dicho, que incluye notas a pie de página para profundizar en los detalles textuales que necesitan mayor explicación.

Primera de Pedro
Peter H. Davids, *La Primera Epístola de Pedro*, Terrassa: CLIE, Colección Teológica Contemporánea, vol. 10, 2004. Los comentarios de esta serie, *New International Commentary on the New Testament*, están considerados en el mundo anglófono como unos de los comentarios más serios y recomendables. Analizan el texto de forma detallada, deteniéndose a considerar temas contextuales y exegéticos, y el sentido general del texto. Davids enseña Nuevo Testamento en Regent College, Vancouver, Canadá.

Apocalipsis
Robert H. Mounce, *El Libro del Apocalipsis* [*The Book of Revelation*, rev. ed., New International Commentary on the New Testament; Grand Rapids, MI: Wm. B. Eerdmans Publishers, 1998]. Los comentarios de esta serie, *New International Commentary on the New Testament*, están considerados en el mundo anglófono como unos de los comentarios más serios y recomendables. Analizan el texto de forma detallada, deteniéndose a considerar temas contextuales y exegéticos, y el sentido general del texto. Mounce es presidente emérito de Whitworth College, Spokane, Washington, EE.UU., y en la actualidad es pastor de Christ Community Church en Walnut Creek, California.

Estudios teológicos

Cristología
Richard Bauckham, *Dios Crucificado: Monoteísmo y Cristología en el Nuevo Testamento*, Terrassa: CLIE, Colección Teológica Contemporánea, vol. 6, 2003. Bauckham, profesor de Nuevo Testamento en St. Mary's College de la Universidad de St. Andrews, Escocia, conocido por sus estudios sobre el contexto de los Hechos, por su exégesis del Apocalipsis, de 2ª de Pedro y de Santiago, explica en esta obra la información contextual necesaria para comprender la cosmovisión monoteísta judía, demostrando que la idea de Jesús como Dios era perfectamente reconciliable con tal visión.

Teología del Nuevo Testamento
G.E. Ladd, *Teología del Nuevo Testamento*, Terrassa: CLIE, Colección Teológica Contemporánea, vol. 2, 2002. Ladd era profesor de Nuevo Testamento y Teología en Fuller Theological Seminary (EE.UU.); es conocido en el mundo de habla hispana por sus libros *Creo en la resurrección de Jesús*, *Crítica del Nuevo Testamento*, *Evangelio del Reino* y *Apocalipsis de Juan: Un comentario*. Presenta en esta obra una teología completa y erudita de todo el Nuevo Testamento.

Teología joánica
Leon Morris, *Jesús es el Cristo: Estudios sobre la Teología Joánica*, Terrassa: CLIE, Colección Teológica Contemporánea, vol. 5, 2003. Morris es muy conocido por los muchos comentarios que ha escrito, pero sobre todo por el comentario de Juan de la serie *New International Commentary of the New Testament*. Morris también es el autor de *Creo en la Revelación*, *Las cartas a los Tesalonicenses*, *El Apocalipsis*, *¿Por qué murió Jesús?*, y *El salario del pecado*.

Teología paulina
N.T. Wright, *El verdadero pensamiento de Pablo*, Terrassa: CLIE, Colección Teológica Contemporánea, vol. 1, 2002. Una respuesta a aquellos que dicen que Pablo comenzó una religión diferente a la de Jesús. Se trata de una excelente introducción a la teología paulina y a la "nueva perspectiva" del estudio paulino, que propone que Pablo luchó contra el exclusivismo judío y no tanto contra el legalismo.

Teología Sistemática
Millard Erickson, *Teología sistemática* [*Christian Theology*, 2nd edition, Grand Rapids: Baker, 1998]. Durante quince años esta teología sistemática de Millard Erickson ha sido utilizada en muchos lugares como una introducción muy completa. Ahora se ha revisado este clásico teniendo en cuenta los cambios teológicos, igual que los muchos cambios intelectuales, políticos, económicos y sociales.

Teología Sistemática: Revelación/Inspiración
Clark H. Pinnock, *Revelación bíblica*: el fundamento de la teología cristiana, Prefacio de J.I. Packer, Terrassa: CLIE, Colección Teológica Contemporánea, vol. 8, 2004. Aunque conocemos los cambios teológicos de Pinnock en estos últimos años, este libro, de una etapa anterior, es una defensa evangélica de la infalibilidad y veracidad de las Escrituras.

Estudios ministeriales

Apologética/Evangelización
Michael Green & Alister McGrath, *¿Cómo llegar a ellos? Defendamos y comuniquemos la fe cristiana a los no creyentes*, Terrassa: CLIE, Colección Teológica Contemporánea, vol. 3, 2003. Esta obra explora la Evangelización y la Apologética en el mundo postmoderno en el que nos ha tocado vivir, escrito por expertos en Evangelización y Teología.

Discipulado
Gregory J. Ogden, *Discipulado que transforma: el modelo de Jesús* [*Transforming Discipleship: Making Disciples a Few at a Time*, Downers Grove, IL: InterVarsity Press, 2003]. Si en nuestra iglesia no hay crecimiento, quizá no sea porque no nos preocupemos de las personas nuevas, sino porque no estamos discipulando a nuestros miembros de forma eficaz. Muchas veces nuestras iglesias no tienen un plan coherente de discipulado y los líderes creen que les faltan los recursos para animar a sus miembros a ser verdaderos seguidores de Cristo. Greg Ogden habla de la necesidad del discipulado en las iglesias locales y recupera el modelo de Jesús: lograr un cambio de vida invirtiendo en la madurez de grupos pequeños para poder llegar a todos. La forma en la que Ogden trata este tema es bíblica, práctica e increíblemente eficaz; ya se ha usado con mucho éxito en cientos de iglesias.

Gregory J. Ogden, *Manual del discipulado: creciendo y ayudando a otros a crecer.* Cuando Jesús discipuló a sus seguidores lo hizo compartiendo su vida con ellos. Este manual es una herramienta diseñada para ayudarte a seguir el modelo de Jesús. Te ayudará a profundizar en la fe cristiana y la de los otros creyentes que se unan a ti en este peregrinaje hacia la madurez en Cristo. Jesús tuvo la suficiente visión como para empezar por lo básico. Se limitó a discipular a unos pocos, pero eso no limitó el alcance de sus enseñanzas. El *Manual del discipulado* está diseñado para ayudarte a influir en otros de la forma en que Jesús lo hizo: invirtiendo en unos pocos.

Dones/Pneumatología
Wayne. A. Grudem, ed., *¿Son vigentes los dones milagrosos? Cuatro puntos de vista*, Terrassa: CLIE, Colección Teológica Contemporánea, vol. 9, 2004. Este libro pertenece a una serie que se dedica a exponer las diferentes posiciones que hay sobre diversos temas. Esta obra nos ofrece los argumentos de la perspectiva cesacionista, abierta pero cautelosa, la de la Tercera Ola, y la del movimiento carismático; cada una de ellas acompañadas de los comentarios y la crítica de las perspectivas opuestas.

Hermenéutica/Interpretación
J. Scott Duvall & J. Daniel Hays, *Entendiendo la Palabra de Dios* [*Grasping God's Word*, rev. ed., Grand Rapids: Zondervan, 2005]. ¿Cómo leer la Biblia? ¿Cómo interpretarla? ¿Cómo aplicarla? Este libro salva las distancias entre los acercamientos que son demasiado simples y los que son demasiado técnicos. Empieza recogiendo los principios generales de interpretación y, luego, aplica esos principios a los diferentes géneros y contextos para que el lector pueda entender el texto bíblico y aplicarlo a su situación.

La Homosexualidad
Thomas E. Schmidt, *La homosexualidad: compasión y claridad en el debate.* Escribiendo desde una perspectiva cristiana evangélica y con una profunda empatía, Schmidt trata el debate actual sobre la homosexualidad: La definición bíblica de la homosexualidad; Lo que la Biblia dice sobre la homosexualidad; ¿Se puede nacer con orientación homosexual?; Las recientes reconstrucciones pro-gay de la Historia y de la Biblia; Los efectos sobre la salud del comportamiento homosexual. Debido a toda la investigación que el autor ha realizado y a todos los

argumentos que presenta, este libro es la respuesta cristiana actual más convincente y completa que existe en cuanto al tema de la homosexualidad.

Misiones
John Piper, *¡Alégrense las Naciones!: La Soberanía de Dios y las Misiones*. Usando textos del Antiguo y del Nuevo Testamento, Piper demuestra que la *adoración* es el fin último de la Iglesia, y que una adoración correcta nos lleva a la acción misionera. Según él, la *oración* es el combustible de la obra misionera porque se centra en una relación con Dios y no tanto en las necesidades del mundo. También habla del *sufrimiento* que se ha de pagar en el mundo de las misiones. No se olvida de tratar el debate sobre si Jesús es el *único camino* a la Salvación.

Mujeres en la Iglesia
Bonnidell Clouse & Robert G. Clouse, eds., *Mujeres en el ministerio. Cuatro puntos de vista* [*Women in Ministry: Four Views*, Downers Grove: IVP, 1989]. Este libro pertenece a una serie que se dedica a exponer las diferentes posiciones que hay sobre diversos temas. Esta obra nos ofrece los argumentos de la perspectiva tradicionalista, la que aboga en pro del liderazgo masculino, en pro del ministerio plural, y la de la aproximación igualitaria; todas ellas acompañadas de los comentarios y la crítica de las perspectivas opuestas.

Predicación
Bill Hybels, Stuart Briscoe, Haddon Robinson, *Predicando a personas del s. XXI* [Mastering Contemporary Preaching, Multnomah Publications, 1990]. Éste es un libro muy útil para cualquier persona con ministerio. Su lectura le ayudará a entender el hecho en sí de la predicación, las tentaciones a las que el predicador se tiene que enfrentar, y cómo resistirlas. Le ayudará a conocer mejor a las personas para quienes predica semana tras semana, y a ver cuáles son sus necesidades. Este libro está escrito en lenguaje claro y cita ejemplos reales de las experiencias de estos tres grandes predicadores: Bill Hybels es pastor de Willow Creek Community Church, Stuart Briscoe es pastor de Elmbrook Church, y Haddon Robinson es presidente del Denver Seminary y autor de *La predicación bíblica*.

Soteriología
J. Matthew Pinson, ed., *La Seguridad de la Salvación. Cuatro puntos de vista* [*Four Views on Eternal Security*, Grand Rapids: Zondervan, 2002].

¿Puede alguien perder la salvación? ¿Cómo presentan las Escrituras la compleja interacción entre la Gracia y el Libre albedrío? Este libro pertenece a una serie que se dedica a exponer las diferentes posiciones que hay sobre diversos temas. En él encontraremos los argumentos de la perspectiva del calvinismo clásico, la del calvinismo moderado, la del arminianismo reformado, y la del arminianismo wesleyano; todas ellas acompañadas de los comentarios y la crítica de las posiciones opuestas.

Vida cristiana
Dallas Willard, *Renueva tu Corazón: Sé como Cristo*, Terrassa: CLIE, Colección Teológica Contemporánea, vol. 13, 2004. No "nacemos de nuevo" para seguir siendo como antes. Pero: ¿Cuántas veces, al mirar a nuestro alrededor, nos decepcionamos al ver la poca madurez espiritual de muchos creyentes? Tenemos una buena noticia: es posible crecer espiritualmente, deshacerse de hábitos pecaminosos, y parecerse cada vez más a Cristo. Este *bestseller* nos cuenta cómo transformar nuestro corazón, para que cada elemento de nuestro ser esté en armonía con el reino de Dios.

Cómo usar el *Manual del discipulado*

¿Qué le ocurriría a la Iglesia de Cristo si una mayoría de los que dicen seguirle recibieran el alimento necesario para avanzar hacia la madurez a través de unas relaciones honestas y centradas en la Palabra de Dios? El resultado sería un enorme ejército de discípulos que imitan a su Maestro, que tienen clara cuál es su misión y que, por ello, tienen la iniciativa de ir y hacer discípulos.

El Manual del discipulado pretende ayudar a la creación de pequeños grupos de discipulado con la misión de multiplicarse. La visión que hay detrás de esta herramienta es lograr una red de discípulos que se extienda de generación en generación. Para ello, se han tenido en cuenta tres elementos que permiten que el Espíritu Santo pueda actuar de forma acelerada en el crecimiento de los creyentes que forman parte del grupo de discipulado. *El primer elemento es la verdad inmutable de la Palabra de Dios.*

El mundo occidental está inmerso en la era postcristiana. Antes, cuando lo normal era la cosmovisión cristiana, se daba por sentado que existía algún tipo de verdad "revelada" o, al menos, una verdad científica y objetiva que era cierta para todos. Pero en esta era postcristiana lo que predomina es el relativismo, especialmente en el campo de la moral y del estilo de vida. "Vive y deja vivir" es el lema que refleja cuál es el principio más valorado en la actualidad: la tolerancia. La gente cree que todas las convicciones morales y todos los estilos de vida tienen el mismo valor, porque la verdad es algo personal. En medio de este fuerte relativismo, iniciaremos estos veinticuatro capítulos con una verdad válida para todos, porque su fuerte es un Dios que es el mismo para todos.

Para muchos, la vida cristiana es una mezcla de ideas inconexas. Después de aprender enseñanzas en las predicaciones, en el estudio personal, en las conversaciones con otros creyentes, o leyendo buenos libros, es difícil discernir la relación que hay entre esas partes inconexas. Una persona que formaba parte de un grupo de discipulado, que usó este material, dijo que su proceso de aprendizaje había sido como ver la elaboración de un mosaico. Las lecciones siguientes han sido ordenadas de una forma secuencial para que al final se pueda tener una comprensión total de lo que es la vida cristiana.

Sin embargo, para que la verdad de la Palabra de Dios pueda ejercer su poder transformador, tiene que haber en el grupo un ambiente de confianza, y se debe trabajar para construir relaciones estrechas y duraderas. *El segundo elemento para que el Espíritu Santo pueda moverse con libertad son las relaciones transparentes.*

La unidad básica de la sociedad ya no es la familia o la comunidad. Nuestra era está marcada por las relaciones rotas. La filosofía predominante es la realización personal basada en lo que "me hace sentir bien ahora". Muchos nunca han vivido ni han visto una relación basada en el amor y el compromiso de por vida, ni tampoco la salud que se desprende de una relación así. Todo ser humano tiene la necesidad profunda de tener relaciones significativas porque estamos hechos a imagen y semejanza de Dios. Un grupo pequeño de discipulado es un lugar adecuado donde aprender a tener relaciones significativas. Dios nos creó para que nos relacionásemos, en primer lugar con Él y, como consecuencia, con los demás. Lo único que nos quedará en los momentos difíciles es la gente que amamos.

La transformación tiene lugar cuando nos acercamos a la verdad de la Palabra de Dios en el contexto de las relaciones transparentes. La Biblia enseña que el Espíritu Santo podrá actuar en nosotros en la medida en que nos abramos a los demás. Ser honestos con Dios no es suficiente. Cuando nos abrimos y confesamos nuestros pecados a los demás, le estamos dando permiso a Dios para que nos moldee. No podemos crecer de forma aislada. Dios nos ha creado para vivir en comunidad.

Hay un *tercer elemento que es necesario para que se dé la transformación: la supervisión mutua.* Eso significa que damos a los demás componentes del grupo de discipulado la autoridad para llamarnos la atención si no estamos cumpliendo los compromisos que hemos adquirido. Antes de empezar el discipulado estableceréis un pacto (ver p. 26) o convendréis los compromisos que vais a adquirir. En otras palabras: un pacto es un acuerdo común en el cual expresáis de forma clara las expectativas que tenéis los unos de los otros. Al hacerlo, os estáis dando permiso para recordaros los unos a los otros los compromisos que habéis adquirido.

Resumiendo, cuando la verdad de la Palabra de Dios es el centro de una relación sincera, y los componentes de esa relación están dispuestos a rendirse cuentas, ya tenemos los ingredientes necesarios para la transformación del Espíritu Santo. Este libro nos ofrece una estructura para que estos tres elementos se unan. Y si a este curso de discipulado le añades la visión de preparar a los discípulos de Jesús para que transmitan la fe de generación en generación, ya tienes los componentes para renovar un ministerio de pies a cabeza.

Contextos para el discipulado

Para muchos, el discipulado es el seguimiento que una persona más madura en la fe hace de una persona menos madura, así que estaríamos hablando de una relación como la de maestro y alumno, o como la de padre e hijo. Cuando elaboré el material del *Manual del discipulado* lo probé en varios contextos. Hasta ese momento mi concepto del discipulado había sido el que acabo de describir. Pero además de probar este material para enseñar a una persona joven en la fe, también lo probé con un grupo de tres personas (yo incluido), y con un grupo de diez. Y me quedé sorprendido por las diferencias que pude observar en cuanto a la dinámica. Después de mucha experiencia, he llegado a la conclusión de que los grupos de tres o cuatro personas es el mejor contexto para hacer un discipulado.

¿Por qué creo que el discipulado con tres personas es más eficaz que el discipulado tradicional (dos personas: el maestro y el alumno)? (1) En la relación maestro-alumno, el que enseña se ve en la posición de tener todas las respuestas o ser la fuente de toda la sabiduría. Al añadir una tercera persona, introducimos la dinámica de grupo. El que enseña puede hacer sus contribuciones de forma más natural en una dinámica de intercambio de ideas. (2) En un grupo de tres se pasa de un contexto jerárquico a un contexto relacional. El mayor obstáculo para que los que están siendo discipulados lleguen a tener la iniciativa de hacer discípulos es la dependencia que se crea en el discipulado tradicional. Sin embargo, en los grupos de tres el discipulado se ve como una relación de confianza y un viaje conjunto hacia la madurez en Cristo. La dimensión jerárquica queda minimizada. (3) Creo que la diferencia más grande está en que en el discipulado de tres o cuatro personas hay sentido de "conjunto". Normalmente, la presencia del Espíritu Santo entre nosotros era más evidente en los grupos de discipulado de tres que en el discipulado tradicional. (4) Cuanta más gente, más sabiduría. Al ser más, aumentan las perspectivas al acercarse a la Palabra, y las aplicaciones a la vida cotidiana, mientras que en el discipulado tradicional los modelos y las experiencias quedan más limitados. Al añadir al menos a una tercera persona, introducimos otra perspectiva en el proceso de aprendizaje. Todos los miembros ejercen como maestros. (5) Finalmente, si añadimos a una tercera persona y formamos a una persona más para la misión que Jesús nos ha encomendado (Mateo 28:19-20), aumentamos el proceso de multiplicación.

Quizá te preguntes: si tres es mejor que dos, ¿por qué no diez en vez de tres? Cuanto más grande sea el grupo, más difícil será obtener los tres elementos que propician la transformación. (1) *Verdad*: El aprendizaje se da en proporción a la posibilidad de interactuar con la Verdad, que resulta más difícil a medida que el número de participantes aumenta. También, cuanto mayor es el grupo, más complicado es tener en cuenta el proceso de aprendizaje de cada persona. (2) *Relaciones transparentes*: Compartir las luchas es necesario para que haya transformación, y cuanto más grande es el grupo, menos se abre la gente. Si no nos sentimos con la libertad de compartir nuestras luchas, el Espíritu no podrá usar a los miembros del grupo para ayudarnos. (3) *Supervisión mutua*: Cuanto más grande sea el grupo, más fácil es esconderse. Cuando podemos rendir cuentas ante los demás puede salir a la luz nuestra obediencia, o nuestra falta de compromiso para cumplir los objetivos que nos propusimos. Cuando hay mucha gente es más difícil adentrarse en la vida de las personas.

El papel del que enseña

El *Manual del discipulado* puede usarse en un variado número de contextos (estudio personal, dos personas, tres personas, diez personas), pero sea cual sea el contexto, la persona clave es aquella que enseña. Las herramientas no son las que hacen a los discípulos. Dios obra a través de discípulos suyos para que los que necesitan madurar tengan un modelo de lo que es la vida en Cristo. Si lo único que vais a hacer es seguir el contenido de este libro, no estáis respondiendo a la intención que me llevó a escribirlo. Este libro es un instrumento para el que quiere ayudar a otros a madurar, pero tendrá que estar dispuesto a amar a los que va a enseñar, a comprometerse con ellos, a dedicarles tiempo. Esta herramienta trata diferentes temas del discipulado, pero el que enseña tiene que personificar los principios de vida y las convicciones que se enseñan en el libro. Habrá verdadera instrucción si el que enseña es un modelo de lo que está enseñando. Recordemos las palabras de Jesús: "El discípulo no es superior a su Maestro" (Lucas 6:40).

Los estudios más recientes en el campo de la enseñanza secular revelan que la presencia de un modelo sigue siendo la dinámica de aprendizaje más importante. En el desarrollo de la conducta humana, "la motivación de parecerse a una persona que admiramos" está por encima de la coacción y la recompensa.[1] El nivel más bajo de aprendizaje es el de la sumisión o conformidad, cuando una persona controla a la otra. El segundo nivel es la identificación. Puede haber influencia porque existe el deseo de que la relación sea satisfactoria. El tercer nivel y el más alto es el de la interiorización, porque la conducta deseada se ha convertido de forma intrínseca en algo gratificante. Cuando se ofrece un modelo se crea un ambiente que afectará a los valores, las actitudes y la conducta.

A continuación, incluimos algunas de las funciones específicas del que enseña:

1. La primera función, que además es una función clave, es invitar a las personas a formar parte de una relación de discipulado. Tiene que explicarles en qué va a consistir no solo el curso, sino ese tipo de relación; explicarles qué compromisos van a adquirir y firmar el pacto que aparece en la página 26, "El pacto del discípulo". Así, el que enseña se convierte en el "guardián del pacto". El proceso del discipulado no debería comenzar hasta que el discípulo haya orado sobre el tema y haya firmado el pacto. Si no hay un pacto, un acuerdo, unos compromisos, los demás miembros del grupo no podrán pedirle cuentas. Durante el curso hay diferentes herramientas para que el que enseña pueda ejercer esta función. Después de las lecciones ocho y dieciséis aparece un apartado titulado "¿Cómo vamos?" que sirve para revisar el pacto inicial. El objetivo de este apartado después de la lección veinte es considerar en oración a qué persona/s podríamos invitar para iniciar otro grupo de discipulado cuando el nuestro llegue al final.

2. Inicialmente, el que enseña es el que lidera y guía al grupo. Su papel es guiar a los componentes a través del contenido, y ayudarles a

---

[1] *The Study of Identification Through Interpersonal Perception*, citado en Lawrence O. Richards, *A Theology of Christian Education* (Grand Rapids, Mich.: Zondervan, 1975), p. 83.

entender el formato de los encuentros. Las lecciones tienen un formato tan sencillo que en poco tiempo todos se sentirán familiarizados con él. Cuando el grupo haya llegado a un cuarto o un tercio del contenido, los miembros pueden turnarse la tarea de guiar los encuentros semanales, y así prepararse para llevar un grupo en un futuro próximo.

3. El que enseña tiene que hacer las tareas, al igual que los demás componentes del grupo. Aunque él o ella será quien haga las preguntas y anime a los demás a compartir lo que han respondido, también deberá compartir su respuesta, ser uno más a la hora de aportar los descubrimientos que ha podido hacer como fruto de las tareas asignadas.

4. El que enseña tiene que ser un modelo de transparencia y compartir sus luchas, sus preocupaciones y temas de oración, y confesar su pecado. No es necesario que tenga todas las respuestas a las preguntas bíblicas y teológicas. Una buena actitud es reconocer que no se sabe todo, pero estar dispuesto a investigar, y decir algo como "No lo sé, pero intentaré encontrar la respuesta". El modelo que está ofreciendo no será eficaz si lo basa en un falso perfeccionismo. El que enseña sigue estando en un proceso de aprendizaje sobre la Biblia y la vida cristiana, del mismo modo que los que están siguiendo el discipulado por primera vez.

Formato de los estudios

El *Manual del discipulado* ha sido diseñado para hacer una lección por semana, en una sesión de una hora y media. Obviamente, eso variará según el estilo de aprendizaje, la profundidad de las cuestiones personales que se estén compartiendo, y los lapsos que se dediquen a responder a cuestiones que surjan a medida que se va haciendo el estudio. Recordad que la idea de un grupo pequeño de discipulado como el que proponemos es avanzar a un ritmo que se adecue a los participantes. No os sintáis obligados a contestar cada una de las preguntas. Es mejor que uséis este libro como un menú del que elegir lo que va a ser de mayor provecho, sobre todo si hay cosas del contenido que ya se saben o los miembros ya las han incorporado a su vida diaria.

Las tareas deben realizarse de forma completa e individual antes de los encuentros con el resto del grupo. Todas las lecciones contienen los siguientes apartados:

Enseñanza principal: La enseñanza principal sirve como el principio a partir del cual se construirá toda la lección. El resto del capítulo está diseñado para explicar dicho principio bíblico.

Versículo para memorizar: Cuando aprendemos fragmentos de la Biblia de memoria, poco a poco conseguimos que la visión que Dios tiene de la vida se convierta en nuestra visión. El salmista escribe: "En mi corazón he guardado tus dichos, para no pecar contra ti" (Salmo 119:11). Esta disciplina hará que estemos arraigados en la Verdad, servirá para que podamos animar a otros hermanos con la Palabra de Dios, y nos ayudará a compartir nuestra fe con los demás. Y, por encima de todo eso, nos llevará a ser más como Cristo. Estos versículos deberían revisarse aproximadamente cada seis lecciones.

Estudio bíblico inductivo: La Biblia es la fuente indiscutible para descubrir y conocer la realidad. Nuestro interés no estará en almacenar conocimiento, sino que el objetivo de este estudio bíblico será ir conociendo la realidad y, con la ayuda del poder de Dios, hacer que nuestras vidas estén en consonancia con ella. Larry Richards ha resumido muy bien la relación que hay entre la Palabra de Dios y el concepto de realidad: "En la Palabra de Dios, el Espíritu de Dios ha revelado la verdadera naturaleza del mundo en el que vivimos, la verdadera naturaleza del ser humano y de Dios, la consumación última de la Historia, el funcionamiento de las relaciones, y las reacciones ante Dios y ante la vida; y cada una de estas revelaciones se corresponde con el estado real de las cosas, con la realidad".[2]

Lectura: Cada lección finaliza con una enseñanza cuyo objetivo es ofrecer una aplicación de la verdad eterna con la que se ha iniciado la lección. La aplicación servirá para que esa verdad nos rete y estimule nuestro pensamiento. Las preguntas que aparecen a continuación de la lectura nos ayudarán a ser concretos.

Tened siempre presente la oración. Empezad reconociendo la presencia de Cristo a través del Espíritu Santo, y abrid vuestras vidas a lo que Él quiera hacer en vosotros. Al compartir vuestras vidas, la oración es una respuesta

---

2 Lawrance O. Richards, *Youth Ministry* (Grand Rapids, Mich.: Zondervan, 1972), p. 29.

a las cargas de las que os vais deshaciendo o las bendiciones que Dios os va dando. Por último, interceded los unos por los otros para que podáis llevar a cabo los cambios de pensamiento, palabra o hecho que el Señor os esté pidiendo.

El pacto del discípulo

Para caminar hacia la madurez en Cristo, y para completar el *Manual del discipulado*, me comprometo a:

1. Completar todas las tareas antes del encuentro semanal para poder participar de forma activa en el encuentro (ver el apartado "Formato de los estudios").

2. Quedar de forma semanal con el grupo durante una hora y media para hablar del contenido de las tareas.

3. Ofrecerme al Señor por entero, sabiendo que voy a iniciar un proceso de transformación acelerada.

4. Contribuir para que se dé un ambiente de sinceridad, confianza y vulnerabilidad en un espíritu de edificación mutua.

5. Considerar seriamente la posibilidad de continuar esta cadena de discipulado, comprometiéndome a invertir tiempo y esfuerzo en, al menos, otras dos personas cuando ya hayamos completado el material del *Manual del discipulado*.

Firmado _____

Fecha _____

(Los compromisos que aparecen arriba no son más que unas pautas mínimas para que los encuentros, es decir, el discipulado, sean eficaces, y se revisarán después de las lecciones ocho y dieciséis. Sentíos con la libertad de añadir otros elementos si creéis que son necesarios).

Primera parte

Creciendo en Cristo

Bienvenido a esta aventura. Esto no es solo un curso de discipulado, sino que es una relación con los demás miembros del grupo y un peregrinaje que haréis juntos para crecer en Cristo. Esta experiencia une tres ingredientes que el Espíritu Santo usará para que Cristo sea formado en ti: la vulnerabilidad, la verdad, y la supervisión. Somos vulnerables cuando abrimos nuestras vidas a otros creyentes, dando permiso al Espíritu a que obre en nosotros. Cuanto más honestos y transparentes seamos con los demás, más estaremos confiando nuestra vida al Señor. La verdad de la Escritura es el motor del crecimiento. Dado que el material de este estudio está organizado de forma secuencial y sistemática, disfrutarás al ver cómo la verdad toma forma ante tus ojos. Finalmente, la supervisión nace de un pacto que se establece entre los participantes para que todos puedan tener la autoridad de llamar la atención a los demás si estos no están cumpliendo los compromisos que habían adquirido en un comienzo. La combinación de estos tres elementos sirve como el molde que Dios usa para ser formado en nosotros, para que nuestras vidas reflejen cada vez más a Cristo.

Hacer discípulos es el tema del capítulo uno. Vas a dar a tu vida un fundamento sólido, y parte de la madurez espiritual es el deseo de transmitir a otros la fe que ha dado sentido a tu vida. Que Dios te tome y te capacite para que puedas invertir en otras personas y hacer que eso sea un compromiso de por vida.

Ser un discípulo (capítulo dos) es algo muy serio. La única forma de ser la persona que Dios quiere que seas es negarte a ti mismo y obedecer a Cristo.

Los capítulos del tres al seis se centran en las disciplinas de la fe, lo que Dios usa en nuestras vidas para ayudarnos a parecernos más a Cristo. La palabra disciplina conlleva a veces connotaciones de mucha sobriedad y rigidez, pero la idea de disciplina en este libro es la que aparece en el libro *Celebration of Discipline* de Richard Foster. Según él, las disciplinas espirituales son aquellas prácticas que nos llevan a la presencia de Dios: aquélla en la que podemos tener una relación íntima con él.

El tiempo devocional es el tema del capítulo tres, y nos introduce en la práctica de nuestra actividad diaria de encontrarnos con nuestro Señor. El tiempo devocional puede convertirse en un lugar de refugio donde experimentar al Señor como tu fortaleza y protector, y también como tu mejor amigo. Puede ser el momento del día en el que abres tu corazón y te expresas con plena libertad, y en el que Dios te contesta a través de su Palabra y su Espíritu.

El estudio bíblico es un ingrediente clave del tiempo devocional. Este libro propone el método inductivo, un estudio de investigación en el que descubres el significado del texto bíblico a través de una serie de preguntas. Éste será el método utilizado en estos estudios para desenterrar la verdad de Dios.

La oración es otro ingrediente clave de nuestro tiempo devocional. En el capítulo 5 aparece una sencilla guía para darle una estructura al diálogo de la oración.

Finalmente, en el capítulo seis nos centraremos en *la adoración*. Ya sea conjunta, o en privado, la adoración es la actividad que caracterizará nuestra eternidad, y ahora ya podemos experimentar parte de la maravilla que eso significará.

Preparándonos para la tarea que tenemos por delante

La mejor forma de prepararte para los encuentros es dedicar un tiempo cada día para hacer las tareas que se os asignan cada semana. Es mejor dedicar veinte minutos cada día que hacerlas todas de forma seguida el día antes del encuentro.

La disciplina requiere práctica; si no, difícilmente podremos incorporarla en nuestra vida diaria. Se ha demostrado que normalmente tardamos tres semanas en sentirnos cómodos con los nuevos hábitos, y tres semanas más para que se conviertan en parte de nuestro comportamiento habitual. Oremos para que estas disciplinas se conviertan en algo natural en nuestras vidas y en las vidas de los miembros de nuestro grupo de discipulado.

Tienes por delante una aventura maravillosa, pero también dolorosa y desafiante. Que Dios te bendiga en tu crecimiento espiritual.

1/ Hacer discípulos

VERSÍCULO PARA MEMORIZAR: Mateo 28:18-20
ESTUDIO BÍBLICO: Lucas 6:12-16; 9:1-6, 10
LECTURA: El llamamiento bíblico a hacer discípulos

 Enseñanza principal

¿Qué es el discipulado?

El discipulado es una relación cuya intención es caminar con otros discípulos para animarnos, equiparnos y retarnos en amor a crecer hacia la madurez en Cristo. Esto incluye preparar al discípulo a enseñar a otros.

1. Identifica palabras clave o expresiones clave en la pregunta y la respuesta, y explica en tus propias palabras lo que significa.

2. Reescribe esta verdad con tus propias palabras.

3. ¿Qué preguntas o temas te vienen a la mente al pensar en esta verdad?

 **Estudio del versículo para memorizar**

La Declaración de Misión que Jesús dejó para su Iglesia es: "Id y haced discípulos". Estos versículos tan importantes son conocidos como la Gran Comisión.

1. *Veamos el contexto: Lee Mateo 28.* ¿Qué sucesos tienen lugar antes de que Jesús pronunciara la Gran Comisión, y cómo debieron de afectar a los discípulos?

2. Los versículos para memorizar son Mateo 28:18-20. Cópialos en este espacio.

3. ¿Qué nos enseñan estos versículos sobre Jesús?

4. ¿Por qué Jesús hace tanto énfasis en su autoridad (v. 18) y la presenta como telón de fondo de la Gran Comisión?

5. ¿Cómo debemos hacer discípulos?

6. ¿Cuándo podemos decir que hemos hecho discípulos?

7. ¿Qué te han enseñando estos versículos esta semana?

Estudio bíblico inductivo

Jesús siempre vivió con la mirada puesta en el fin de su ministerio en la Tierra. Siempre tenía presente la preparación de aquellos hombres que continuarían su ministerio después de que Él ascendiera al Padre. Este estudio se centrará en la forma en la que Jesús preparó a los discípulos que había escogido.

1. *Lee Lucas 6:12-16; 9:1-6, 10.* ¿Cuál crees que fue el contenido a la oración de Jesús aquella noche? (Encontrarás algunas ideas en la lectura de la página 32).

2. ¿Qué puedes aprender del carácter estratégico que hay detrás de la elección que Jesús hace de los doce en 9:1-6?

3. ¿Qué poder y autoridad les dio a los discípulos? ¿Qué poder y autoridad podemos esperar de Jesús hoy día?

4. ¿Cuál fue el rol de Jesús cuando los discípulos volvieron (9:10)?

5. ¿Qué implicaciones tiene para ti la enseñanza de este pasaje?

6. ¿Qué versículo o versículos te han impactado de forma especial? Escribe los versículos clave con tus propias palabras.

 **Lectura: Un llamamiento bíblico a hacer discípulos**

Cuando Jesús ordenó a sus discípulos: "Id y haced discípulos de todas las naciones" (Mateo 28:19), estaba pronunciando la Declaración de Misión que su Iglesia debía tener. Jesús les dijo a los discípulos que hicieran lo que Él había estado haciendo durante sus tres años de ministerio. Jesús hizo discípulos seleccionando a un número reducido de personas para que pasaran tiempo con Él y aprendieran directamente de Él.

El método de discipulado de Jesús
¿Cuál era la ventaja estratégica de rodearse de doce hombres para que "estuvieran con Él" (Marcos 3:14)? Hay varias razones detrás de dicha estrategia, pero las dos siguientes son las más importantes:

Interiorización. Al centrarse en unos pocos Jesús pudo asegurar la continuidad de su misión. Quizá nos preguntemos por qué Jesús eligió de forma pública a doce de entre todos sus discípulos (Lucas 6:13). ¿No podía eso haber creado sentimientos de envidia? ¿Por qué no continuó ampliando su campo de influencia y así crear un movimiento de masas? El apóstol Juan recoge la advertencia que Jesús hace sobre las masas, cuando le estaban aclamando por los milagros que había hecho: "Pero Jesús mismo no se fiaba de ellos, porque conocía a todos, y no tenía necesidad de que nadie le diese testimonio del Hombre, pues él sabía lo que había en el Hombre" (Juan 2:24-25).

Aunque Jesús actuó frente a las necesidades de las multitudes, Él sabía que éstas eran inconstantes. Aquellas personas que le habían aclamado diciendo: "¡Hosanna! ¡Hosanna!" tardarían menos de cinco días en cambiar sus vítores por el grito de "¡Crucifícale! ¡Crucifícale!". Como conocía los caprichos de las multitudes, Jesús construyó su ministerio sobre unos pocos escogidos que formarían la superestructura de su reino futuro. Los discípulos no son producto de una producción en masa, sino de una relación estrecha que requiere tiempo y dedicación. A. B. Bruce resume esta idea de la forma siguiente: "Esta cuidadosa formación de los discípulos fue lo que garantizó que la enseñaza del Maestro fuera duradera; que su reino estuviera fundado en unos pocos con convicciones profundas e indestructibles, en lugar de estar fundado en la multitud, cambiante y superficial".[1]

---

1 A.B. Bruce, *The Training of the Twelve* (Grand Rapids, Mich: Kregel, 1971), p. 13.

Multiplicación. Si Jesús se centró en unos pocos, eso no quiere decir que no quisiera alcanzar a las multitudes. Todo lo contrario. El escritor Eugene Peterson, con un toque de humor, lo explica de la siguiente forma: "Recordemos que Jesús dedicó el 90 por cien de su ministerio a doce judíos porque era la única manera de redimir a todos los americanos".[2]

Jesús tenía una visión suficientemente grande como para empezar por lo importante, por insignificante que pareciera. Centrarse en unos pocos no limitó su influencia, sino que sirvió para que ésta se extendiera. Cuando Jesús ascendió al Padre, sabía que había al menos once personas que podían seguir ministrando con su autoridad, y que esos once habían vivido el modelo de cómo invertir en las personas. Robert Coleman describe muy bien la idea del método de Jesús cuando escribe: "El plan de Jesús no fue elaborar un programa para alcanzar a las multitudes, sino formar a un grupo de hombres que lideraría a las multitudes".[3]

El acercamiento de Pablo al discipulado

Vemos que el apóstol Pablo adoptó el mismo objetivo y la misma metodología en su ministerio que el de Jesús. La versión de Pablo de la Gran Comisión es su Declaración de Misión personal. "Anunciamos a Jesús, amonestando a todo hombre, y enseñando a todo hombre en toda sabiduría, a fin de presentar perfecto en Cristo Jesús a todo hombre; para lo cual también trabajo, luchando según la potencia de Él, la cual actúa poderosamente en mí" (Colosenses 1:28-29). Pablo tiene tanto deseo de hacer discípulos que compara su agonía por la madurez de su rebaño con los dolores de una mujer que está de parto: "Hijitos míos, por quienes vuelvo a sufrir dolores de parto, hasta que Cristo sea formado en vosotros" (Gálatas 4:19).

Siguiendo el método de Jesús, Pablo invertía en personas. Él también tenía la mirada puesta en las multitudes. Pero sabía que la transmisión sólida de la fe no tendría lugar si se limitaba a predicar delante de grandes auditorios. Pablo animó a Timoteo a usar un estilo personal para transmitir el Evangelio a generaciones futuras cuando le exhorta diciendo: "Lo que *tú* has oído de *mí* ante muchos testigos, esto encarga a hombres *fieles* que sean idóneos para *enseñar también a otros*" (2ª Timoteo 2:2; la cursiva es mía). Pablo podía ver que si hacían un buen trabajo, transmitiendo el Evangelio a

---

2 Eugene Peterson, *Traveling Light* (Downers Grove, Ill.: InterVarsity Press, 1982), p. 182.
3 Coleman, *Plan supremo de evangelización* (El Paso, Tx.: Casa Bautista de Publicaciones, 1983).

través de las relaciones personales, obtendrían una cadena de discípulos que iría de generación en generación. En este mismo versículo podemos ver varias generaciones: Pablo → Timoteo → hombres fieles → enseñar también a otros.

Sabemos que Pablo vivía lo que él enseñaba, pues sus cartas están llenas de nombres de personas por las que dio la vida. Pablo aseguró la continuidad de su ministerio formando a siervos como Timoteo, Tito, Silas (Silvano), Evodia, Síntique, Epafrodito, Priscila y Aquila. Éstos acompañaron a Pablo en sus viajes misioneros, recibieron diferentes responsabilidades en el ministerio y se convirtieron en sus colaboradores en el Evangelio. Según Pablo, ver lo que Dios había hecho en la vida de aquel cruel perseguidor de la Iglesia les impactó grandemente, y les cambió.

La Biblia nos enseña no solo el mensaje de nuestra fe, sino también el método por el cual debemos transmitir nuestra fe a las generaciones futuras. Estamos llamados a hacer la obra de Dios a su manera. El Señor obró encarnándose, viniendo a vivir al lado de aquellos a los que quería formar. Nosotros debemos seguir su ejemplo, estableciendo relaciones cercanas con aquellas personas a las que pretendemos formar. Pablo dijo: "Os ruego que me imitéis" (1ª Corintios 4:16) y "Y vosotros vinisteis a ser imitadores de nosotros y del Señor" (1ª Tesalonicenses 1:6).

El discipulado hoy
A través del discipulado, el Evangelio penetra de forma profunda en las vidas de aquellos que deciden seguir a Cristo, llevándoles a ser creyentes maduros que dan continuidad al Evangelio. El discipulado es, pues, una relación donde de forma intencional caminamos junto a otros discípulos y nos animamos, corregimos y retamos mutuamente en amor para crecer hacia la madurez en Cristo.

Este libro intenta potenciar tres ingredientes necesarios para que se produzca la madurez en Cristo. La vulnerabilidad relacional, que hace referencia a relaciones abiertas, sinceras, en las que las personas estamos dispuestas a compartir sus luchas para que el Espíritu Santo pueda obrar en nosotros. En segundo lugar, la centralidad de la verdad, que puede actuar cuando los discípulos abren sus vidas los unos a los otros en torno a la Palabra de Dios, y así el Señor empieza a transformar sus vidas de pies a cabeza. Y en tercer lugar, la supervisión mutua, que consiste en dar autoridad a los demás miembros del grupo para que nos puedan pedir cuentas.

No lograremos hacer discípulos si confiamos en que los métodos de producción masiva son un atajo para llegar a la madurez. Robert Coleman clarifica cuál es el reto que tenemos por delante: "Debemos decidir para qué queremos que sirva nuestro ministerio. ¿Para recibir el aplauso y el reconocimiento momentáneo o para transmitir un modelo a los pocos que continuarán nuestra labor una vez ya no estemos?".[4] Lo idóneo es que cuando nos centremos en unos pocos llegaremos a influir a mucha gente, se multiplicará el número de discípulos y crecerá el liderazgo de la Iglesia. Aunque los programas de enseñanza para adultos y los ministerios de grupos pequeños son buenas herramientas para acompañarnos a la madurez, si no creamos grupos de discipulado reducidos donde se haga un seguimiento serio será muy difícil lograr una base sólida. Keith Phillips ha elaborado una tabla en la que compara la diferencia numérica que hay entre la estrategia de ganar a una persona para Cristo al día y la de discipular a una persona al año.[5]

AÑO	EVANGELISTA	PERSONA QUE DISCIPULA
1	365	2
2	730	4
3	1.095	8
4	1.460	16
5	1.825	32
6	2.190	64
7	2.555	128
8	2.920	256
9	3.285	512
10	3.650	1.024
11	4.015	2.048
12	4.380	4.096
13	4.745	8.192
14	5.110	16.384
15	5.475	32.768
16	5.840	65.536

¡Capta la visión y dedícale el tiempo y el esfuerzo necesario a este discipulado! ¡Realmente vale la pena!

4 Ibíd.
5 Keith Phillips, *The Making of a Disciple* (Old Tappan, N.J.: Revell, 1981), p. 23. Traducido al español como *Id y Haced Discípulos*, Editorial Vida, 1982.

Estudio de la Lectura

1. ¿Cuáles fueron las razones por las que Jesús eligió a doce hombres para que estuviesen con Él?

¿Qué podemos aprender en cuanto a forma en la que ayudamos a los demás a caminar hacia la madurez?

2. ¿Cómo imitó Pablo la metodología de Jesús?

3. Pablo escribió en 1ª Corintios "Os ruego que me imitéis" (4:16). ¿Tú podrías decir eso? ¿Por qué sí o por qué no?

4. ¿Cuáles son los ingredientes necesarios para una relación de discipulado eficaz?

5. ¿Qué preguntas tienes sobre la lectura?

6. ¿La lectura te ha mostrado algún pecado? ¿Te reta? ¿Te consuela? Explica por qué.

Lectura recomendada

Coleman, *Plan supremo de evangelización* (El Paso, Tx.: Casa Bautista de Publicaciones, 1983). Resume el proceso de ocho pasos que aparece en este clásico.

2/ Ser un discípulo

VERSÍCULO PARA MEMORIZAR: Lucas 9:23-24
ESTUDIO BÍBLICO: Lucas 5:1-11
LECTURA: Demanda toda mi persona

 Enseñanza principal

¿Qué es un discípulo?

Un discípulo es alguien que responde con fe y obediencia al llamamiento misericordioso de Jesucristo. Ser un discípulo es un proceso de por vida de negarse a sí mismo y de dejar que Jesucristo viva en nosotros.

1. Identifica palabras clave o expresiones clave en la pregunta y la respuesta, y explica en tus propias palabras lo que significan.

2. Reescribe esta verdad con tus propias palabras.

3. ¿Qué preguntas o temas te vienen a la mente al pensar en esta verdad?

 **Estudio del versículo para memorizar**

Jesús nunca engañó a nadie dándole una visión falsa o equivocada de lo que significaba seguirle. De forma clara explicó cuáles eran las condiciones y los beneficios de ser uno de sus discípulos.

1. *Veamos el contexto:* Lee Lucas 9:18-27. ¿Cuál es el contexto en el que Jesús llama a sus discípulos?

2. Los versículos para memorizar son Lucas 9:23-24. Cópialos en este espacio.

3. ¿Qué significa negarse a uno mismo?

4. Busca, en tu propia experiencia, formas en las que intentas salvar tu vida.

5. ¿Por qué salvas tu vida cuando la pierdes por causa de Jesús?

6. ¿Qué te han enseñando estos versículos esta semana?

 **Estudio Bíblico Inductivo**

El magnetismo y poder de la persona de Jesús son la base de nuestra fe. En este pasaje veremos que Pedro se encuentra con un Jesús que tiene un doble impacto sobre su vida: por un lado, Pedro siente por Jesús una atracción irresistible, y por otro, le produce pavor.

1. *Lee Lucas 5:1-11.* Describe cuál es el contexto en el que se da esta pesca milagrosa (v. 1-3).

2. ¿Qué intentaba demostrar Jesús sobre sí mismo cuando ordenó: "Id a la parte más profunda y echad allí vuestras redes para pescar"? (v. 4).

3. Fíjate en la reacción de Pedro ante esta pesca milagrosa (v. 8). ¿Por qué reacciona así?

4. ¿Qué significa ser "pescador de hombres" (v. 10)?

5. En el versículo 11 Lucas nos dice que los discípulos "lo dejaron todo y le siguieron". ¿Qué es lo que dejaron? (Tened en cuenta que esto ocurrió después de un día redondo para el negocio).

6. ¿Cómo describirías el poder de la persona de Jesús?

7. ¿Qué implicaciones tiene para ti la enseñanza de este pasaje?

8. ¿Qué versículo o versículos te han impactado de forma especial? Escribe los versículos clave con tus propias palabras.

 **Lectura: Demanda toda mi persona**
Darrell Johnson

"La vida es difícil". Así empieza el libro *The Road Less Traveled* [1] [El camino menos viajado] de M. Scott Peck (autor de *Los Siete Hábitos de las Personas Altamente Efectivas*).

Hay muchas personas que no son capaces de ver esta verdad. Mucha gente cree que la vida debería ser fácil. El camino más viajado es el de la queja ante las dificultades de la vida. El camino menos viajado es el de la aceptación de las dificultades de la vida, aceptación que te ayuda a enfrentarlas.

Lo que M. Scott Peck dice sobre la vida en general es aplicable también a la vida con Jesús. El discipulado es difícil. Seguir a Jesús tiene un precio. En el Sermón del Monte Jesús dejó bien claro que vivir con Él suponía ir por el camino menos viajado. "Entrad por la puerta estrecha; porque ancha es la puerta y espacioso el camino que lleva a la perdición, y muchos son los que entran por ella. Pero estrecha es la puerta, y angosto el camino que lleva a la vida, y pocos son los que la hallan" (Mateo 7:13-14).

Jesús promete dar a todos los que le sigan vida abundante (Juan 10:10), pero también deja bien claro desde el principio que seguirle es difícil y costoso. Nos llama a seguirle por el camino menos viajado.

La verdadera identidad de Jesús

Marcos 8:27-35 podría ser una de las enseñanzas más duras de Jesús. Jesús y sus discípulos estaban viajando por las aldeas alrededor de Cesarea de Filipo, una ciudad al norte del Mar de Galilea. Cesara de Filipo era un ciudad plural, una ciudad con una herencia filosófica y religiosa muy rica y diversa. Durante su ministerio, Jesús había hecho y dicho cosas que habían provocado que la gente se preguntara: "¿Quién es este hombre?". En Cesarea de Filipo Jesús les preguntó a sus discípulos: "¿Quién dicen los hombres que soy yo?". Después de recibir varias respuestas, Jesús les preguntó: "Y vosotros, ¿quién decís que soy?". Pedro, hablando por los doce, dijo: "Tú eres el Cristo" (v. 29; Mateo 16:16).

Jesús aceptó la respuesta de los discípulos, pero inmediatamente empezó a describir títulos como el de Mesías o Hijo de Dios de una forma fuera de lo esperado. "El Hijo del Hombre", el título que Jesús

---

1 M. Scott Peck, *The Road Less Traveled* (New York: Simon & Schuster, 1978), p. 15.

prefería, "debe padecer mucho, y ser desechado por los ancianos, por los principales sacerdotes y por los escribas, y ser muerto, y resucitado después de tres días" (v. 31). Jesús sabía que tenía que marcharse de Cesarea de Filipo e ir hacia Jerusalén. Y sabía que en Jerusalén iba a sufrir. Y no solo eso, sino que iba a ser desechado, asesinado y crucificado. Y luego iba a resucitar.

Pedro no podía creer lo que Jesús estaba diciendo. "¡No, Señor!¡Eso no te puede pasar!" (Mateo 16:22). El sufrimiento y la muerte no entraban dentro del concepto que Pedro tenía del Mesías. El Mesías viene en gloria y poder.

Pedro también sabía cuál sería la implicación de seguir a un Mesías así. Sin la crucifixión del Maestro, no había resurrección; del mismo modo, sin la crucifixión de los discípulos, tampoco había resurrección. Pedro se había convertido en el portavoz del tentador, repitiendo la tentación que Jesús había resistido en el desierto.

El camino menos viajado que Jesús propone

Desde aquel día Jesús caminó y enseñó el camino menos viajado, el camino que lleva a la resurrección pasando, obviamente, por la cruz. En ese camino hay muchas encrucijadas donde se ofrecen otros caminos que evitan pasar por la cruz, pero todos ellos al final se convierten en un camino sin salida. Solo hay un camino que lleva a la vida. Ese camino acaba al otro lado de la tumba vacía, y solo podemos llegar allí a través de la cruz.

Jesús enseñó esta dura verdad a sus discípulos, pero también a las multitudes. William Barclay observó acertadamente: "Nadie puede decir que Jesús le ha engañado, dándole falsas promesas. Jesús nunca intentó sobornar a nadie ofreciéndole un camino fácil".[2] Jesús fue claro con cualquier seguidor que no estuviera dispuesto a comprometerse en serio: "Si alguno quiere ser mi discípulo, y espero que queráis pues yo os puedo dar vida abundante, tiene que estar dispuesto a pagar el precio" (ver Marcos 8:34-35).

Véase que usa la partícula condicional "si". Ese "si" refleja que Jesús está reconociendo que tenemos libertad de elección. Un joven rico escuchó el llamamiento de Jesús a ser su discípulo, pero luego se marchó por otra dirección (Marcos 10:17-22). Entendió cuál era el precio,

---

2 William Barclay, *The Gospel of Mark* (Philadephia: Westminster Press, 1954), p. 201.

pensó que era demasiado alto, y no quiso pagarlo. Marcos nos cuenta que Jesús miró a aquel joven con amor (v. 21), aun sabiendo cuál iba a ser su elección. Jesús no salió corriendo detrás de él, ni cambió las condiciones del discipulado. Jesús dijo: "Calcula el precio" (Lucas 14:28). "Me llamas Mesías, el Cristo. ¿Quieres seguirme? Si es así, tienes que entender a dónde voy, y entender que si me sigues, pasarás por lo mismo que yo".[3]

Jesús usa tres expresiones que recogen muy bien cómo se ha de hacer el camino menos viajado: niégate a ti mismo, toma tu cruz, y pierde tu vida por mi causa.

Niégate a ti mismo. Ésta es, quizá, una de las ordenanzas de nuestro Señor que más se han malinterpretado. La palabra que Marcos usa en 8:34 significa "resistir" o "rechazar", o sea, "decir no".

La expresión "negarse a uno mismo" se usa en bastantes textos del Nuevo Testamento. Por ejemplo, en Marcos 14:71 Jesús había sido arrestado, y cuando le llevan ante el Concilio, Pedro está fuera en el patio calentándose al fuego. Tres veces le acusaron de conocer a Jesús. Pero él empezó a maldecir y a jurar: "No conozco a este hombre de quien habláis". Pedro negó saber quién era Jesús.

Negarte a ti mismo quizá suponga tener que renunciar a cosas, pero eso no es lo que Jesús está diciendo. Ni tampoco quiere decir que renuncies al valor que tienes, ni que renuncies a tus sentimientos. Y aunque algunos digan que si estás disfrutando de tu fe en Jesús algo debe ir mal, la verdad es que tampoco tenemos que renunciar a nuestra felicidad. Y, por último, negarte a ti mismo tampoco quiere decir renunciar a tu inteligencia.

Negarte a ti mismo quiere decir negarte a ser el señor de tu vida. Significa decirle "no" al dios que tienes dentro de ti, rechazar las exigencias de ese dios que hay en ti, negarte a obedecer al dios que hay en ti. Jesús nos llama a que le digamos "no" a nuestro yo, para que así podamos decirle "sí" a Él.[4]

Toma tu cruz. Esta expresión también se ha interpretado mal en muchas ocasiones. Mucha gente la usa para referirse a soportar una enfermedad o una discapacidad, una experiencia negativa o una relación molesta: "Esta es la cruz que me ha tocado". Pero las palabras de Jesús iban mucho más allá. "Las palabras de Jesús debieron de sonar a los

---

3 F. F. Bruce, *The Hard Sayings of Jesus* (Downers Grove, Ill.: InterVarsity Press, 1983), p. 151.

4 William Lane, *The Gospel According to Mark* (Grand Rapids, Mich.: Eerdmans, 1974), p. 307.

oídos de los discípulos y de la demás gente que estaba escuchando como algo repugnante".[5] Aquellas palabras enseguida evocarían en las mentes de los oyentes la imagen de un criminal, al que se le hace cargar un trozo de la cruz en la que se le va a ejecutar de forma pública.

Los criminales solo cargaban la cruz si se les había sentenciado a muerte. Cuando un criminal cargaba su propia cruz por las calles, ya era hombre muerto. Su vida había acabado. Un hombre que se dirigía a su ejecución pública "estaba obligado a abandonar todas sus esperanzas o todas sus ambiciones en esta Tierra".[6] Jesús llama a sus discípulos a que piensen en ellos mismos como personas que están muertas, a que entierren todas sus esperanzas y sueños en este mundo, a que entierren los planes que hayan hecho. Y Él resucitará esos sueños o los sustituirá con sus propios sueños o planes.

Esta enseñanza es bastante dura, pero también muy liberadora. La esclavitud humana en todas sus formas no es más que el resultado de haber querido ser nuestros propios dioses. Obtenemos la libertad cuando descendemos del trono que un día usurpamos, cuando decimos "no", cuando vivimos como si el dios que hay en nosotros ya hubiese muerto.

Pierde tu vida por mi causa. ¡Vaya paradoja! Nos encontramos a nosotros mismos cuando perdemos nuestra vida por causa de Jesús. ¿Y cómo perdemos nuestra vida por su causa? Invirtiendo todo lo que somos y todo lo que tenemos por Él y por el Evangelio. Diciéndole: "Aquí tienes mi casa, mi libreta bancaria, mis talentos y mis dones, mi mente, mi corazón, mis manos, mis pies, mi boca. Todo es tuyo. Úsalo para tu gloria y para el avance de tus propósitos en la Tierra".

Según la mentalidad humana, ésta es una afirmación muy arriesgada. Pero al final, cuando la Historia llegue a su fin, ¿qué es lo que va a contar? Lo único que va a contar es el Reino de Dios. La única inversión que valdrá para algo será la inversión que hayamos hecho en el Reino de Dios. Los que van por el camino menos viajado, el camino en el que uno pierde su vida por causa de Cristo, acaban por ganar lo único que importa. Jim Elliot lo resume muy bien: "No es necio el que da lo que no puede guardar para ganar lo que no puede perder".

Por eso Pablo dijo a los filipenses, con gran gozo:

"Pero todo lo que para mí era ganancia, lo he estimado como pérdida por amor de Cristo (...) yo estimo como pérdida todas las cosas en

---

5 Ibíd., p. 207.
6 Bruce, *Hard Sayings*, p. 150.

vista del incomparable valor de conocer a Cristo Jesús, mi Señor, por quien lo he perdido todo, y lo considero como basura a fin de ganar a Cristo (…) y conocerle a Él, el poder de su resurrección y la participación en sus padecimientos, llegando a ser como Él en su muerte, a fin de llegar a la resurrección de entre los muertos." (Filipenses 3:7-11)

Acepta el reto

¿Cuáles son las evidencias de que aún no hemos tomado en serio el reto que Jesús nos lanza? Las evidencias abundan en nuestras iglesias, y se manifiestan en forma de envidia por no tener lo que otros tienen; competición, pues siempre queremos lograr más cosas que la persona que tenemos al lado; espíritu de discusión, pues siempre queremos tener la razón; sensibilidad exagerada, que nos lleva a sentirnos heridos cuando nuestro trabajo no se reconoce, o a querer que la gente sepa a todo lo que hemos renunciado por causa de Cristo. Creemos que merecemos las cosas que tenemos, nuestra casa, nuestro coche. Planificamos nuestro futuro sin pensar en el Reino de Dios y gastamos los recursos que tenemos en construir nuestro propio reino. Usamos los dones de Dios para el avance de nuestro nombre, de nuestra reputación.

Pero, "si el grano de trigo no cae en la tierra y muere, seguirá siendo un solo grano; pero si muere, lleva mucho fruto" (Juan 12:24). El camino a la resurrección pasa por la crucifixión. El camino hacia la vida nueva pasa por la muerte de la antigua. Jesús nos llama a ir por ese camino, el camino que Él hizo.

Estudio de la Lectura

1. ¿Estás de acuerdo con las siguientes palabras de Peck: "La vida es difícil… Una vez que vemos la realidad, la ignoramos, vivimos como si la realidad fuera otra"? ¿Por qué sí? ¿O por qué no?

2. ¿Por qué le resultó difícil a Pedro aceptar que Jesús debía morir en manos de los líderes religiosos?

¿Por qué aún nos cuesta aceptarlo?

3. En la lectura aparecen varias descripciones erróneas de "negarse a sí mismo". ¿Acaso coincide con tu forma de pensar? O, ¿conoces a alguien que piense así?

4. Según el autor, "tomar tu cruz" significa que tu vida ya ha acabado. ¿Qué quiere decir esto, y cuál es tu reacción?

5. ¿Cómo encontramos nuestra vida si la perdemos?

6. La lectura acaba identificando algunas evidencias de que no tomamos en serio estas enseñanzas tan radicales de Jesús. Piensa en ti mismo. ¿Crees que es cierto?

7. ¿Tienes alguna pregunta sobre la lectura?

8. ¿La lectura te ha mostrado algún pecado? ¿Te reta? ¿Te consuela? Explica por qué.

3/ El tiempo devocional

VERSÍCULO PARA MEMORIZAR: Salmo 1:1-3
ESTUDIO BÍBLICO: Juan 15:1-11
LECTURA: Si el tiempo devocional es nuevo para ti

 Enseñanza principal

¿Cómo crece un discípulo hacia la madurez en Cristo?

Del mismo modo en que Jesús se retiraba a "un lugar apartado" para estar con su Padre (Marcos 1:35), el discípulo debería buscar un momento cada día para apartarse de los asuntos de esta vida y tener un tiempo de silencio, de encuentro personal con su Señor y Salvador.

1. Identifica palabras clave o expresiones clave en la pregunta y la respuesta, y explica en tus propias palabras lo que significan.

2. Reescribe esta verdad con tus propias palabras.

3. ¿Qué preguntas o temas te vienen a la mente al pensar en esta verdad?

 **Estudio del Versículo para memorizar**

Un fruto saludable es el resultado de unas raíces nutridas y bien alimentadas. En la vida ocurre lo mismo. Si afianzamos nuestra vida en la verdad de la Palabra de Dios, la vida florecerá en nosotros.

1. *Veamos el contexto*: lee el Salmo 1. ¿En qué se diferencian los malos de los justos?

2. Los versículos para memorizar son los del *Salmo 1:1-3*. Cópialos en este espacio.

3. Al justo se le define primero por lo que no hace. ¿Qué es lo que el justo tiene que evitar?

4. ¿Qué significa "deleitarse en la ley de Jehová"?

5. ¿Qué comparación se establece en el versículo 3?

¿Qué nos enseña esta imagen sobre la forma en la que el fruto crece en nuestras vidas?

6. ¿Cómo definirías "prosperará" (v. 3)?

7. ¿Qué te han enseñando estos versículos esta semana?

Estudio Bíblico Inductivo

Jesús también elige una imagen de la Naturaleza para describir el tipo de relación que debemos tener con Él si queremos dar fruto. Jesús dice que Él es la vid y que nosotros somos las ramas (Juan 15:5).

1. *Lee Juan 15:1-11*. La palabra "permanecer" describe la relación que hay entre la vid y las ramas (vv. 4, 5, 6, 7, 9, 10). Según estos versículos, ¿qué quiere decir "permanecer"?

2. ¿Qué hacemos para permanecer en la vid?

3. Nuestro propósito, según Jesús, es dar fruto (v. 8). ¿Cuál es la naturaleza del fruto que debemos dar?

4. Podar es un proceso necesario para que haya fruto (v. 2). ¿Qué usa el Señor para podar las "ramas muertas" de nuestra vida?

5. Jesús lanza la advertencia de que las ramas que no permanecen, son cortadas y echadas al fuego (v. 2, 6). ¿Qué quiere decir Jesús con esto?

6. ¿Qué quiere decir Jesús con "sin mí nada podéis hacer" (v. 5)?

7. Jesús dice en el versículo 11 que la intención de estas instrucciones es transmitirnos su gozo, y que éste sea completo. ¿Cuál era el gozo que quería que nosotros también tuviéramos?

8. ¿Qué versículo o versículos te han impactado de una forma especial? Reescribe los versículos clave con tus propias palabras.

 **Lectura: Si el tiempo devocional es nuevo para ti**
Adaptado de *Lord of the Universe, Lord of My Life*.[1]

Un tiempo devocional diario es un encuentro diario y a solas entre un discípulo y el Señor Jesucristo. No debería ser algo improvisado. Podemos hablar con el Señor de forma espontánea muchas veces al día, pero el tiempo devocional es un periodo de tiempo que apartamos de forma planificada con el propósito de tener un encuentro personal con nuestro Salvador y Señor.

Un tiempo devocional diario contiene, al menos, tres componentes.

– Lectura de la Biblia con el propósito no solo de estudiarla, sino para encontrarnos con Cristo a través de la Palabra escrita.

– Meditar en lo que hemos leído para que la verdad bíblica controle nuestra mente, emociones y voluntad. "Medita en [el libro de la Ley] de día y de noche" (Josué 1:8).

– Orar para tener contacto con Dios: alabarle, darle gracias y adorarle; y también, confesar nuestros pecados, pedirle que supla nuestras necesidades e interceder por otros.

¿Por qué es importante?

¿Por qué debemos tener un devocional diario? Hay, al menos, tres razones.

A Dios le agrada. Aunque no hubiera otra razón, ésta ya sería suficiente. De todos los sacrificios del Antiguo Testamento, solo había uno que tenía que celebrarse a diario: el continuo sacrificio. ¿Cuál era su propósito? No era la propiciación de los pecados, sino complacer a Dios, producir un aroma agradable para el Señor. El Nuevo Testamento nos habla en numerosas ocasiones de ofrecer un sacrificio de alabanza a Dios, "fruto de labios que confiesan su nombre" (Hebreos 13:15). Quizá nos sorprenda ver que Dios está buscando a personas que hagan eso de forma continua: "El Padre tales adoradores busca que le adoren" (Juan 4:23). Un indicador de la profundidad de nuestra relación con el Señor es nuestra disposición a pasar tiempo a solas con Él no por lo que obtenemos, sino por lo que significa para Él.

Nosotros recibimos beneficios. Esto era lo que el salmista tenía en mente cuando escribió: "Como el ciervo brama por las corrientes de las aguas, así clama por Ti, oh Dios, el alma mía. Mi alma tiene sed de Dios,

---

1 *Lord of the Universe, Lord of My Life*, Downers Grove, Ill.: InterVarsity Press, 1973), p. 7-12.

del Dios vivo" (Salmo 42:1-2). Nos beneficiamos del tiempo devocional en varios sentidos:

Información. Aprendemos sobre Cristo y sus verdades cuando pasamos tiempo con Él y con su Palabra. Antes de poder obedecerle, tenemos que conocer sus ordenanzas. Antes de poder entender la vida, tenemos que saber lo que enseñó.

Ánimo. En muchas ocasiones nos afligimos o desanimamos. No hay mejor fuente de inspiración que el Señor Jesucristo.

Poder. A veces sabemos cómo deberíamos ser y lo que deberíamos hacer, pero no tenemos las fuerzas suficientes para ser así u obrar así. Cristo es la fuente de poder, y encontrarnos con Él es clave para poder recibir ese poder.

Placer. Estar a solas con la persona a la que amamos es emocionante, y cuando pasamos tiempo con Cristo experimentamos un gozo que no se puede encontrar en ningún otro lugar.

Jesús tenía un tiempo devocional. "Levantándose muy de mañana, siendo aún muy oscuro, salió y se fue a un lugar desierto, y allí oraba" (Marcos 1:35). Si nuestro Señor creyó que era necesario encontrarse a solas con su Padre, su ejemplo es una buena razón para hacer lo mismo.

La cuestión es, ¿seremos cristianos mediocres o cristianos que crecen? El factor principal estará en si desarrollamos o no la disciplina del tiempo devocional diario.

Cómo empezar

Una vez deseas empezar un tiempo devocional diario, ¿cómo puedes empezar?

En primer lugar, recuerda el principio de la autodisciplina: haz lo que tienes que hacer cuando tienes que hacerlo, de la forma en la que debes hacerlo, en el lugar adecuado y por las motivaciones adecuadas. Dicho de otro modo, la autodisciplina es el uso sabio de tus recursos personales (como el tiempo y la energía).

En segundo lugar, aparta un tiempo de antemano. Planifícalo. El tiempo devocional debería tener lugar en el momento del día en que estamos más despejados. Para algunos, ese momento es por la mañana; para otros, en otro momento del día, o por la noche. Aunque ésta no es una regla aplicable a todo el mundo, la mañana suele ser el momento más indicado, pues aún no hemos entrado en la actividad y el estrés del día. Una orquesta no afina sus instrumentos después del concierto.

¿Cuánto tiempo debería durar? Eso dependerá de la persona, pero un buen plan consiste en empezar con diez minutos, y aumentar a medida que van pasando los días, hasta llegar a los treinta minutos. Este tiempo regular puede tener un papel muy importante en reforzar nuestra autodisciplina. Ten en cuenta esta sugerencia. Detente ahora mismo –sí, ahora–, y toma una decisión: desde mañana mismo me voy a encontrar con mi Señor una vez al día. Decide en qué momento del día, y cuánto tiempo va a durar ese encuentro.

En tercer lugar, planifica. No te vayas a dormir tarde, para que cuando te levantes estés lo suficientemente fresco como para encontrarte con Cristo. La batalla del tiempo devocional diario normalmente se pierde la noche anterior. Si nos vamos a dormir tarde no estaremos despejados cuando nos despertemos, o dormiremos más rato y nos saltaremos el tiempo devocional.

En cuarto lugar, que ese tiempo devocional sea realmente un tiempo a solas con Dios. El Salmo 46:10 dice: "Estad quietos, y conoced que yo soy Dios". Apaga la radio o la televisión. Encuentra un sitio tranquilo y asegúrate de que la posición en la que te coloques te ayudará a estar atento. No te quedes en la cama. Siéntate derecho. Estar echado en la cama o reclinado en una silla demasiado cómoda no es lo más adecuado, pues te costará concentrarte.

En quinto lugar, ora antes de empezar. Pídele al Espíritu Santo que esté en el control de ese tiempo que vas a invertir y que guíe tu alabanza, tu acción de gracias, tu adoración, tu intercesión, tus peticiones y tu meditación; y también, que te ayude a adentrarte en las Escrituras. Abre tu mente y corazón a la Palabra de Dios.

En sexto lugar, ten una libreta a mano. Escribe las ideas que quieres recordar y las preguntas que no puedes contestar. Expresar lo que nos pasa por la cabeza hace que las cosas calen más, y escribir es una buena forma de expresarse.

Por último, comparte tus planes y tus objetivos con un amigo. Cuéntale que estás intentando desarrollar la disciplina de tener un tiempo devocional diario. Pídele que ore por ti, que Dios te ayude a llevar a cabo tus objetivos.

Cuando surgen los problemas

Los problemas más comunes que surgen cuando empezamos a tener un tiempo devocional son los siguientes:

Sé que debería tener un tiempo devocional cada día, pero no tengo el deseo de hacerlo. Solución: Pídele al Espíritu Santo que ponga en ti el deseo de tener un tiempo devocional diario. Nadie más puede hacer eso por ti. Tú mismo no puedes crear en ti ese deseo, y no hay nadie más que pueda hacerlo.

No me apetece tener un tiempo devocional hoy. Solución: Tenlo de todas formas, y de forma sincera, dile a Jesús que no te apetece tener ese encuentro con Él hoy, pero que sabes que merece la pena hacerlo. Pídele que te ayude a mejorar tu disposición, e intenta descubrir por qué te sientes de esa forma. Si descubres qué factores te están frenando, intenta reducir su efecto.

Me cuesta concentrarme. Solución: Pídele al Espíritu Santo que te dé fuerzas para que tu mente se centre en Cristo y su Palabra. Usa la autodisciplina para guiar tu mente para que cada vez te desconcentres menos. Si estás en un lugar solitario, cantar, y orar o leer en voz alta te dará un sentimiento de diálogo. Te desconcentrarás menos si escribes las cosas, como por ejemplo elaborar un diario de oración de notas de tu estudio cuando lees la Biblia.

Echo de menos tener un devocional de forma frecuente. Solución: Pídele al Señor que refuerce ese deseo y te dé poder para disciplinarte en el uso del tiempo. Cuéntale a otro amigo cristiano tu deseo de tener un tiempo devocional diario y pídele que regularmente te pregunte cómo va el tema. No permitas que una conciencia intranquila o las acusaciones del diablo te venzan. Confiesa que no has tenido ese tiempo regular con Jesús, pídele que te perdone y renueva tu relación con Él.

Mi tiempo devocional es pesado y aburrido. Solución: Ora para que el Señor te devuelva el gozo de encontrarte con Él (Salmo 51:12). Introduce en tu tiempo devocional algún elemento diferente. Canta un himno o alabanza, o prueba un método diferente de estudio bíblico.

Hay dos razones principales por las cuales es tan difícil desarrollar la disciplina de un tiempo devocional diario. En primer lugar está la influencia de la carne. Piensa que tu vieja naturaleza no quiere que tengas un tiempo devocional diario (ni que desarrolles cualquier otra disciplina que agrade a Cristo; ver Gálatas 5:16-17). Pide que el Espíritu Santo dé fuerzas a tu nueva naturaleza para que en esta lucha venza a la vieja naturaleza.

La segunda razón es la resistencia de Satanás. El diablo se opone a cualquier esfuerzo que tú hagas para agradar a Cristo. Su estrategia es impedir que tengas un tiempo devocional diario, complicar tu horario para hacer que te vayas muy tarde a la cama y que no te puedas levantar temprano, hacer que estés cansado cuando tienes tu encuentro con el Señor, hacer que no te puedas concentrar y que tu mente se vaya a otras cosas, cualquier cosa para que no te encuentres con Cristo. Pídele al Espíritu Santo que frene al diablo.

¡Hazlo ahora!
Planifica ahora mismo el tiempo devocional de mañana, y mañana, vuelve a planificar el del día siguiente. Si algún día no tienes un tiempo devocional, no te rindas. Niégale al diablo el placer de vencerte. Pídele a Dios que te perdone por no haber tenido ese encuentro, y pídele que te ayude a no saltarte ese encuentro la próxima vez. Te lo saltarás en más de una ocasión, es normal, y tendrás que "empezar de nuevo" muchas veces antes de desarrollar esta disciplina. Mucha gente tarda meses en desarrollar el hábito del tiempo devocional diario. De hecho, para muchos es una lucha de por vida. Sea como sea, no te rindas. Con la ayuda de Dios, toma la decisión de crecer para ser un discípulo comprometido que se encuentra con Cristo regularmente y que tiene con Él encuentros significativos.

Estudio de la Lectura

1. ¿Qué es el tiempo devocional y qué elementos debería incluir?

2. Hemos mencionado tres razones por las que tener un tiempo devocional. De las tres, ¿cuál es la que más te motiva a ti? ¿Por qué?

3. De las sugerencias prácticas que hemos visto, ¿cuáles te resultan más difíciles? ¿Cuáles crees que son las más útiles para ti?

4. ¿Con cuáles de los problemas te identificas? ¿Crees que son útiles las sugerencias que hacemos?

5. ¿Tienes alguna pregunta sobre la lectura?

6. ¿La lectura te ha mostrado algún pecado? ¿Te reta? ¿Te consuela? Explica por qué.

4/ El estudio bíblico

VERSÍCULO PARA MEMORIZAR: 2ª Timoteo 3:16-17
ESTUDIO BÍBLICO: Salmo 119:1-16
LECTURA: El Estudio Bíblico Inductivo

 Enseñanza principal

¿Qué lugar debería tener la Biblia en el tiempo devocional del discípulo?

Como las Escrituras del Antiguo y del Nuevo Testamento son la Revelación de Dios, las pautas para conocer la verdad en cuanto a todas las cuestiones de la fe y de su práctica, cada día deberíamos leer una porción de la Palabra de Dios, y estudiarla y meditar en ella. La Biblia es para el Espíritu lo que el alimento es para el cuerpo.

1. Identifica palabras clave o expresiones clave en la pregunta y la respuesta, y explica en tus propias palabras lo que significa.

2. Reescribe esta verdad con tus propias palabras.

3. ¿Qué preguntas o temas te vienen a la mente al pensar en esta verdad?

 **Estudio del versículo para memorizar**

Estos versículos son parte de un pasaje clásico sobre la fuente y el valor de la Biblia.

1. *Veamos el contexto*: Lee 2ª Timoteo 3. Lo que Pablo dice sobre la naturaleza de la Escritura contrasta con el mundo secular que Pablo describe. ¿En qué se nota ese contraste?

2. Los versículos para memorizar son *2ª Timoteo 3:16-17*. Cópialos en este espacio.

3. Pablo dice que "toda la Escritura es inspirada por Dios". ¿Cuál es la diferencia entre la inspiración de las Escrituras y un discurso o un poema "inspirado"?

4. ¿Por qué las Escrituras son útiles para…
… enseñar?

… reprender?

… corregir?

… instruir a vivir en justicia?

5. ¿De qué forma la Escritura nos prepara para toda buena obra?

6. El estudio de las Escrituras a veces solo sirve para ampliar nuestro conocimiento. ¿Cómo podemos hacer que también sirva para transformar nuestras vidas?

7. ¿Qué te han enseñando estos versículos esta semana?

🔍 Estudio Bíblico Inductivo

El Salmo 119 es el salmo más extenso, y es una exaltación de la ley de Dios. Es un salmo muy largo, pero habla de forma clara del valor de la ley de Dios: "Lámpara es a mis pies tu Palabra, y luz para mi camino" (v. 105). Leyendo los primeros dieciséis versículos veremos cuál es la actitud que deberíamos tener hacia la Palabra de Dios y el lugar que debe ocupar en nuestras vidas.

1. *Lee el Salmo 119:1-16.* ¿Cuáles son las palabras o expresiones que se usan para referirse a la ley de Dios?

2. ¿Qué debemos hacer con la ley de Dios?

3. ¿Cuáles serán los resultados en nuestra vida si hacemos estas cosas?

4. El versículo 11 nos dice por qué debemos memorizar las Escrituras. ¿Cuál es la razón que da, y qué otras razones se te ocurren?

5. ¿Qué implicaciones tiene para ti la enseñanza de este pasaje?

6. ¿Qué versículo o versículos te han impactado de forma especial? Escribe los versículos clave con tus propias palabras.

 **Lectura: El Estudio Bíblico Inductivo**

El estudio bíblico inductivo hace uso del método científico de investigación. Se empieza con los datos que aparecen en el texto bíblico, y a partir de los datos se extrae el significado y la aplicación. El proceso del estudio empieza con las seis preguntas de investigación que todo buen periodista usa para recabar información y escribir su historia: ¿Quién? ¿Qué? ¿Dónde? ¿Cuándo? ¿Cómo? ¿Por qué? Una vez podemos responder a estas preguntas, ya se puede hablar del significado y de la aplicación para nuestras vidas. El esquema siguiente es una guía muy detallada, tan detallada que es imposible seguirla de forma completa en un solo estudio. Pero servirá para darnos una idea de cómo han de ser los tres pasos del estudio. Ver la página 61 donde aparece un ejemplo de cómo usar este esquema.

Cómo prepararse
En primer lugar, pide al Señor que acalle tu corazón y te ayude a recibir la verdad que vas a escuchar.

I. Observación (¿Qué dice?) Si nos tomamos la obediencia a Dios de forma seria, entonces tendremos que descubrir qué es lo que Dios nos está diciendo. El primer paso es observar lo que hay en el texto, antes de imponerle al texto cualquier conocimiento previo que ya tengamos.
  A. Una visión general
    1. Lee el texto buscando los temas principales.
    2. Si es necesario, ten en cuenta el contexto en el que está ubicado el pasaje y su trasfondo.
    3. Lee el pasaje en diferentes traducciones y busca las diferencias.
    4. Busca las divisiones del pasaje, cuándo se cambia de idea, cuándo hay un nuevo párrafo, etc.
  B. Haz las seis preguntas de investigación
    1. *¿Quiénes* son los personajes que aparecen, y cómo se les describe?
       a. Fíjate en la descripción que se hace de Dios, Jesús y el Espíritu Santo.
       b. Fíjate en la relación que tiene el autor con el pasaje (si es que la tiene).
       c. Fíjate si se menciona algún ser sobrenatural.
       d. Fíjate en los personajes humanos que aparecen.

2. ¿*Qué* está sucediendo?
   Haz una lista de los verbos clave, de las órdenes que aparecen (quién las da y a quién las da), de las promesas, de las condiciones que aparecen en el texto o el contexto (ya sean explícitas o implícitas), de las costumbres que aparecen, y fíjate en cómo fluye la conversación.
3. ¿*Dónde* tienen lugar estos sucesos?
   ¿Cuánta distancia hay entre un lugar y otro? ¿Sabemos de más sucesos que ocurrieron en ese mismo lugar? ¿Tiene eso algún significado?
4. ¿*Cuándo* tienen lugar estos sucesos?
   a. ¿Cuánto dura cada uno de esos sucesos?
   b. ¿Qué podemos aprender cuando se menciona a los gobernadores, la edad de los personajes, los lapsos de tiempo, las genealogías y las diferencias culturales?
   c. ¿Tenemos alguna pista sobre el trasfondo histórico o la época del año?
5. ¿*Por qué* tienen lugar estos sucesos?
6. ¿*Cómo* ocurren estos sucesos?

C. Resumen
1. Escribe cuál es el tema principal del pasaje. Éste se puede convertir en la idea principal que luego desarrollarás.
2. Mientras analizas el texto, anota los problemas que no hayas podido resolver. Puede que se resuelvan a medida que sigues estudiando el texto, o quizá tendrás que consultar algún libro de referencia, como comentarios, estudios bíblicos, diccionarios o atlas.

II. Interpretación (¿Qué significa?) El objetivo principal de la interpretación es descubrir cuál ha sido el significado de ese pasaje para las personas para quienes fue escrito y para nosotros hoy.

A. Definiciones
1. ¿Qué significan los términos, las expresiones y las frases que encontramos en el pasaje?
2. ¿Cuáles son los equivalentes contemporáneos?
3. Haz una lista de los términos que te hayan sorprendido, y también de las figuras literarias que hayas encontrado: símiles, metáforas, juegos de palabras, hipérboles.

B. Relaciones
   1. ¿Por qué aparece esta expresión, palabra o idea?
   2. ¿Por qué el autor lo dice en ese preciso momento?
   3. ¿Qué relación tiene una idea con otra?
C. Implicaciones
   1. ¿Cuál es el significado conjunto de todas las declaraciones que encontramos aquí?
   2. ¡Cuidado! No espiritualizar ni alegorizar.

III. Aplicación (¿Qué significa para mí?)
   A. Aprende a escuchar la voz del Espíritu.
   B. Aplica la enseñanza principal en tu vida.
      1. ¿Qué elementos ya formaban parte de mi forma de pensar? ¿Qué elementos son nuevos para mí?
      2. ¿Debo cambiar mi forma de pensar? ¿Cómo puedo hacer ese cambio?
      3. ¿Qué aspectos de mi comportamiento deben cambiar?
      4. ¿Qué puedo hacer ahora?
      En cuanto a la mejora de tu comportamiento, piensa en objetivos a corto y a largo plazo. Ten un plan. Establece diferentes pasos para realizar los cambios que quieras hacer en tu comportamiento, o para aprender las cosas que quieras aprender. Por ejemplo: busca consejo, lee buenos libros, ponte objetivos para cambiar tu comportamiento, pídele a alguien que te supervise, que te pregunte cómo va tu crecimiento.
   C. Haz valer tu determinación.
   D. ¿Qué principios siguen siendo relevantes aunque la situación histórica ya no lo sea?
   E. Aplica tu conocimiento a áreas concretas.
      1. Actitud y obediencia hacia Dios; actitud hacia ti mismo.
      2. Situaciones y relaciones en la vida de familia.
      3. Compañeros de trabajo, empleados, subordinados, compañeros de clase.
      4. Enseñanza, prácticas y relaciones en tu iglesia local y en otras iglesias, trabajo misionero.
      5. Cuestiones nacionales, políticas, sociológicas y económicas.

Modelo de Estudio Bíblico
Lucas 18:1-8

Observa	Interpreta	Aplica
¿Qué dice? (quién, qué, cuándo, dónde, por qué, cómo)	¿Qué significa?	¿Qué significa para mí?
¿Quiénes son los principales personajes, y cómo se les describe? 1. Juez – no temía a Dios – no respetaba a las personas – era injusto 2. Viuda – continuó molestando al rey para que hiciera justicia 3. Dios – hace justicia a sus escogidos – escucha a los que claman a Él – es rápido en hacer justicia ¿Qué ocurre? 1. Haz una lista de las palabras y las expresiones clave –parábola, orar, no desmayar, justicia, fe 2. Promesa –Dios pronto hará justicia a los que claman a Él 3. Conversación –la viuda vuelve una y otra vez a molestar al juez –el juez no quiere hacer justicia –ella sigue insistiendo, y al final el juez le hace justicia porque le ha agotado la paciencia ¿Por qué se cuenta esta historia? 1. Para enseñar que –debemos orar siempre y no desmayar –Dios quiere hacer justicia a los que a Él claman 2. Da qué pensar: Cuando venga el Hijo del Hombre, ¿hallará fe en la Tierra?	Haz las preguntas correctas para averiguar el significado del texto 1. *¿Por qué usa Jesús la figura de un juez injusto para enseñarnos algo sobre la justicia de Dios? ¿Los está comparando porque hay entre ellos una gran semejanza? ¿O más bien está haciendo un contraste?* Enseñanza: si el juez injusto acaba haciendo justicia por la insistencia de la viuda, cómo no la va a hacer un Dios que nos ama. 2. *¿Por qué escoge Jesús como protagonista a una viuda?* Las viudas no tenían ninguna influencia. Lo único que tenían era el poder de la perseverancia. 3. *¿Cuál es la enseñanza principal de esta parábola?* Orar y no desmayar. Perseverar orando hasta el final, hasta que Jesús vuelva. 4. *¿Qué es lo que Jesús quiere que aprendamos de Dios?* Dios quiere hacer justicia y escucha el clamor de sus hijos.	*Confesión* – Con frecuencia olvido esta enseñanza cuando llevo mucho tiempo orando por la conversión de personas que siguen pareciendo reacias. *Actitud de obediencia* – Perseverar en la oración y la intercesión. Orar cada día por el dolor de espalda crónico de mi hermana.

Estudio de la Lectura

1. ¿Qué es el método inductivo?

2. ¿Por qué se considera un método científico?

3. ¿Cuál es la diferencia entre la observación, la interpretación y la aplicación?

4. Este método puede simplificarse y usarse a diario en el estudio personal. ¿Qué elementos de este tipo de estudio pueden ayudarte a sacarle el máximo partido a un pasaje de las Escrituras?

5. Ponlo en práctica. Lee Lucas 11:5-13 y crea tu propia guía de tres columnas. Revisa las instrucciones para ver qué elementos querrás sacar del texto. Comparte lo que has descubierto con los demás miembros del grupo. ¿Qué implicaciones tiene para ti la enseñanza de este pasaje?

5/ La oración

VERSÍCULO PARA MEMORIZAR: Mateo 6:9-13
ESTUDIO BÍBLICO: Lucas 11:5-13; 18:1-8
LECTURA: ¿Cómo oramos?

 Enseñanza principal

¿Qué es la oración, y cómo puede un discípulo orar de forma eficaz?

La oración es un diálogo transparente. Es una conversación con Dios en la que nos dirigimos a Él y Él, de forma silenciosa, se dirige a nosotros. Hay cuatro tipos de oración:

Adoración: *reconocer a Dios por lo que Él es, aparte de lo que ha hecho por nosotros.*
Confesión*: reconocer delante de Dios nuestros pecados y aceptar su perdón.*
Gratitud: *reconocer los beneficios que recibimos de Dios.*
Súplica: *interceder por nosotros mismos y por otros según la voluntad de Dios.*

1. Identifica palabras clave o expresiones clave en la pregunta y la respuesta, y explica en tus propias palabras lo que significa.

2. Reescribe esta verdad con tus propias palabras.

3. ¿Qué preguntas o temas te vienen a la mente al pensar en esta verdad?

 **Estudio del versículo para memorizar**

Lo mejor para aprender a orar es empezar estudiando la oración que Jesús enseñó después de que sus discípulos le dijeron: "Enséñanos a orar" (Lucas 11:1).

1. *Veamos el contexto*: En Mateo 6, Jesús enseña esa oración después de hacer una clara diferencia entre la forma correcta de mostrar una devoción a Dios, y la forma incorrecta. ¿Por qué podemos decir que el Padrenuestro sí es una expresión de amor hacia Dios?

2. Los versículos para memorizar son *Mateo 6:9-13*. Cópialos en este espacio.

3. La primera petición es que el nombre del Padre sea santificado. ¿Por qué empieza así?

4. ¿Qué temas cubre el Padre Nuestro?

5. Fíjate en los diferentes tipos de oración que el Padrenuestro recoge. ¿Falta alguno de los tipos que enumeramos anteriormente?

6. ¿Por qué es esta oración un buen modelo?

7. ¿De qué forma te han hablado estos versículos esta semana?

Estudio Bíblico Inductivo

Para interpretar cada uno de estos dos pasajes de las Escrituras es muy útil compararlos. Eso es lo que vamos a hacer en este estudio, así que prepárate para ir de un texto al otro. Veremos cómo Lucas 11 nos ayuda a entender la extraña comparación que Jesús hace entre Dios y el juez injusto en Lucas 18.

1. *Lee Lucas 11:5-13; 18:1-8.* ¿Por qué Jesús usa las historias que aparecen en 11:5-8 y 18:1-5 para hablarnos de la oración? ¿Qué quería enseñarnos? ¿Por qué los personajes de la viuda y el amigo ilustran la enseñanza de Jesús?

2. ¿Qué posición ocupan la viuda y el amigo en relación con sus "benefactores"? ¿Qué nos enseña eso sobre nuestra actitud en la oración?

3. ¿Qué nos enseñan estos pasajes sobre Dios? ¿Es Dios un Dios tacaño al que hay que engañar? Usa estos pasajes para demostrar que Dios es generoso.

4. En 11:9 y 18:1, 8 Jesús nos llama a orar con una actitud concreta. ¿Cuál es esa actitud?

5. ¿Por qué Dios quiere que le pidamos cosas si ya sabe lo que necesitamos?

6. ¿Pueden nuestras oraciones influenciar la acción de Dios? ¿Por qué sí o por qué no?

7. ¿Qué preguntas tienes sobre estos pasajes?

8. ¿Qué versículo o versículos te han impactado de una forma especial? Reescribe los versículos clave con tus propias palabras.

 **Lectura: ¿Cómo oramos?**

La oración es un diálogo transparente. Es la forma en la que tenemos una conversación íntima con el Creador del Universo y con el Redentor de nuestras vidas, quien tiene el profundo deseo de pasar tiempo con nosotros. La oración es el lugar de mayor seguridad que podemos encontrar. A través de ella podemos abrir nuestros corazones sin miedo a ser rechazados, parecido a lo que haríamos con un amigo que nos acepta tal como somos, con todas nuestras imperfecciones y debilidades.

Aunque el siguiente poema se refiere a la amistad, también ilustra lo que es nuestra experiencia de la oración.

> Oh, el consuelo, el consuelo indescriptible
> De sentirse a salvo con una persona,
> Sin tener que sopesar los pensamientos,
> Ni medir las palabras... Simplemente expresarlos,
> Sacarlos tal como son,
> Los buenos, los malos,
> Seguro de que una mano fiel
> Los tomará, los analizará
> Y guardará los que sean útiles
> Y con un toque de ternura
> Dejará los demás en el olvido.[1]

En la oración debemos presentarnos tal como somos. Dios nos da la bienvenida a su corazón. Richard Foster empieza su libro sobre la oración con una preciosa invitación:

"El Señor nos invita a volver al hogar, a volver al hogar al que pertenecemos, a volver al hogar para el que fuimos creados. Está esperando con los brazos abiertos de par en par, para recibirnos. Él anhela de todo corazón que volvamos. Durante demasiado tiempo hemos estado en un país lejano: en un país lleno de ruido, prisas y multitudes, un país de empujones, carreras y zancadillas, un país de frustración, miedo e intimidación. Y Él nos da la bienvenida para que volvamos a nuestro hogar: un hogar de serenidad, paz y gozo, un hogar de amis-

---

[1] Dinah Maria Mulock Craik, "Friendship".

tad, comunión y sinceridad, un hogar de intimidad, aceptación y afirmación."[2]

La oración es la relación con Aquel que ya ha declarado que somos sus hijos amados, con Aquel que quiere tenernos cerca. Entonces, ¿de qué deberíamos hablar cuando oramos? Del mismo modo en que nuestras conversaciones con nuestros amigos pueden versar sobre diferentes temas, también podemos tener ese tipo de diálogo con el Señor. Aquí vamos a examinar las diferentes partes de esa conversación: adoración, confesión, gratitud y súplica.

Adoración
En la oración, la primera reacción del corazón es la adoración. Es importante distinguir entre la adoración y la gratitud. La adoración consiste en reconocer quién es Dios, mientras que la gratitud es reconocer lo que Dios ha hecho por nosotros. Ole Hallesby explica bien este pequeño matiz: "Cuando doy gracias, mis pensamientos están centrados, en cierto sentido, en mí mismo. Pero cuando alabo, adoro olvidándome de mí mismo, y viendo y alabando solo la Majestad y el Poder de Dios, su Gracia y su Redención".[3]

La adoración nos eleva más allá de nosotros mismos para que podamos admirar la grandeza y la belleza de Dios. Los Salmos, un libro lleno de alabanzas, son muy expresivos, muy efusivos:

Te exaltaré, mi Dios, mi Rey,
Y bendeciré tu nombre eternamente y para siempre.
Todos los días te bendeciré,
Y alabaré tu nombre eternamente y para siempre.
Grande es el Señor, y digno de ser alabado en gran manera;
Y su grandeza es inescrutable.
(Salmo 145: 1-3)

Una forma de practicar la adoración es seleccionar un atributo de Dios y escribir en tu diario el fruto de tu imaginación. Por ejemplo, algunas ideas podrían incluir: Dios es Soberano, lo que significa que no hay ni

---

2 Richard Foster, *Prayer: Finding the Hearts' True Home* (San Francisco: HarperSanFrancisco, 1992), p. 1.
3 Ole Hallesby, *Prayer* (Minneapolis: Ausburg, 1959), p. 141.

una molécula en todo el Universo que Dios no controle; Dios es Omnisciente, por tanto, nunca tendrá un despiste que le lleve a exclamar: "¡Anda, me he olvidado de eso!"; Dios es Inmanente, lo que quiere decir que como el aire, Dios es el aliento por el que vivimos, nos movemos y existimos.

¿No es un poco egocéntrico que el Señor quiera que llenemos nuestro corazón y nuestras mentes con pensamientos acerca de Él? Si creemos que la alabanza es solo como una acción por medio de la cual le hacemos cumplidos a Dios, entonces no hemos entendido la naturaleza cotidiana de la alabanza. El gozo siempre hace que de nuestra boca salgan de forma espontánea palabras de alabanza. Si el domingo por la tarde hace un buen día, mi mujer y yo cogemos el coche y nos vamos al campo a ver paisajes, y nos pasamos el rato diciendo: ¡Mira aquello! Y la alabanza no solo expresa gozo, sino que además lo completa.

¿Por qué quiere Dios que le alabemos? No solo porque lo merece, sino también por lo que nosotros ganamos. ¿Qué es lo mejor que Dios puede darnos? Más de Él. "La alabanza es el dulce eco de su propia excelencia en los corazones de su pueblo".[4]

Confesión
Cuando llenamos nuestros corazones con la gloria de Dios y oramos como Jesús nos enseñó, "Santificado sea tu nombre", la reacción natural de nuestros corazones es ver la oscuridad de nuestras vidas a la luz de su resplandor. En nuestro antiguo hogar las paredes habían estado pintadas de blanco y se habían ido ensuciando, y de hecho parecían blancas hasta que las vi al lado de un objeto blanco. Solo entonces pude ver lo sucias que estaban aquellas paredes. Cuando medimos nuestras vidas a la luz de la perfección moral de Dios, empezamos a ver lo contaminados que están nuestros corazones.

En griego, *confesar* significa "estar de acuerdo con". Cuando nos confesamos a Dios le estamos diciendo que estamos de acuerdo con Él en cuanto a lo que ve. Si hacemos que la confesión sea una parte regular de nuestra conversación con Dios le estamos dando permiso para que nos muestre nuestras vidas a través de sus ojos. Nuestra oración es: "Señor, déjame verme como tú me ves".

La confesión es admitir de forma honesta y valiente que hemos violado la ley santa de Dios y que necesitamos desesperadamente su per-

---

4 John Piper, *Sed de Dios* (Viladecavalls, Barcelona: Andamio, 2001), p. 48.

dón. El rey David escapó de Dios durante casi un año después de cometer adulterio con Betsabé y de usar su poder para matar al marido de ésta. Finalmente, el profeta Natán desenmascaró el engaño de David y dijo: "Tú eres aquel hombre" (2º Samuel 12:7). Entonces David fue limpiado. El Salmo 51 recoge su penitencia:

> Ten piedad de mí, oh Dios, conforme a tu misericordia; conforme a lo inmenso de tu compasión, borra mis transgresiones... Porque yo conozco mis transgresiones, y mi pecado está delante de mí. Contra ti, contra ti solo he pecado, y he hecho lo malo delante de tus ojos. (Salmo 51:1, 3-4)

La idea de la confesión suscita un tema que nos confunde. ¿Cómo distinguir cuándo Satanás nos está acusando y cuándo Dios nos está convenciendo de pecado? A menudo olvidamos que tenemos un enemigo al que se le llama "el acusador de nuestros hermanos" y que quiere que nos regodeemos en nuestra culpa. Este enemigo tiene suficientes argumentos a su favor. Su objetivo es desanimarnos en cuanto al progreso de nuestra relación con Cristo, usando quizá mensajes como "Te consideras cristiano y, sin embargo, aún estás cometiendo algunos pecados. ¡Venga hombre! ¿A quién quieres engañar?". Por fin llegamos a la conclusión de que no somos dignos de ser hijos de Dios. Este peso que no produce en nosotros más que desánimo no es de Dios, sino que son las artimañas del enemigo para inhabilitarnos para la batalla.

Sin embargo, el Espíritu de Dios que convence de pecado es incisivo, penetrante. El Espíritu Santo desenmascara pecados específicos, y nos lleva a estar apenados y dolidos por haber violado nuestra relación con el Dios que ha comprado nuestro corazón. De ahí somos llevados al arrepentimiento, que no significa otra cosa sino cambio: un cambio de conducta o comportamiento. Y finalmente –y de forma inmediata– el Señor limpia nuestro espíritu para que nos sintamos limpios y renovados como el aire después de las lluvias de primavera.

Satanás quiere que nos quedemos en el barro de una culpa a la que no somos capaces de poner nombre, mientras que Dios nos convence de un pecado concreto y lo hace para restaurarnos. Los mensajes de desánimo no son del Señor, sino de nuestra conciencia activista o de aquel que quiere que creamos sus mentiras. No hay condenación para aquellos que están en Cristo Jesús.

Gratitud

Cuando entendamos de verdad el rescate que Dios ha realizado al salvarnos de la culpa y la condena de nuestro pecado, entonces nos daremos cuenta de que la motivación fundamental para vivir la vida cristiana es la gratitud. Uno de los signos de la presencia del Espíritu Santo en nosotros es, según Pablo, que siempre hemos de dar gracias a Dios el Padre por todo, en el nombre de nuestro Señor Jesucristo (Efesios 5:20).

Un anciano solitario camina por una playa de Florida, cargando un cubo lleno de gambas. Avanza por el muelle, hasta llegar al final, y de repente una lluvia de puntos que planean llena el cielo. El silencio del atardecer se ve asaltado por el graznido de los pájaros. Durante media hora el hombre permanece quieto, rodeado de pájaros hasta que el cubo queda vacío. Pero incluso cuando ya no queda comida, las gaviotas se resisten a marcharse, dando vueltas a su alrededor y posándose en su sombrero. Esta ofrenda semanal a las gaviotas es su forma de dar las gracias.

Su nombre es Eddie Rickenbacker. En octubre de 1942 pilotaba su B-17 con la misión de entregar un mensaje al General Douglas MacArthur, cuando algo falló y se precipitaron al Pacífico. Los ocho miembros de la tripulación se salvaron y se encaramaron en los botes salvavidas. Ocho días después se les acabaron los víveres. Su medio de subsistencia se había acabado. Muy débiles ya, los hombres hicieron un pequeño culto devocional, y luego decidieron descansar. Mientras Rickenbacker se estaba quedando dormido, con su sombrero cubriéndole los ojos, sintió que algo se había posado sobre su cabeza. Sabía que era una gaviota, y eso significaba comida. La tripulación sobrevivió. Estaban a cientos de quilómetros de la orilla, y Dios les había enviado para su supervivencia una gaviota. Rickenbacker nunca cesó de mostrar su gratitud.

Con frecuencia, y con demasiada facilidad, olvidamos ser agradecidos y olvidamos las cosas buenas que el Señor ha hecho por nosotros. La gratitud es el cultivo de una memoria. Es hacer un lista en oración de todo lo bueno que hay en nuestra vida.

Súplica

Suplicar significa pedir con intensidad, con seriedad y perseverancia, pedir y seguir pidiendo. Hablando de la oración, Jesús dice "Pedid, y se os dará; buscad, y hallaréis; llamad, y se os abrirá" (Lucas 11:9). La súplica recoge la intercesión por los demás, y las peticiones por nosotros mismos.

La intercesión consiste en situarse entre dos partes y rogar a una de ellas por la otra. En este caso, significa situarse entre Dios y una tercera persona, y rogarle a Dios por ella. La intercesión es, quizá, la muestra de amor más desinteresada, porque la persona que recibe la bendición de Dios no suele saber quién ha estado orando por ella. Dios nos ha dado el gran privilegio de poner a otras personas delante de Él a través de la oración, del mismo modo en que los cuatro amigos del paralítico le llevaron ante la presencia de Jesús (Marcos 2:1-12).

¿Cómo hemos de interceder? Podemos fijarnos en las oraciones de intercesión de Pablo que aparecen en Efesios 1:16-19, 3:16-19, y Colosenses 1:9-12. Normalmente nos centramos en necesidades materiales como la salud, los problemas laborales o económicos, pero la oración de Pablo es que los creyentes lleguen a confiar en la suficiencia de Dios, que sus vidas estén llenas del conocimiento de la Voluntad de Dios, y que estén rodeados y bañados por el Amor de Dios.

Cuando no pedimos es que no conocemos bien a Jesús. Él le dijo a la mujer samaritana: "Si tú conocieras el don de Dios, y quién es el que te dice "Dame de beber", tú le habrías pedido a Él, y Él te hubiera dado agua viva. John Piper dice que un cristiano que no ora es como un conductor de autobús que trata el solo de empujar el autobús para sacar la rueda de un bache porque no sabe que Clark Kent (Supermán) va en el autobús. Si conociéramos esa información, si lo hubiéramos sabido, le habríamos pedido ayuda.[5]

Esto nos lleva a la idea con la que empezábamos. La oración es una invitación a adentrarnos en el corazón del Padre. Jesús dice que incluso los padres malos dan cosas buenas a sus hijos cuando éstos las piden. ¿Daría un padre un escorpión a su hijo si éste le pidiera un huevo? "¿Cuánto más vuestro Padre celestial dará el Espíritu Santo a los que se lo pidan?" (Lucas 11:13). La oración no precisa de un lenguaje religioso especial. Se nos invita a conocer a Dios y a tener una conversación transparente con Él, con Aquel que nos acepta tal como somos. Deja que tu conversación esté caracterizada por la adoración, la confesión, la gratitud y la súplica.

---

5 Ibíd., p. 168.

Estudio de la Lectura

1. ¿Qué es la adoración?

2. ¿Qué hace que Dios sea digno de alabanza?

3. ¿Qué es la confesión?

¿Por qué viene de forma natural después de la adoración?

4. ¿Qué relación hay entre "dar gracias" y "recordar"?

5. ¿Cuál es la definición bíblica de la oración intercesora?

¿Tiene algún parecido con la forma en la que oramos los unos por los otros?

6. ¿Por qué es tan difícil orar?

7. ¿Tienes alguna pregunta sobre la lectura?

8. ¿La lectura te ha mostrado algún pecado? ¿Te reta? ¿Te consuela? Explica por qué.

6/ La adoración

VERSÍCULO PARA MEMORIZAR: Apocalipsis 4:11
ESTUDIO BÍBLICO: Apocalipsis 4-5
LECTURA: Enfrentarse al trauma de la Santidad

 Enseñanza principal

¿Qué actividad define el propósito principal de la Iglesia?

Las funciones de la Iglesia son, como se dice en varias ocasiones, la enseñanza, la comunión, la evangelización y la adoración (ver Hechos 2:42-47). De todas estas importantes funciones, el propósito principal de la Iglesia es honrar a Dios a través de la adoración, porque ésa es su vocación para la eternidad.

1. Identifica palabras clave o expresiones clave en la pregunta y la respuesta, y explica en tus propias palabras lo que significa.

2. Reescribe esta verdad con tus propias palabras.

3. ¿Qué preguntas o temas te vienen a la mente al pensar en esta verdad?

 **Estudio del versículo para memorizar**

En Apocalipsis 4 se nos presenta la sala donde está el trono de Dios. Su trono resplandece con gloria y belleza y está rodeado de criaturas que de forma continua alaban al Señor diciendo: "Santo, Santo, Santo es el Señor Dios, el Todopoderoso" (v. 8).

1. *Veamos el contexto*: Empieza en Apocalipsis 4:1, y busca los elementos de adoración que aparecen en esta escena celestial.

2. El versículo para memorizar es *Apocalipsis 4:11*. Cópialo en este espacio.

3. Dios es declarado digno. ¿Por qué?

4. ¿Qué significa que Dios es digno?

5. ¿Qué significa que Dios *recibe* la gloria, la honra y el poder?

6. ¿Qué beneficios crees que obtenemos cuando adoramos a Dios?

7. ¿De qué forma te ha hablado este versículo esta semana?

🔍 Estudio Bíblico Inductivo

Apocalipsis 4-5 nos deja ver la actividad continua que tiene lugar en torno al trono de Dios. Es como si a través de una ventana pudiéramos ver un destello de lo que será nuestra vocación por toda la eternidad.

1. *Lee Apocalipsis 4-5.* Describe tus impresiones de la escena celestial en torno al trono de Dios (4:1-11).

2. ¿Qué características se le atribuyen a Dios (4:1-11)?

3. ¿Qué imágenes se usan en el capítulo 5 para describir a Jesús?

¿Qué piensas del repentino cambio de imágenes para referirse a Jesús? ("el León de la tribu de Judá" (5:5) y "un Cordero, como Inmolado" (5:6).

4. ¿Por qué Jesús es digno de abrir el libro (5:9-10, 12)?

5. ¿Qué nos enseñan estos capítulos sobre la adoración a Dios?

6. ¿Qué preguntas tienes sobre este pasaje?

7. ¿Qué versículo o versículos te han impactado de forma especial? Escribe los versículos clave con tus propias palabras.

 ## Lectura: Enfrentarse al trauma de la Santidad
La clave para adorar de forma auténtica al Dios vivo
Darrell Johnson

La Iglesia es una comunidad de amor, y una comunidad de servicio, de estudio, de oración, de sanidad. Pero, ¿cuál es el propósito fundamental de la Iglesia? Si es cierto que "el fin último del hombre es glorificar a Dios y disfrutar de Él por siempre" (Catecismo de Westminster), entonces la Iglesia es, fundamentalmente, una comunidad de adoración.

La experiencia de Isaías en el año de la muerte del rey Uzías nos lleva al verdadero significado de la auténtica adoración. Hay dos factores que son necesarios para la adoración a Dios: la presencia de Dios y el Dios que está presente. La adoración con sentido tendrá lugar cuando somos conscientes de que Dios está presente y reconocemos quién es ese Dios. Dicho de otro modo, la adoración auténtica a Dios es una función de nuestra afirmación de que Él está entre nosotros, y la comprensión de quién es Él. La vitalidad y la relevancia de nuestra adoración están directamente relacionadas con nuestra compresión de Dios.

La profundidad y la autenticidad de nuestra adoración a Dios fluyen automáticamente del concepto que tengamos de Dios. Parece sencillo, ¿no? Todo lo que tenemos que hacer es tener una visión correcta del Dios que está en medio de nosotros. No obstante, hay dos actitudes dentro de nosotros que no nos dejan ver a Dios tal como Él es.

Pensamos que Dios es como nosotros
En primer lugar, tendemos a formarnos nuestro propio concepto de Dios. Con demasiada frecuencia creamos un dios que no es más que una proyección del dios que nos gustaría que existiera. Tendemos a crear un Dios a nuestra imagen.

Hace algunos años Spencer Marsh escribió un libro muy ilustrativo titulado *God, Man and Archie Bunker*[1] [Dios, el hombre y Archie Bunker]. El autor plasma que las acciones y los sentimientos del Dios de Archie Bunker son muy parecidos a las acciones y sentimientos del mismo Archie, un blanco racista de un programa de la televisión. Veamos un ejemplo. Una vez Archie invitó a cenar a su vecino de color, George Jefferson. Mientras cenaban, Archie le preguntó: "¿Eres ateo?".

---

1 Spencer Marsh, *God, Man and Archie Bunker* (New York: Harper&Row, 1975).

George: No, yo creo en Dios.
Archie: Qué bonito... Y qué interesante también. Me refiero a la forma en la que los negros pasasteis de adorar a las serpientes y a los ídolos de madera... y por fin llegasteis a nuestro Dios.
George: ¿Qué quieres decir con "nuestro Dios"?
Archie: Bueno, es el Dios del hombre blanco, ¿no?
George: No necesariamente. ¿Qué te hace pensar que Dios no es negro?
Archie: Porque Dios creó al Hombre a su imagen, y como verás, yo no soy negro.
George: Bueno, yo no tengo la culpa de que no seas negro.
Archie: A ver, ¿no has visto los retratos de Dios? Los que los artistas pintaron en aquellas iglesias de Roma...
George: Sí, todos aquellos artistas debían de ser blancos...
Archie: En todas las reproducciones que he visto de Dios, ¡Él siempre era blanco!
George: Porque a lo mejor lo que mirabas eran los negativos.

Todos los seres humanos tenemos esa tendencia a formarnos nuestro propio concepto de Dios.

Afortunadamente, Dios quiere que lleguemos a conocerle tal como Él es. Debido a ese deseo, Dios se ha revelado: en la Creación, en la vida y en la historia de Israel, en las Escrituras y, de forma más completa, en la persona de Jesucristo. Sin embargo, esto nos lleva a la segunda tendencia innata del ser humano: ignorar la revelación de Dios.

No queremos mirar a Dios
Cuando Dios se revela tal como Él es, le ignoramos o le rechazamos. Lo hacemos debido a lo que Dios revela de sí mismo. Lo que descubrimos sobre Él es demasiado para nosotros, no podemos soportarlo. El autor del libro de Hebreos dice: "¡Horrenda cosa es caer en las manos del Dios vivo" (Hebreos 10:31). Ésa fue la experiencia de Isaías. Al ver a Dios, el cual es "santo, santo, santo" (Isaías 6:3), tembló y clamó: "¡Ay de mí! Porque perdido estoy" (6:5).

En las Escrituras Dios revela las diferentes dimensiones de su carácter, lo que nosotros llamamos los atributos de Dios. A.W. Tozer dice que los atributos de Dios son como "las características que Dios ha revelado sobre sí mismo".[2] Las Escrituras recogen muchos de los atributos de

---

2 A.W. Tozer, *Knowledge of the Holy* (San Francisco: HarperSanFrancisco, 1961), p. 20.

Dios: su Autosuficiencia, su Eternidad, su Sabiduría, su Trascendencia, su Fidelidad, su Bondad, su Justicia, su Misericordia, su Gracia, su Amor y Soberanía, por nombrar algunos. Pero, si cabe clasificarlos, diríamos que hay un atributo unificador, y ese es su Santidad. Dicho de otro modo, es como si todos los demás atributos los tuviéramos que entender a la luz de su Santidad.

Dios es Santo en esencia.

En el año de la muerte del rey Uzías vi yo al Señor sentado sobre un trono alto y sublime, y la orla de su manto llenaba el templo. Por encima de Él había serafines... Y el uno al otro daba voces diciendo: Santo, Santo, Santo, es el Señor de los ejércitos, llena está toda la Tierra de su gloria. (Isaías 6:1-3)

Desde el principio hasta el final de los tiempos esa es la canción que entonan los coros angelicales y las voces de los santos. No cantan: "Amor, amor, amor"; ni "Misericordia, misericordia, misericordia"; ni "Verdad, verdad, verdad"; sino "Santo, santo, santo, es el Señor Dios, el Todopoderoso, el que era, el que es y el que ha de venir" (Apocalipsis 4:8).

Encontrarse con el Dios vivo en su santidad es una experiencia extremadamente aterradora, como vemos en Isaías. El Dios Santo constituye un peligro para el ser humano. O bien nos enfrentamos con ese peligro, con todos los traumas que eso pueda suponer, o bien lo acallamos. Desafortunadamente, la mayoría de la gente opta por la segunda "solución". Esa es la forma en la que nuestra psique evita el trauma y, por tanto, eso nos lleva a una comprensión de Dios bastante alejada de la realidad. Psicológicamente hablando, es más fácil vivir con una mentira que con una verdad tan abrumadora. Karl Barth dijo en una ocasión que la religión no es el fruto de la búsqueda que hacemos de Dios, sino el producto de haber acallado el trauma que nos causa contemplar su Santidad. Adán se escondió de Dios, y eso es lo que el ser humano ha seguido haciendo desde entonces.

¿Por qué decimos que la Santidad de Dios es una amenaza para la Humanidad? La respuesta está en el significado de la palabra *santo*. Esta palabra contiene básicamente dos ideas. La primera es separación, ser otro; la segunda, pureza, es decir, la perfección absoluta. La primera constituye una amenaza a nuestra autonomía y a nuestro deseo de gobernar nuestras vidas; la segunda, a nuestra integridad moral. Podemos entender mejor el alcance de estas amenazas si miramos cómo respondió ante ellas el profeta Isaías.

El deseo de gobernar nuestras vidas se derrumba ante su Santidad

La raíz de la palabra *santo* tiene estrecha relación con una palabra que significa "dividir". *Santo*, por tanto, significa algo así como totalmente único, separado o aparte de lo común. Cuando Dios se revela a sí mismo como santo, está diciendo que Él es totalmente y completamente diferente a todo lo demás; que es Único. En palabras de Isaías Dios es "alto y sublime" (Isaías 6:1). Emil Brunner lo expresa muy bien cuando dice:

> "La Santidad es la naturaleza de Dios, aquello que le distingue de todo lo demás… La santidad no es una cualidad de Dios que otros seres también tienen; al contrario, es lo que le diferencia clara y absolutamente de todo lo demás."[3]

Por medio de Cristo Jesús descubrimos que Dios es personal, que es nuestro amigo, que se preocupa por nosotros, que nos cuida. Pero nunca debemos perder de vista cuál es su carácter: Él es el único que es Dios. Entre Él y nosotros existe una distancia infinita.

Vemos que la primera reacción de Isaías cuando ve a Dios es de terror. "¡Ay de mí! Porque perdido estoy, pues soy hombre de labios inmundos" (6:5). ¡Isaías, un hombre normal, en la mismísima presencia de Dios! Le entra un miedo terrible. Lo mismo le pasó a Job: "He aquí yo soy insignificante" (Job 40:4). Y Habacuc: "Oí, y se estremecieron mis entrañas, a tu voz temblaron mis labios. Entra podredumbre en mis huesos, y tiemblo donde estoy" (Habacuc 3:16). En presencia del Dios Santo, el ser humano se da cuenta del abismo que le separa de Dios.

Encontrarse con el Dios Santo acaba con el mito de la autonomía del ser humano, el mito de que el ser humano es la autoridad final, el mito de que nosotros somos nuestros propios señores. En presencia de Dios no somos más que polvo y cenizas. Todo el aire que tenemos, cada respiro que damos, es un regalo de su Gracia. Cuando alguien se niega a arrodillarse de forma humilde ante el Creador santo, para seguir viviendo tiene que acallar o ahogar la verdad sobre Dios (Romanos 1:18-23).

Una pureza que no tolera la suciedad

La palabra *santo* tiene un segundo significado. La santidad, por su naturaleza, tiene que destruir el pecado.

---

[3] Emil Brunner, *The Christian Doctrine of God* (Philadelphia: Westminster Press, n.d.), p. 58.

Por tanto, la respuesta de Isaías ante la revelación de Dios era de esperar. Al decir "¡Ay de mí! ... pues soy hombre de labios inmundos" (6:5), confesó que lo que salía de sus labios ponía de manifiesto lo que había en lo más profundo de su corazón: pecado. En la presencia del fuego purificador de la santidad, Isaías se puso a temblar, porque sabía que si las llamas de la santidad le alcanzaban, moriría abrasado.

Muchas veces ignoramos este atributo de Dios porque queremos pensar que somos buenas personas. Sin embargo, en la presencia de la pureza absoluta nuestros intentos de excelencia moral se quedan bastante cortos. Las únicas respuestas posibles son o reconocer nuestra pecaminosidad ante Dios, o cambiar el concepto que tenemos de Él para deshacernos de ese sentimiento de culpa. Muchos se crean a un Dios moralmente neutral al que, al final, no le importa ni le preocupa nada.

Vemos que el Señor no le dijo nada a Isaías sobre su pecado. Y, sin embargo, la Santidad, por su propia naturaleza, saca a la luz la impureza. La adoración auténtica siempre tendrá dos expresiones: temor reverencial ante ese ser Único completamente diferente a todo lo demás, y vergüenza ante el absolutamente Puro.

Pero, afortunadamente, éste no es el final de la historia.

La paradoja de la santidad de Dios
Aunque Isaías estaba aterrado en la presencia de Dios, también deseaba permanecer en ella. Él exclama "¡Ay de mí!", pero no sale corriendo. Quizá sabía que no iba a poder escapar de la presencia de Dios. O quizá la santidad de Dios tiene algo que la hace irresistible.

Nos sentimos atraídos por el Señor santo aún en medio del temor y la vergüenza. ¿Será porque fuimos hechos para Él? Aunque vemos que es una amenaza para nuestra existencia, una amenaza para nuestra supuesta virtud, sabiduría y justicia, aunque sabemos que podría aniquilarnos debido a nuestro pecado, le necesitamos. Él es lo que hemos buscado, lo que hemos anhelado toda nuestra vida.

Como Isaías, estamos atrapados en una peligrosa tensión. Isaías se da cuenta de su insignificancia, en tanto que ser humano y también en tanto que pecador y, sin embargo, su deseo es poder cantar con los seres celestiales "Santo, santo, santo". Pero, ¿cómo lograrlo? ¿Cómo puede él, un pecador, seguir en la presencia del Dios Santo? Los siguientes versículos son como una ventana a través de la cual podemos ver el corazón de Dios:

Entonces voló hacia mí uno de los serafines con un carbón encendido en su mano, que había tomado del altar con las tenazas; y con él tocó mi boca, y dijo: "He aquí, esto ha tocado tus labios, y es quitada tu iniquidad y perdonado tu pecado" (Isaías 6:6-7)

La Gracia resuelve esa tensión. La solución al dilema de Isaías (y al nuestro también) es la propiciación. "Pero aquí la propiciación no viene de parte de los hombres, a través de una ofrenda o sacrificio. Viene de parte de Dios, pues es Dios mismo quien la efectúa a través de un serafín y por medio de un carbón encendido".[4] Ésta es una preciosa anticipación de la cruz de Cristo. En la cruz, Dios mismo remedia de forma definitiva ese dilema, poniendo punto y final al pecado. Podemos refugiarnos de la Santidad de Dios en las heridas de Cristo, heridas que no solo tocan nuestros labios, sino que tocan nuestro ser interior con un perdón definitivo y una purificación perfecta.

La Santidad de Dios y su Amor no son incompatibles. El Amor de Dios hace que Dios quiera que le conozcamos, y luego hace posible que podamos estar en su presencia. Precisamente, la Santidad de Dios nos ayuda a comprender la inmensa profundidad del Amor de Dios. Su carácter santo le lleva a retroceder ante nuestro pecado, pero Él ha querido que tengamos una relación con Él en la que se nos concede el mayor privilegio del Universo. Gracias a Jesucristo, podemos acercarnos al Santo Creador del Universo y dirigirnos a Él con toda familiaridad (¡*Abba* Padre!).

La vitalidad y la profundidad de nuestra adoración están directamente relacionadas con la visión que tenemos de Dios. Si le conocemos tal como Él es, nuestra adoración estará caracterizada por tres elementos: temor reverencial ante ese ser Único y completamente diferente a todo lo demás, vergüenza ante el absolutamente Puro, y gratitud y gozo ante el Misericordioso. Cuando nos damos cuenta de que solo Él es Dios, caemos rendidos ante Él llenos de reverencia. Cuando nos damos cuenta de que solo Él es perfecto, caemos rendidos ante Él invadidos por la vergüenza. Pero cuando nos damos cuenta de que Él, el Santo, nos ama tanto que para tener comunión con nosotros dio a su propio Hijo, caemos rendidos ante Él llenos de gratitud y alabanza, y cantamos sobre las maravillas de su Santidad y la gloria de su Gracia.

---

4 Otto Procksch, "hagios", en *Theological Dictionary of the New Testament*, ed. Gerhard Kittel y Gerhard Friedrich, 10 vols. (Grand Rapids, Mich.: Eerdmans, 1964-1976), 1:93.

Estudio de la Lectura

1. ¿Por qué la comprensión que tenemos de Dios es crucial para la adoración?

2. ¿Cuáles son las dos actitudes que no nos dejan ver a Dios tal como Él es?

3. ¿Por qué nuestra tendencia es ignorar la Revelación de Dios?

4. ¿Cuáles son los dos significados de *santo*?

¿Por qué esos significados son una amenaza para el ser humano pecador?

5. ¿Cómo elimina Dios el abismo que hay entre nosotros y su santidad?

6. Para que puedas adorar a Dios de forma más completa, ¿tu comprensión de Él tiene que cambiar? ¿Cómo tiene que cambiar?

7. ¿Tienes alguna pregunta sobre la lectura?

8. ¿La lectura te ha mostrado algún pecado? ¿Te reta? ¿Te consuela? Explica por qué.

Segunda Parte

Entendiendo el mensaje de Cristo

Esta sección intenta recoger el contenido de nuestra fe. Será la parte más teológica o doctrinal, pero eso no debería echarnos atrás. De hecho, los dogmas siempre son misterios emocionantes y, ¿a quién no le gusta descubrir un misterio?

Empezaremos nuestro descubrimiento sobre Dios y sus planes examinando, en el capítulo siete, el misterio de la Trinidad. Veremos lo que significa que el *Dios en tres personas* es un ser en comunión consigo mismo a lo largo de la eternidad.

En el capítulo ocho veremos qué significa eso de que estamos *hechos a imagen de Dios*. La clave para entender la imagen de Dios en el ser humano es la naturaleza trina de Dios. Como Dios es un ser en comunión, nosotros también hemos sido hechos para relacionarnos: con Dios y con los demás.

En el capítulo nueve descubriremos que algo rompió nuestra relación con Dios con los demás. La Biblia lo llama *pecado*. El pecado es estar separados de Dios en el presente y en la eternidad.

El descubrimiento más increíble es que, a pesar de nuestra rebelión en contra de la autoridad de Dios, a pesar de nuestra desconfianza en su bondad, Dios se sigue acercando a nosotros. La demostración del alcance y de la paradoja del *Amor de Dios* (capítulo 10) es la muerte de Jesús en la cruz. Y el capítulo once nos revela cómo encontramos *redención a través de Cristo*.

Podemos conocer la historia del Evangelio, podemos reconocer que Jesucristo es Dios en forma humana, e incluso podemos afirmar su resurrección sin que todo ello cambie nuestra vida. La forma en la que tomamos estos hechos históricos y los hacemos nuestros es a través de la fe en Cristo. ¿Cómo puede un Dios justo perdonar a los pecadores sin comprometer su Santidad? Ésta es una de las cuestiones sobre la *justificación por fe* que analizaremos en el capítulo doce.

Esta sección acaba con un descubrimiento que nos desconcierta y emociona: *la adopción*. El escenario de la justificación es la sala de un juzgado, donde Dios es el Juez. Pero en la adopción, hemos pasado del tribunal al cuarto de estar, donde Dios ya no es Juez, sino nuestro Padre. Por la adopción se nos da entrada a la familia de Dios, a una relación de amor como sus hijos e hijas.

7/ Dios en tres personas

VERSÍCULO PARA MEMORIZAR: Deuteronomio 6:4; 2ª Corintios 13:14
ESTUDIO BÍBLICO: Éxodo 20:1-7; 3:13-14; Juan 8:58-59; Hechos 5:1-4
LECTURA: *Contact*

 Enseñanza principal

¿A qué Dios adoramos y servimos?

Aunque no podemos aprehender de forma plena la naturaleza de Dios, sabemos que solo hay un Dios eterno y que éste, siendo uno, es en tres personas: Dios el Padre, Dios el Hijo y Dios el Espíritu Santo.

1. Identifica palabras clave o expresiones clave en la pregunta y la respuesta, y explica en tus propias palabras lo que significa.

2. Reescribe esta verdad con tus propias palabras.

3. ¿Qué preguntas o temas te vienen a la mente al pensar en esta verdad?

 **Estudio del versículo para memorizar**

Vamos a aprender dos versículos que nos ayudan a ver la enseñanza bíblica de que Dios es uno y, a la vez, en tres personas: Deuteronomio 6:4, o la *shemá*, que los judíos escriben sobre la puerta de entrada a las sinagogas, y 2ª Corintios 13:14.

1. *Veamos el contexto:* Haz una lista de todos los mandamientos que aparecen en Deuteronomio 6:1-9.

2. El primer versículo para memorizar es Deuteronomio 6:4. Cópialo en este espacio.

3. ¿Por qué crees que era necesario dejar claro que solo hay un Dios? ¿Qué relevancia tiene esa insistencia hoy?

4. El siguiente versículo para memorizar es 2ª Corintios 13:14. Cópialo en este espacio.

5. ¿Qué característica o elemento se asocia con cada una de las personas de la Trinidad?

¿Qué nos dice eso sobre la función de cada una de ellas?

6. ¿Qué es lo que Pablo quiere que los corintios reconozcan?

¿De qué forma lo puedes aplicar?

7. ¿Qué te han enseñando estos versículos esta semana?

Estudio Bíblico Inductivo

La palabra *Trinidad* no es un término bíblico, y tampoco hay muchos pasajes que mencionen a la vez a las tres personas de la Trinidad. Entonces, ¿cómo hemos llegado a creer que Dios es uno en tres personas? La respuesta es bien sencilla: porque la Biblia las describe a las tres como personas divinas y, a la vez, con personalidades distintas.

Dios el Padre: lee Éxodo 20:1-7.

1. Escribe con tus propias palabras las prohibiciones de los tres primeros mandamientos (v. 3-7).

2. ¿Por qué está prohibido hacerse otros dioses (v. 3)?

3. ¿Qué es un ídolo?

4. ¿Por qué está prohibido hacerse ídolos o imágenes (v. 4)?

5. ¿Qué significa que Dios es celoso? (¿No es eso algo malo? ¿Por qué sí o por qué no?

6. ¿Qué significa tomar el nombre de Dios en vano?

Dios el Hijo: lee Éxodo 3:13-14; Juan 8:58-59

7. ¿Qué está diciendo Jesús de sí mismo?

8. ¿Cómo interpretaron los líderes religiosos que Jesús dijera "Yo soy"?

Dios el Espíritu Santo: lee Hechos 5:1-4.

9. ¿Cómo demuestran estos versículos que el Espíritu Santo es una fuerza divina y personal?

10. ¿Qué implicaciones tiene para ti la enseñanza de este pasaje?

11. ¿Qué versículo o versículos te han impactado de forma especial? Escribe los versículos clave con tus propias palabras.

 **Lectura:** *Contact*

En la película *Contact* aparece un personaje cuya obsesión es establecer contacto con la vida extraterrestre. De niña, su padre le había inculcado la idea fascinante de que en alguna parte del vasto Universo debía de haber vida. Jodie Foster interpreta el papel de una astrofísica que vive para detectar señales de alguna forma de vida inteligente. Se pasa largas horas escuchando las grabaciones que registra en ordenadores conectados a estaciones de satélites espaciales. Por fin, un día los altavoces de su laboratorio escupen un sonido rítmico que procede del espacio. ¡*Contacto*!

De repente, toda la actividad científica y mediática se centra en el fenómeno de la vida extraterrestre. Todos los esfuerzos están dirigidos a descodificar las señales y descifrar el código de esa civilización que parece haber progresado mucho más que la terrestre. Surge un sinfín de incógnitas. ¿Quiénes son estos seres? ¿Cómo son? ¿Cuáles son sus intenciones?

En los primeros versículos de su evangelio, Juan declara que ya ha habido *contacto*. Él no habla del contacto con una forma de vida de una inteligencia superior procedente de otro planeta, sino del contacto con Aquel que creó el Universo. Este pasaje se dispone a contestar algunas de nuestras incógnitas. ¿Quién es ese ser que ha contactado con nosotros? ¿Quién es Jesús? ¿Cómo es? ¿Cuál es su intención?

El Verbo

El concepto que Juan elige para describir el contacto que Dios establece con nosotros es el del *Verbo* o *la Palabra*: "En el principio existía el Verbo, y el Verbo estaba con Dios, y el Verbo era Dios… Y el Verbo se hizo carne, y habitó entre nosotros" (Juan 1:1, 14). ¿Por qué eligió Juan esta imagen para plasmar la identidad de Jesús? El verbo tiene que ver con la acción de comunicar: establecer contacto. Los verbos o las palabras son un medio para darse a conocer, para expresar pensamientos ocultos y así poder establecer una conexión. No podemos darnos a conocer a menos que compartamos nuestros pensamientos y sentimientos, y eso lo hacemos a través de las palabras. Dios también usa ese medio. Las Escrituras dicen: "¿Quién ha entendido la mente del Señor?" (Isaías 40:13). Tenemos la obligación de darle a conocer.

Al usar la imagen del Verbo, Juan nos dice que Dios está hablando. Cuando Dios habló y dijo todo lo que tenía que comunicarnos, su mensaje se materializó en la persona de Jesucristo. "Dios, habiendo hablado hace mucho tiempo, en muchas ocasiones y de muchas maneras a los padres por los profetas, en estos últimos días nos ha hablado por su Hijo" (Hebreos 1:1-2).

El Hijo Eterno del Padre
Las palabras de Juan nos recuerdan otro comienzo. El libro del Génesis empieza diciendo: "En el principio creó Dios los cielos y la tierra". Génesis 1:1 describe la vieja Creación, y Juan 1:1 introduce la nueva Creación.

¿Era Jesús consciente de que Él ya existía antes de la Creación? Evidentemente. En la víspera de la crucifixión, durante su último encuentro con los discípulos en el aposento alto, expresó el deseo que tenía de estar de nuevo con el Padre como antes de venir a este mundo. En su oración, dice lo siguiente: "Y ahora, glorifícame tú, Padre, junto a ti, con la gloria que tenía contigo antes de que el mundo existiera" (Juan 17:5). La expresión "El Verbo estaba con Dios" (Juan 1:1) describe la relación entre el Verbo y Dios. El significado literal del griego es que el Verbo tenía una relación cara a cara con Dios. Entre Dios y el Verbo siempre ha habido una relación estrecha, íntima.

Aquí es donde las cosas se complican un poco. Nos encontramos ante dos seres que dicen ser eternos y, sin embargo, son distintos el uno del otro. ¿Quiere eso decir que tenemos dos dioses? Versículos como Juan 1:1 y la declaración de Jesús de que Él es el eterno "Yo soy" son los que nos han llevado a formular la existencia de una pluralidad dentro de un mismo y único Dios. Como observaremos más adelante, a la persona del Espíritu Santo también se le otorgan cualidades divinas, pero con una función claramente distinta de la del Padre y de la del Hijo. Esto es lo que llevó a la formulación del concepto de la Trinidad: un Dios, tres personas. Dios es tanto Padre, Hijo, como Espíritu Santo.

¿Cómo se llegó a formar esta idea? En la Biblia no hay ningún versículo que diga: "En cuanto a la Trinidad…". La palabra *trinidad* no es un término bíblico, pero sí es la descripción de una realidad bíblica. La idea de la Trinidad surgió de la enseñanza bíblica que igualaba al Hijo y al Espíritu Santo con Dios, y surgió también de nuestra experiencia de Dios. Os dejo con la excelente explicación que C.S. Lewis hace de cómo se formó nuestra comprensión del Dios trino:

"La gente ya sabía de la existencia de Dios de una forma vaga. Entonces llegó un hombre que afirmaba ser Dios y que no era, sin embargo, la clase de hombre que se podía tachar de lunático. Este hombre hizo que le creyesen. Volvieron a encontrarlo después de que lo hubieran matado. Y luego, después que habían sido formados en una pequeña sociedad o comunidad, encontraron de alguna manera a Dios también dentro de ellos: dirigiéndolos, haciéndolos capaces de hacer cosas que no habían podido hacer hasta entonces. Y cuando lo dilucidaron todo, encontraron que habían llegado a la definición cristiana del Dios tripersonal."[1]

¿Por qué Jesús no dijo nada?
Si Jesús es Dios, ¿por qué no hay ninguna declaración en la Biblia que lo afirme de forma clara? ¿Por qué Jesús nunca dijo de forma directa las palabras "Soy Dios"? La razón es que Jesús no quería que la gente pensara que Él estaba diciendo que era idéntico al Padre. El Padre es Dios, y el Hijo es Dios, pero el Padre no es el Hijo, y el Hijo no es el Padre.

Pero, ¿no está diciendo Juan que todo lo que se dice de Dios, se puede decir también de Jesús? Jesús defendió la actividad sanadora que realizó el día de descanso diciendo: "Hasta ahora mi Padre trabaja, y yo también trabajo" (Juan 5:17). Jesús dice que el Padre no cesa de hacer el bien, y que él hace lo mismo. ¿Cómo interpretaron los judíos este comentario? "Entonces, por esta causa, los judíos aún más procuraban matarle, porque no solo violaba el día de reposo, sino que también llamaba a Dios su propio Padre, haciéndose igual a Dios" (Juan 5:18). Más adelante Jesús dijo: "Yo y el Padre somos uno" (Juan 10:30). Jesús no se refería a que era idéntico al Padre, o a que su función tenía el mismo propósito, sino a que eran uno en esencia. De nuevo, sus palabras llevaron a los judíos a coger "piedras para apedrearle" (v. 31). ¿Por qué? En el versículo 33 lo dejan bien claro: "No te apedreamos por ninguna obra buena, sino por blasfemia; y porque tú, siendo hombre, te haces Dios".

Juan hace otras afirmaciones sobre la divinidad de Jesús, declaraciones claras pero indirectas: Jesús hacía cosas que solo Dios podía hacer. Juan recoge dos cosas en concreto: Jesús es el agente de la Creación, y Jesús es el que da vida.

Jesús, agente de la Creación. "Todas las cosas fueron hechas por medio de Él, y sin Él nada de lo que ha sido hecho, fue hecho" (Juan 1:3). Juan declara de forma explícita que todo lo que hay en el orden creado empezó a existir por la acción de Jesús. Primero lo hace con una frase

---

1 C.S. Lewis, *Mero Cristianismo* (Madrid: Ediciones RIALP, 2001, 3ª ed.), p. 175.

afirmativa, "todas las cosas fueron hechas por medio de Él", y luego reafirma la idea negando lo contrario de esa frase afirmativa, "sin Él nada de lo que ha sido hecho, fue hecho". Vemos aquí la clara distinción de roles. Jesús no es el autor ni el diseñador de todas las cosas, sino el medio a través del cual todas las cosas fueron hechas. El Padre es el diseñador, pero el Hijo es quien lleva a cabo el diseño. El Padre es el Arquitecto, y el Hijo es el Constructor.

Jesús, fuente de vida. Juan hace una segunda afirmación indirecta sobre la divinidad de Jesús. "En Él estaba la vida, y la vida era la luz de los hombres" (v. 4). En todo este evangelio vemos que Jesús tiene vida por sí mismo, y que da vida a los que Él quiere (5:21). Jesús no necesita que nadie le dé vida; Él es la vida, y por eso puede decir lo que ningún ser humano puede decir sobre su vida: "Nadie me la quita, sino que yo la doy de mi propia voluntad. Tengo autoridad para darla, y tengo autoridad para tomarla de nuevo" (Juan 10:18).

Contacto

¿Cuál es la intención de Dios al venir a contactar con nosotros? C.S. Lewis lo resume lo forma magistral: "El único motivo por el que existimos es el de ser incorporados (…) a la vida de Dios".[2] El Espíritu Santo es la vida de Dios en nosotros. Piensa en el Espíritu Santo como la persona que nace del amor entre el Padre y el Hijo. "La unión entre el Padre y el Hijo es algo tan vivo y concreto que esta unión misma es en sí una Persona".[3] El Espíritu Santo en nosotros es el que nos introduce en la familia de Dios. Somos adoptados para tener la vida que tienen el Padre y el Hijo. Pablo dice que ser cristiano significa recibir el espíritu de adopción. Gracias a la vida del Espíritu Santo en nosotros podemos clamar "*Abba*, Padre" (Romanos 8:15-16).

¿Qué significa ser adoptado y entrar en la familia de Dios el Padre, el Hijo y el Espíritu Santo? Imagina que la iglesia organiza un picnic en el parque del barrio. Después del culto tienes muchos recados que hacer y no te da tiempo de prepararte la comida. Corriendo, pasas por casa antes de que el picnic empiece para coger algo de comida. Pero lo único que te queda en la nevera es un trozo de queso un tanto seco, y te acuerdas de que hace dos días viste en la panera dos o tres rebanadas de pan.

2 Ibíd., p. 173.
3 Ibíd., p. 186.

Cuando llegas al parque, te sientas en una mesa donde ya está colocada una familia numerosa. Pones sobre la mesa tu triste bocadillo de queso. La familia empieza a sacar de la enorme bolsa de picnic un pollo enorme, una suculenta ensalada de patata, un sinfín de cosas para picar y, por fin, un sabroso pastel de chocolate. Al ver tu bocadillo de queso, la madre te lanza una invitación: "¿Por qué no compartimos la comida?". Tú protestas, pero ella enseguida contesta: "Venga hombre, si hay suficiente para todos. Además, nos encantan los bocadillos de queso." Así que llegas al picnic con una miseria de bocadillo, y acabas comiendo como un rey.

Venimos a este mundo como huérfanos, y Jesús nos adopta para que formemos parte de su familia eterna. Jesús "comparte con nosotros lo que tiene". Jesús nos dice: "Deja que te dé vida, pues ése es el propósito para el que fuiste creado/a". El Padre y el Hijo nos dicen a través de la presencia viva del Espíritu Santo: "Todo lo que somos y tenemos está a tu disposición".

Estudio de la Lectura

1. ¿Por qué elige Juan la imagen del Verbo para presentarnos a Jesús?

2. ¿Qué significado tiene que Jesús sea eterno, y no un ser creado?

3. ¿Cuál es la relación entre el Padre y el Hijo?

4. ¿Cómo explicarías la forma en la que nació el concepto de la Trinidad?

5. ¿Por qué Jesús nunca dijo claramente "Soy Dios"?

6. ¿Qué papel tiene el Espíritu Santo en la vida del creyente?

7. ¿Qué preguntas tienes sobre la lectura?

8. ¿La lectura te ha mostrado algún pecado? ¿Te reta? ¿Te consuela? Explica por qué.

Lecturas recomendadas
Lewis, C.S., "El Dios tripersonal", en *Mero Cristianismo* (Madrid: Ediciones RIALP, 2001, 3ª ed.).
Packer, J.I., "El único Dios verdadero". Capítulo 4, en *Conociendo a Dios* (Viladecavalls, Barcelona: CLIE, 1985).

8/ Hechos a imagen de Dios

VERSÍCULO PARA MEMORIZAR: Génesis 1:26-27
ESTUDIO BÍBLICO: Génesis 1-2
LECTURA: La obra maestra de la Creación de Dios

 Enseñanza principal

¿Qué es la Humanidad?

Dios, el Creador eterno, creó el mundo haciendo uso de su infinita creatividad y poder. La obra maestra de su Creación fue el ser humano, hombre y mujer, hechos a su imagen y semejanza.

1. Identifica palabras clave o expresiones clave en la pregunta y la respuesta, y explica en tus propias palabras lo que significa.

2. Reescribe esta verdad con tus propias palabras.

3. ¿Qué preguntas o temas te vienen a la mente al pensar en esta verdad?

 **Estudio del versículo para memorizar**

Para entender la naturaleza del ser humano hemos de ir al principio. Según las Escrituras, ¿cuál fue la intención original de Dios cuando nos creó? Estos versículos nos dicen qué quiere decir haber sido creados a imagen de Dios.

1. *Veamos el contexto:* Si empezamos a leer en Génesis 1:1, cada día de la Creación se repite la misma fórmula. ¿Qué ocurre con esa fórmula cuando el texto llega a la creación del ser humano? Si cambia, ¿cómo cambia?

2. Los versículos para memorizar son Génesis 1:26-27. Cópialos en este espacio.

3. Dios habla de sí mismo en plural ("nosotros" y "nuestro"). ¿Por qué? ¿Qué revela esto sobre el significado de haber sido creados a la imagen de Dios?

4. El versículo 27 dice que el hecho de que el ser humano fue creado "varón y hembra" es un reflejo de que ha sido creado a imagen de Dios. ¿En qué sentido ésta es otra muestra de que hemos sido creados a imagen de Dios?

5. ¿Qué autoridad recibe el ser humano?

Esa autoridad significa que el ser humano también tiene una responsabilidad. ¿Cuál?

6. ¿Qué te han enseñando estos versículos esta semana?

Estudio Bíblico Inductivo

Algunos dicen que Génesis 1 y 2 son dos relatos contradictorios. Pero hay que ver el capítulo 2 como una explicación de Génesis 1:26-27. Génesis 1 es un resumen, mientras que Génesis 2 describe de forma detallada el proceso de la Creación.

1. *Lee Génesis 1-2.* La Biblia empieza: "En el principio creó Dios…". ¿Qué nos enseña eso sobre Dios?

2. ¿Cuáles son las palabras que Dios pronuncia sobre lo que ha creado antes de hacer al ser humano (1:10, 12, 18, 21, 25)?

3. ¿Qué diferencia hay con las palabras que Dios pronuncia después de crear al ser humano (1:31)?

¿Qué nos dice eso sobre la forma en la que Dios ve a la Humanidad?

4. En Génesis 2 el hombre es creado antes que la mujer, y está solo. ¿Por qué no es bueno que esté solo (2:18)?

5. ¿Qué hace Dios para darle al Hombre lo que le falta (2:18-25)?

6. Cuando Dios le da al hombre la mujer, ¿de qué forma las palabras del hombre (v. 23) expresan una satisfacción plena o completa?

7. Génesis 2:24 es la definición bíblica del matrimonio, citada tanto por Jesús como por Pablo en el Nuevo Testamento (ver Marcos 10:6-9; Efesios 5:31). Según este versículo, ¿cuál es el elemento esencial de la relación de matrimonio?

8. ¿Qué implicaciones tiene para ti la enseñanza de este pasaje?

9. ¿Qué versículo o versículos te han impactado de forma especial? Escribe los versículos clave con tus propias palabras.

 **Lectura: La obra maestra en la Creación de Dios**

Al filósofo alemán Immanuel Kant le encantaba salir a hacer largos paseos en las noches de verano para pensar y meditar. En una ocasión estaba sentado en un parque cuando un policía, al ver que llevaba allí horas, se acercó y le dijo: "¿Qué está haciendo?". Kant le contestó: "Estoy pensando". Entonces el policía le preguntó: "¿Y quién es usted?". Kant, pensativo, le respondió: "Ése es precisamente el problema sobre el que estaba pensando".

Génesis 1 y 2 son la respuesta a la pregunta de aquel policía: ¿Quiénes somos? El primer capítulo avanza hasta llegar a la creación del ser humano. Si tuviéramos que representar Génesis 1, al llegar a Génesis 1:26-27 la música llegaría a su clímax y ése sería el momento en que los fuegos artificiales ascenderían para llenar alegremente el firmamento.

La obra maestra en la Creación de Dios
En Génesis 1 la estructura de los primeros seis días de la Creación llega a su clímax con la creación del ser humano.

Solo Dios crea. La primera evidencia de la singularidad de la Humanidad está en la palabra *crear*: "En el principio *creó* Dios los cielos y la tierra". La palabra en hebreo nunca se usa para referirse a la habilidad creadora del ser humano, porque Dios puede hacer algo que el ser humano no puede hacer: crear a partir de la nada. Los hebreos creían que no había un mundo material hasta que Dios hizo la Creación.

El término *crear* también se usa en otro momento crucial del proceso de creación: cuando Dios crea la vida consciente. "Y *creó* Dios los grandes monstruos marinos... y toda ave según su género" (v. 21). Y por fin se usa tres veces más cuando se narra la creación del ser humano: "*Creó*, pues, Dios al hombre a imagen suya, a imagen de Dios lo *creó*; varón y hembra los *creó*" (v. 27, la cursiva es mía).

Y vio Dios que era bueno. El tercer día Dios empieza a concluir el trabajo de cada día con la misma fórmula. Los versículos 10, 12, 18, 21 y 25 acaban igual: "Y vio Dios que era bueno". ¿Qué quiere decir eso? En primer lugar quiere decir que Dios está disfrutando del ejercicio de su poder creador. También está diciendo: "He hecho un buen trabajo. Todo está saliendo exactamente como quería".

Pero aún nos falta la obra maestra de la Creación de Dios. Vemos que una vez ésta ha sido creada, una vez el ser humano ha sido creado, la fórmula experimenta un ligero, pero importante cambio. Después de que Dios acabara toda su obra creadora, "vio Dios todo lo que había hecho, y he aquí que era bueno *en gran manera*" (v. 31).

La fórmula de la Creación. Durante los seis días de la Creación, empezando en el versículo 3, en cada acción creadora Dios usa una forma impersonal. Leemos: "Y Dios dijo: Sea la luz" y así, sucesivamente. Dios habla, y ocurre.

Pero con la creación de los seres humanos la fórmula cambia de repente. En el versículo 26 leemos: "Y Dios dijo: Hagamos al hombre a nuestra imagen, conforme a nuestra semejanza". El ser humano es la expresión de la naturaleza personal del Creador y, por lo tanto, es cualitativamente diferente del mundo animal y del resto de la Creación.

Está claro que hay una diferencia cualitativa entre los seres y las cosas. Como escritor me siento lleno de satisfacción cuando me publican un libro, pues es una expresión de mi actividad creadora. Pero eso no tiene ni punto de comparación con lo que sentí a las 5:16 de la mañana el 31 de agosto de 1975 cuando nuestra hija Aimee llegó a este mundo. No se puede comparar la creación de un bebé, una persona, con la creación de un objeto como un libro. Dios ha hecho cosas y criaturas, pero al final crea un ser que lleva su huella personal.

¿Qué quiere decir exactamente que estamos hechos a imagen y semejanza de Dios? Los términos *imagen* y *semejanza* en los versículos 26 y 27 apuntan a que al hacernos Dios ha copiado en nosotros algo que se corresponde con el original. Dios ha puesto en nosotros elementos de la naturaleza de Dios. ¿Cuáles son?

La imagen de Dios en el ser humano

En Génesis 1:26-27 hay dos pistas que nos llevan a un descubrimiento muy emocionante.

La pluralidad de Dios. La primera pista la encontramos en el versículo 26: "Y Dios dijo: Hagamos al hombre a nuestra imagen, conforme a nuestra semejanza". Dios usa para referirse a sí mismo un pronombre en plural. El Dios único habla de sí mismo como de una entidad plural.

¿Con quién está hablando Dios? Algunos dicen que se estaba dirigiendo a los seres angélicos y celestiales que estaban con Él en la Creación. Pero eso es imposible, porque ellos eran simples observadores, no participantes de la obra creadora. Lo más lógico es que Dios estuviera hablando consigo mismo. Aquí tenemos una referencia indirecta a nuestra comprensión neotestamentaria del Dios trino. Desde la eternidad Dios es un ser en comunión. En comunión con su propia comunidad: nadie le ha creado –Él siempre ha existido–, y no necesita a nadie – la comunión de la que goza es completa. Antes de la acción creadora de Dios la única realidad existente era Dios mismo en tres personas. El Nuevo Testamento nos enseña que el Padre y el Hijo tienen una relación eterna de amor. Justo antes de ir a la cruz, Jesús ora diciendo al Padre: "Y ahora, glorifícame tú, Padre, junto a ti, con la gloria que tenía contigo antes que el mundo existiera" (Juan 17:5). El Padre confirma su amor eterno por el Hijo cuando Jesús va a iniciar su ministerio público. Cuando Jesús salió de las aguas del bautismo, el Espíritu Santo descendió sobre Él en forma de paloma y una voz de los cielos dijo: "Éste es mi Hijo amado en quien me he complacido" (Mateo 3:16-17). El Hijo vivía bajo la complacencia del Padre.

Dios no hizo la Creación para completar algo que a Él le faltaba; la Creación fluyó de su amor. Pablo dice en Hechos 17:25 que "[Dios] no es servido por manos humanas, como si necesitara de algo, puesto que Él da a todos vida y aliento y todas las cosas". Debido a su gran amor, quería que el ser humano también entrara en ese círculo de amor. Meister Eckhart, el místico alemán, dijo que la Creación nació de la risa de la Trinidad. Dios amplió el círculo y nos introdujo en él.

Algunos dicen que esa es una razón un tanto extraña para que Dios hiciera la Creación. Pero una simple ilustración cotidiana demuestra que eso no es así, que no es extraño que el amor produzca algo que no existía. Pensemos en la unión entre un hombre y una mujer. En los cinco primeros años de matrimonio, mi esposa y yo teníamos muy claro que no queríamos tener niños. Teníamos los típicos argumentos de los años 60: queríamos ser libres, no sentirnos atados; además, era cruel traer un niño a un mundo que estaba amenazado por el peligro nuclear. Pero el día que nos pareció que mi mujer estaba embarazada, todos esos argumentos nos parecieron una tontería. Tuvimos que admitir que la idea de que de nuestro amor surgiera otra vida nos llenaba de emoción. Y cuál fue nuestra sorpresa al ver la decepción que nos llevamos cuando el doctor nos dijo que el *test* había salido negativo. Habían sido tan solo unas semanas de incertidumbre, pero durante ese breve tiempo habíamos empezado a amar a aquel supuesto bebé. Para ser completa, nuestra unión buscaba a alguien a quien pudiéramos amar juntos. Afortunadamente, el *test* había salido mal y recuperamos aquella increíble satisfacción. Desde aquel momento, Aimee ha sido un gozo en nuestras vidas.

Del mismo modo en que los hijos nacidos del amor entre un hombre y una mujer reflejan la imagen de los padres, los seres humanos reflejamos la imagen de Dios. El primer elemento para entender qué significa que estamos creados a imagen de Dios es que como Dios es un ser en comunión, nosotros hemos sido creados como seres "relacionales". Y eso nos lleva al segundo elemento.

Hombre y mujer. El segundo elemento lo encontramos en Génesis 1:27: "Creó, pues, Dios al hombre a imagen suya, a imagen de Dios los creó; varón y hembra los creó". Es fácil pasar por alto la importancia de estas palabras finales. El hecho de que Dios haya hecho "varón y hembra" es una indicación más de que estamos hechos para las relaciones. Nuestra naturaleza refleja que Dios está en comunión, pues siguiendo el modelo de su propia naturaleza nos hizo diferentes para que podamos tener relación con otras personas.

En Génesis 2:23 el hombre no puede contener su gozo cuando Dios crea a la mujer. Hasta ese momento la palabra hebrea que se usa para hacer referencia al hombre es *adán*, que quiere decir "humanidad". Pero a partir de la creación de la mujer, la palabra que se usa para referirse al varón es otra: *ish*.

> "Y el hombre [adán] dijo:
> Ésta es ahora hueso de mis huesos,
> Y carne de mi carne;
> Ella será llamada mujer [*ishah*],
> Porque del hombre [*ish*] fue tomada".

Adán no aparece descrito como varón hasta que Dios crea a la mujer. Sin la mujer, el varón está incompleto, y viceversa. Dios ha hecho al ser humano "hombre y mujer" y así reflejamos la pluralidad de Dios.

Implicaciones de estar hechos a imagen de Dios

La prioridad de estas relaciones de amor es que fuimos creados para ser amados por Dios. En Génesis 2:2 leemos: "Y en el séptimo día completó Dios la obra que había hecho; y reposó en el día séptimo de toda la obra que había hecho". Dios reposó para disfrutar de su creatividad.

En el Nuevo Testamento una de las imágenes que se usa para la salvación es la expresión "entrar en el *reposo* de Dios". El *reposo* de Dios consiste en poder ser incluidos en las cosas que dan placer a Dios, y poder entrar en el círculo de su amor. La afirmación tan citada de Agustín de Hipona es totalmente cierta: "Nuestros corazones están inquietos hasta que encuentran quietud o reposo en Él". Por tanto, la prioridad es la relación vertical: nuestra relación con Aquel que nos hizo para sí mismo.

En segundo lugar, estar hechos a imagen de Dios significa que estaremos cumpliendo nuestro propósito en esta vida si invertimos en las relaciones horizontales.

Me di cuenta de esta verdad mientras estaba realizando mi ministerio de cuidado pastoral y consejo. El hombre con el que llevaba hablando más de una hora estaba a punto de decidir si quería salvar su matrimonio. Tiempo atrás, la hostilidad entre él y su mujer había llegado a ser tan intensa que ambos necesitaban un respiro. Entonces decidieron separarse temporalmente. Para su sorpresa, la vida decidió sonreírle. Su negocio le estaba dando beneficios y se sentía realizado profesionalmente. Además, estaba recuperando un antiguo hobby que incluso podía llegar a darle algún dinero. El problema es que ese hobby le iba a alejar aún más de su mujer. Después de explicarme el dilema en el que se hallaba, de repente dijo algo que resumía muy bien cuál era su situación. "Todo parece irme bien… excepto las relaciones". Para él fue un comentario sin importancia, casi una murmuración entre dientes; no se dio cuenta de que ésa era precisamente la causa de su vacío interior.

Si las relaciones más importantes no están en orden, ¿qué importa lo demás? Estar hechos a imagen de Dios es estar hechos para relaciones de amor. Estar hechos a imagen de Dios es estar hechos por amor y para las relaciones de amor. Ser semejantes a Dios implica que nuestra prioridad debe ser invertir tiempo y energía en amar a Dios y a los demás.

Estudio de la Lectura

1. Al examinar Génesis 1, ¿qué elementos nos hacen pensar que el ser humano es la creación especial de Dios?

2. ¿Qué significa estar creado a imagen de Dios?

¿Puedes decir eso basándote en la Biblia? ¿Cómo?

3. ¿Qué otras implicaciones tiene estar creados a imagen de Dios?

4. Si interiorizamos la visión que la Biblia da del ser humano, ¿cómo se verá reflejado en el valor que damos a las personas?

¿Qué valor dará a las personas el evolucionista, cuya visión del ser humano es la de un animal de orden superior?

5. Si estar creados a imagen de Dios significa que estamos hechos para las relaciones, ¿cómo debería condicionar eso nuestras prioridades y la forma en la que invertimos nuestro tiempo y energía?

¿Qué tendrías que cambiar en tus prioridades?

6. ¿Qué preguntas tienes sobre la lectura?

7. ¿La lectura te ha mostrado algún pecado? ¿Te reta? ¿Te consuela? Explica por qué.

Lectura recomendada
Lewis, C.S., "Hacer y engendrar"; "La buena infección", en *Mero Cristianismo* (Madrid: Ediciones RIALP, 2001, 3ª ed.).

¿Cómo vamos?

Revisión del pacto

Cuando uno ha hecho un pacto, es importante revisarlo periódicamente, ver si se han ido cumpliendo las obligaciones y renovar el compromiso. Como puede pasar en cualquier relación, podemos descuidarnos e ir abandonando los elementos que hacen que una relación funcione. Las siguientes preguntas te ayudarán a recordar el pacto que un día hiciste y a comprometerte de nuevo y poner todo de tu parte para que tú y tus compañeros podáis lograr los objetivos que os pusisteis.

1. Revisa los compromisos que tomaste al iniciar este discipulado. En la escala del 1 al 5, evalúa cómo has cumplido con cada uno de los cinco elementos del pacto. Comparte con tus compañeros la puntuación que te has puesto, y explica el porqué.

2. Si miras atrás, ¿de qué forma te ha ayudado este discipulado a crecer en Cristo?

3. ¿Ha habido decepciones o expectativas no cumplidas? ¿Cuáles? ¿Cómo puedes superarlas?

4. ¿Te gustaría hacer algún cambio en cuanto a los compromisos que adquiriste al iniciar el discipulado? ¿Cuáles?

5. ¿A qué te tendrías que comprometer para poder ser fiel al pacto que hiciste?

9/ El pecado

VERSÍCULO PARA MEMORIZAR: Romanos 3:23; 6:23
ESTUDIO BÍBLICO: Génesis 3
LECTURA: Seducidos y hechizados

 Enseñanza principal

¿Qué fue lo que estropeó la relación entre Dios y la Humanidad, y cuáles fueron las consecuencias?

Aunque fuimos creados a imagen de Dios y, por tanto, en perfecta armonía con Él, desobedecimos conscientemente ante la autoridad de Dios y no confiamos en su bondad. Como consecuencia nuestra relación con Dios se rompió, pasamos a un estado de muerte espiritual y eso también afectó negativamente a nuestra relación con nosotros mismos, con los demás, y con la Creación.

1. Identifica palabras clave o expresiones clave en la pregunta y la respuesta, y explica en tus propias palabras lo que significa.

2. Reescribe esta verdad con tus propias palabras.

3. ¿Qué preguntas o temas te vienen a la mente al pensar en esta verdad?

 ## Estudio del versículo para memorizar

Estos dos versículos describen de forma clara la naturaleza universal del pecado y las consecuencias nefastas para nuestra relación con Dios.

1. *Veamos el contexto:* Escribe con tus propias palabras lo que Pablo dice de la situación del ser humano en Romanos 3:9-23.

2. El primer versículo para memorizar es *Romanos 3:23*. Cópialo en este espacio.

3. ¿Cuál es el alcance de nuestro pecado? Al presentarnos delante de Dios, ¿hará Él alguna diferencia porque no todos pecamos en la misma medida?

4. ¿Cómo se define en este versículo el pecado? ¿Es justo que Dios use su Gloria como medida?

5. El segundo versículo para memorizar es *Romanos 6:23*. Cópialo en este espacio.

6. *Veamos el contexto:* Fíjate en la argumentación que Pablo desarrolla en Romanos 6:15-23, donde hace un contraste entre ser esclavos del pecado y ser esclavos de la justicia. ¿Podemos decir que 6:23 es un resumen de la idea que Pablo desarrolla en este pasaje? ¿Por qué?

7. ¿Cuál es el salario con el que el pecado nos paga?

8. ¿Qué quiere decir la palabra "muerte" en este texto?

9. ¿Qué te han enseñando estos versículos esta semana?

Estudio Bíblico Inductivo

Génesis 3 narra la caída de la Humanidad y que, como consecuencia de esa caída, el pecado entró en el mundo. La propia naturaleza del pecado, su habilidad para engañarnos y confundirnos y distorsionar nuestro conocimiento del bien y el mal, queda ilustrada en la seductora persuasión que la serpiente usa para hacer que Eva pruebe el fruto prohibido, y en la vergüenza que Adán y Eva sintieron después de haber desobedecido.

1. *Lee Génesis 3.* ¿Cuál es la estratagema de la serpiente en el versículo 1?

¿Cómo distorsiona la generosidad que Dios había mostrado en Génesis 2:16-17?

2. En 3:2-3, ¿en qué vemos que la mujer ya está desconfiando de Dios?

3. ¿Cuál es la tentación a la que la mujer se enfrenta en los versículos 4 y 5?

4. Analizando la estrategia de la serpiente, ¿cómo definirías el pecado?

5. ¿De qué forma las consecuencias del pecado afectan las relaciones del ser humano consigo mismo (v. 7)?

y con Dios (v. 8-10)?

con los demás (v. 11-16)?

con la Creación (v. 17-19)?

6. ¿Qué implicaciones tiene para ti la enseñanza de este pasaje?

7. ¿Qué versículo o versículos te han impactado de forma especial? Escribe los versículos clave con tus propias palabras.

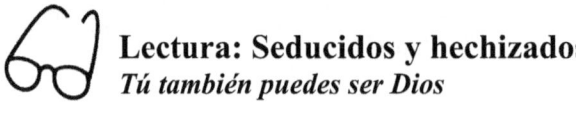

Lectura: Seducidos y hechizados
Tú también puedes ser Dios

Bill Hybels, el pastor de la conocida iglesia de Willow Creek, cerca de Chicago, predicó un domingo sobre el hecho de que todos somos pecadores y necesitamos un Salvador. Después del culto, un hombre se le acercó para decirle que él no era un pecador. Bill le preguntó si siempre le había sido completamente fiel a su mujer. Titubeando, el hombre respondió: "Bueno... Me dedico a la venta, y viajo mucho...". Entonces Bill le preguntó sobre su honestidad a la hora de pasar los gastos a la empresa. Como tardaba algo en contestar, Bill le preguntó sobre la publicidad de sus productos. "Hombre, ¡todo el mundo sabe que para vender hay que mentir!", dijo el hombre defendiéndose. Bill entonces le dijo: "A ver. Me acabas de decir que eres un adúltero, un estafador y un mentiroso". El hombre estaba enfadado; no podía creer la falta de sensibilidad de aquel pastor. "¿Cómo te atreves a insultarme de esa manera?", gritó. Él, al igual que cualquiera de nosotros, quería dar una buena imagen.[1]

Se ha dicho que la fe cristiana no tiene ningún sentido hasta que la persona no reconoce que hay algo que no anda bien. ¿Puede alguien negar la acción en este mundo de alguna fuerza malévola? La Biblia dice que el problema de todos los males de la Humanidad no está en la sociedad, sino en el corazón de cada persona.

Alexander Solzhenitsyn pasó ocho años en un *gulag* ruso después de la Segunda Guerra Mundial. Cuando entró en ese campo de trabajo él era un comunista convencido, por lo que creía que un nuevo orden social podría cambiar a la gente. Pero mientras estuvo en aquel infierno se dio cuenta de que el problema no estaba en el sistema económico o en el gobierno. Solzhenitsyn escribió lo siguiente:

"Fue entonces, recostado en aquella paja mugrienta de la prisión, cuando empezó a nacer en mí algo de bondad. Poco a poco entendí que la línea que separa el bien del mal no pasa por los estados, ni por las clases sociales, ni siquiera por los partidos políticos, sino que pasa por todos los corazones, por los corazones de todos los seres humanos."[2]

---

[1] Bill Hybels, *Honest to God?* Grand Rapids, Mich.: Zondervan, 1990), p. 22. Poco después este libro se tradujo al castellano bajo el título *Sea un Cristiano Auténtico* (Casa Bautista de Publicaciones, 1993).

[2] Alexander Solzhenitsyn, *Archipiélago Gulag 1918-1956,* (Barcelona: Plaza-Janés, 1974, 1ª ed.).

La raíz del problema

Los primeros cinco versículos de Génesis 3 revelan cuál es el problema del ser humano: nosotros mismos. En ese pasaje vemos que el ser humano da la espalda a su Creador abandonando así su idílico estado de inocencia y su perfecta comunión con Dios en un paraíso maravilloso donde todas sus necesidades estaban cubiertas y sus anhelos satisfechos de forma abundante.

Dios había dado al ser humano un regalo algo arriesgado: la libertad de elegir. Si no hay habilidad de elegir, no hay seres humanos sino robots. Si no hay posibilidad de elegir, no hay amor. Por ejemplo, ¿cómo crees que habría reaccionado mi mujer si en lugar de preguntarle "¿Quieres casarte conmigo?", le hubiera exigido "¡Te tienes que casar conmigo!"? Ofendida por mi descaro, su respuesta habría sido un no rotundo. Nadie nos puede obligar a amar. Nosotros elegimos a quién amamos. Dios nos honró dándonos el arriesgado regalo de la elección, pues éste es una condición necesaria para el amor.

Génesis 3 empieza presentándonos al que quería desviar a aquella pareja inocente de la relación que tenían con Dios, una relación de obediencia y confianza: "La serpiente era más astuta que cualquiera de los animales del campo que el Señor había hecho" (3:1). Esta serpiente parlante, Satanás, es el mal que se opone al Dios bueno. Es más "astuta" que las demás criaturas; es la maestra de la seducción y el engaño, y tiene un plan que empieza por confundir a la mujer.

Desconfiamos de la bondad de Dios

La primera estrategia de la serpiente es hacer que la mujer se cuestione si Dios realmente quiere lo mejor para ellos. "¿Con que Dios os ha dicho: …?". La táctica de la serpiente es empezar a sembrar la duda, hacer que la mujer se pregunte si Dios no está siendo demasiado restrictivo. En la respuesta de la mujer ya vemos pequeños signos de duda en cuanto a la bondad de Dios. "La mujer respondió a la serpiente: Del fruto de los árboles del huerto podemos comer" (v. 2). Si nos fijamos bien, ha modificado levemente la orden que Dios les había dado. Dios le había dicho a Adán: "De todo árbol del huerto podrás comer; pero del árbol del conocimiento del bien y del mal no comerás, porque el día que de él comas, ciertamente morirás" (2:16-17). La manera en la que Eva construye su frase refleja que se está obsesionando con la restricción de Dios. "Del fruto de los árboles del huerto podemos comer, pero del fruto que está en medio del huerto, ha dicho Dios: 'No comeréis de él, *ni lo tocaréis*, para que no muráis" (v. 3). Dios había dicho que no comieran de él, pero no dijo nada de tocarlo o no tocarlo. Eva se lo inventa.

Normalmente vemos las restricciones como una reclusión injusta; sin embargo sabemos que la libertad que no tiene restricciones solo lleva a la destrucción. Las leyes como los Diez Mandamientos existen para que podamos honrar al Creador y para evitar que nos hagamos daño a nosotros mismos. Dios prohibió a Adán y a Eva que comieran del árbol del conocimiento del bien y del mal para que no tuvieran que enfrentarse a la consecuencia del mal, que es la muerte.

¿Qué ocurriría si condujéramos un coche como si no hubiera nada que limitara nuestra libertad? Acabaríamos pensando cosas como: "Que nadie me diga que no me puedo salir del carril. Si me apetece, puedo ir haciendo zigzag todo el rato, cambiándome de un carril a otro. Y si me da la gana de coger un atajo pasando por el jardín del vecino, pues lo hago. Nadie puede ponerme límites". Las normas de la conducción están hechas para protegernos y también para proteger a los demás usuarios de las vías. Por nuestro bien, la libertad siempre tiene que estar enmarcada dentro de unos límites.

Nos rebelamos contra la autoridad de Dios
La serpiente se vuelve ahora mucho más descarada. Sabe que la mujer tiene dudas. Esto solo es el principio. Las dudas, cuando las alimentamos, se vuelven afiladas y van penetrando en nuestro espíritu. Eva está poniendo en duda el cuidado abundante de Dios. Y Satanás lo aprovecha para cuestionar la autoridad de Dios. "Y la serpiente le dijo a la mujer: Ciertamente no moriréis. Pues Dios sabe que el día que de él comáis, serán abiertos vuestros ojos y seréis como Dios, conociendo el bien y el mal" (3:4-5). Satanás le hace creer que Dios está protegiendo de forma celosa su posición de autoridad, posición que no quiere compartir con nadie más. Pero si Eva come del árbol, logrará estar al mismo nivel que Dios.

¿Qué es exactamente el árbol del conocimiento del bien y del mal? ¿Qué significaba eso para los lectores originales? La expresión "del bien y del mal" no es más que un sinónimo de "todo conocimiento". Significa querer llegar a conocer como Dios conoce, querer llegar a ser omnisciente. El erudito de la Biblia Daniel Fuller dice que aspirar al conocimiento del bien y del mal es buscar "esa madurez que le libera a uno de tener que depender de algo o alguien para saber cómo actuar sabiamente".[3] A los primeros seres humanos se les prohibió aspirar al conocimiento que solo Dios tenía, conocimiento que, según pensaron, les iba a librar de tener que depender de Dios. Con la prohibición, Dios les estaba diciendo: "Os he creado con la necesidad de depender de mí para tener vida y para actuar con sabiduría. Solo podéis vivir bien si os mantenéis en relación conmigo. El día que aspiréis a ser como vuestro Creador, perderéis todas las cosas buenas que tengo para vosotros".

Sorprendentemente, hemos buscado un término aceptable para este dios de la independencia: el individualismo. En nuestra sociedad defendemos los derechos individuales con el pretexto de que queremos evitar cualquier tipo de tiranía. Pero lo cierto es que queremos mucho más que eso: queremos un individualismo sin límites. El autor Robert Bellah, en su detallado estudio sobre el carácter norteamericano, concluyó que el valor más arraigado en la mentalidad estadounidense es el de la libertad. Pero no hace falta ningún estudio para ver que se trata de una libertad desequilibrada. Queremos que nos dejen en paz, queremos ser libres de los valores y creencias de los demás, libres de la autoridad arbitraria en la vida laboral, familiar y política. La libertad solo se define como "ser libre de algo". Queremos tener derechos, pero no queremos tener responsabilidades.

Con nuestra mentalidad, parece que lo lógico es que Dios se hubiera desentendido de sus desobedientes criaturas. Pero las buenas noticias son que nuestro Señor vino en la persona de Jesucristo para buscarnos y darnos un nuevo corazón. En respuesta a nuestra desconfianza Él demostró que nuestras dudas no son más que dudas infundadas, pues Él es digno de confianza.

Pablo dijo: "Si Dios está por nosotros, ¿quién estará contra nosotros? El que no eximió ni a su propio Hijo, sino lo entregó por todos nosotros, ¿cómo no nos concederá también con Él todas las cosas?" (Romanos 8:31-32). Los efectos de la Caída solo se pueden deshacer de una forma: poniendo nuestra confianza en Cristo, que está por nosotros. Cristo murió en nuestro lugar, se enfrentó a la pena que nosotros teníamos que cumplir. Cuando nos rendimos ante la autoridad de Dios y confiamos en su bondad, después de confesar que somos culpables de alta traición contra nuestro Hacedor, Él nos da un corazón nuevo. La explicación de John Stott que encontramos en su libro *La Cruz de Cristo* tiene mucha fuerza:

---

3 Daniel Fuller, "The Fall" (notas de clase inéditas, 1972), p. 11.

"Se puede decir que el concepto de la sustitución está en la base tanto del pecado como de la salvación. La esencia del pecado es el ser humano sustituyendo a Dios con su propia persona, mientras que la esencia de la salvación es Dios sustituyendo al ser humano con su propia persona. El ser humano se rebela contra Dios y se coloca a sí mismo donde solo corresponde que esté Dios. El ser humano pretender tener prerrogativas que le pertenecen solo a Dios; Dios acepta penalidades que le corresponden solo al Hombre."[4]

Solo hay una respuesta acertada: rendirnos ante la misericordia de Dios.

Estudio de la Lectura

1. Cuando la gente es responsable de pecado, ¿de qué formas intenta desviar esa responsabilidad?

2. Según la Biblia, ¿cuál es la causa de que en este mundo haya algo "que no anda bien"?

3. ¿De qué forma la serpiente consigue sembrar dudas en la mujer?

4. ¿Qué dudas dejamos que echen raíz en nuestra mente?

5. ¿Por qué iba un Dios bueno a poner límites o restricciones?

---

4 John Stott, *La Cruz de Cristo* (Bogotá, Colombia: Ediciones Certeza, 1996), p. 180.

6. ¿Cuál es el significado del árbol del conocimiento del bien y del mal?

7. ¿En qué podemos ver que la gente actúa como si fuera Dios?

¿En qué lo ves si te miras a ti mismo?

8. ¿Qué solución tiene Dios para librar al corazón humano de la mancha del pecado?

9. ¿Qué preguntas tienes sobre la lectura?

10. ¿La lectura te ha mostrado algún pecado? ¿Te reta? ¿Te consuela? Explica por qué.

Lectura recomendada
Lewis, C.S., "El gran pecado", en *Mero Cristianismo* (Madrid: Ediciones RIALP, 2001, 3ª ed.).
Stott, John R. W. "Las consecuencias del pecado". Capítulo 6, en *Cristianismo Básico* (Colombia: Ediciones Certeza, 1997, 3ª ed.).

10/ La Gracia

VERSÍCULO PARA MEMORIZAR: Romanos 5:8
ESTUDIO BÍBLICO: Lucas 15:11-24
LECTURA: El Padre que espera

 Enseñanza principal

¿Cuál es la respuesta de Dios ante nuestra desconfianza y desobediencia?

La Biblia es una historia de amor: la historia del Dios de amor que se revela para buscar a la humanidad rebelde. Esa búsqueda llega a su clímax en la cruz, con la entrega del Hijo de Dios, Jesucristo.

1. Identifica palabras clave o expresiones clave en la pregunta y la respuesta, y explica en tus propias palabras lo que significa.

2. Reescribe esta verdad con tus propias palabras.

3. ¿Qué preguntas o temas te vienen a la mente al pensar en esta verdad?

 **Estudio del versículo para memorizar**

1. *Veamos el contexto:* En Romanos 5:6-11 vemos que a Pablo le asombra la acción de Dios en la cruz. ¿Qué es lo que le asombra?

2. El versículo para memorizar es *Romanos 5:8*. Cópialo en este espacio.

3. ¿Cuál era nuestra condición cuando Cristo demostró su amor por nosotros?

4. ¿Cómo demostró su amor por nosotros?

¿Por qué es una demostración asombrosa, fuera de lo normal?

5. Este versículo enseña que Dios sabía todo lo que habíamos hecho y aún así decidió entregar su vida por nosotros. Ser consciente de eso es muy liberador. ¿Por qué?

6. ¿Qué te ha enseñando este versículo esta semana?

Estudio Bíblico Inductivo

Una de las narraciones de Jesús que mejor explican el Evangelio y el carácter misericordioso de Dios es la parábola del hijo pródigo. Pero si estudiamos esta parábola con detenimiento veremos que el centro de la historia no es tanto el hijo rebelde, sino el padre que espera.

1. *Lee Lucas 15:11-24.* ¿Qué es lo que el hijo más joven le está diciendo a su padre al pedirle su parte de la herencia (v. 12)?

2. Cuando se le acaba el dinero ¿cuánto está dispuesto a aguantar (v. 14-16)?

3. ¿Qué crees que significa la expresión "volviendo en sí" (v. 17)?

4. ¿Por qué tardó tanto en volver a su padre?

5. Cuando va de camino a casa, ¿qué es lo que está dispuesto a reconocer (v. 18-19)? Por el camino ensaya lo que le va a decir a su padre. Cuando por fin se encuentra con él, no le dice todo lo que tenía en mente. ¿Qué parte se deja (v. 21)? ¿Qué nos dice eso?

6. ¿Cuál es la respuesta del padre ante el regreso de su hijo (v. 20, 22-24)?

7. ¿Cómo te sentirías si tú fueras el hijo pródigo?

8. Resume el mensaje del Evangelio que aparece en esta historia.

9. ¿Qué implicaciones tiene para ti la enseñanza de este pasaje?

10. ¿Qué versículo o versículos te han impactado de forma especial? Escribe los versículos clave con tus propias palabras.

 **Lectura: El Padre que espera**

¿Has visto alguna vez a un bebé de dos o tres años que se mira al espejo por primera vez? Al principio no reconoce esa cara sonriente que le está mirando. Después de un momento, con la cara encendida por la emoción de haber hecho un gran descubrimiento, dice ilusionado: "¡Ése soy yo!".

Cuando Jesús cuenta la historia del hijo pródigo que aparece en Lucas 15:11-24, es como si estuviera sosteniendo un espejo delante de nosotros. La primera vez que leemos la historia pensamos, "Si, ya sé que la gente es así". Luego, de repente, nos damos cuenta de que nosotros también somos un "hijo pródigo". Jesús narra una historia que es, de hecho, nuestra historia.

Un hijo desagradecido y un Padre amoroso
A través del carácter del hijo pródigo, Jesús pone el dedo en la llaga del ser humano, apunta al problema del que derivan casi todas las miserias del ser humano. La raíz de todos nuestros problemas está en nuestro intento de independizarnos de Aquel que nos creó. Para aquel joven, la libertad significaba "poder hacer lo que quisiera", "no tener que rendir cuentas a nadie".

Pero lo peor no es ese deseo de libertad del hijo, sino el dolor que le causa a su padre. No hay ningún precedente ni en el mundo judío ni en el árabe de un padre que acceda a dividir la propiedad para repartirla entre sus hijos antes de morir. Cuando el hijo le pide "Padre, dame la parte de la herencia que me corresponde", es como si le estuviera diciendo "Padre, quiero que te mueras para que yo pueda tener lo que me toca". Ante un insulto tan horrible, en aquella cultura lo normal hubiera sido que el padre no se hubiera sometido a la voluntad de su hijo para así reafirmar su autoridad y, muy probablemente, le hubiera desheredado.

Pero el padre actúa de una forma nunca vista. La decisión que el padre toma está muy lejos de lo que se esperaba de un padre en el antiguo oriente próximo: "Y él les repartió sus bienes" (15:12). El padre decide seguir siendo el padre de aquel joven aunque él ha decidido que ya no quiere seguir siendo su hijo. Para dejar la puerta abierta a un posible retorno de su hijo, el padre elige soportar el dolor del rechazo. Podría haber enterrado su herida negándose a ver a su hijo si un día se presentaba, pero decidió vivir con dolor como premio por si su hijo algún día regresaba.

Obviamente, los planes de gloria y grandeza de aquel joven pronto se vienen abajo. Lo pierde todo, y para sobrevivir se dispone a trabajar para un hombre que criaba cerdos. En el corral, con el lodo hasta las rodillas y rodeado de animales que un judío no podía tocar, "volvió en sí" (v. 17). La expresión "volvió en sí" es, en hebreo, una forma de decir que se arrepintió. Dicho de otro modo, éste es un momento de inflexión, una encrucijada en la que llega a la conclusión de que ya es hora de volver a casa.

El camino a casa
Aunque el hijo ha decidido volver a casa, es evidente que aún no se ha dado cuenta de que el que le espera es un padre con el corazón destrozado. Quiere volver por su propio interés, no porque se sienta mal por lo que ha hecho. En el versículo 17 vemos cuál es la motivación que le empuja a volver: "¡Yo aquí perezco de hambre!". El hambre puede más que la vergüenza de tener que aparecer así delante de su familia y de su padre.

Los seres humanos somos increíbles. En muchas ocasiones no logramos cambiar hasta que el dolor llega a un grado intolerable. Podemos soportar y tolerar malos hábitos que nos destruyen hasta que algo malo sucede y entonces nos preguntamos "¿Qué me estoy haciendo?". Muchos de nosotros decidimos volver al Padre porque el camino por el que íbamos no estaba llevando a ningún lado. En el fondo, somos increíblemente pragmáticos. Y las palabras de Jesús nos invitan a volver a casa: "Venid a mí, todos los que estáis muy cansados y cargados, y yo os haré descansar" (Mateo 11:28).

Aún hay otra muestra de que el hijo aún no había entendido el dolor que le había causado a su padre. El hijo cree que va a poder negociar con él. Aunque está claro que reconoce su pecado ("Padre, he pecado contra el cielo y ante ti; ya no soy digno de ser llamado hijo tuyo"), aún tiene el valor de pedirle "Hazme como uno de tus trabajadores" (15:18-19).

Al menos, reconoce que ha perdido el derecho como hijo, que ya no es digno de volver a la posición que tenía antes. Lo que pedía era, al menos, que le dejara trabajar como el más humilde de los empleados. En la cultura de oriente próximo había dos tipos de empleados: los sirvientes del hogar, que vivían de forma permanente en la casa del amo, y los jornaleros. Los amos tenían que cubrir todas las necesidades de los sirvientes del hogar, pero no tenían esa obligación con los jornaleros y éstos, por tanto, no tenían ningún tipo de seguridad. Muchos terratenientes sin escrúpulos contrataban jornaleros y luego no les pagaban su salario, pero el padre de aquel chico era justo, e incluso los jornaleros más humildes tenían "pan de sobra" (v. 17).

Aunque el hijo está dispuesto a ocupar un cargo de los más humildes, parece que ese paso forma parte de un plan premeditado. Quizá su objetivo era devolverle a su padre las riquezas que se había llevado. Entonces, ¿creía el hijo que el arrepentimiento consistía en tenerse que ganar el favor de su padre? Si lograba pagar su deuda, entonces podría recuperar su libertad y su posición de hijo… Fuera como fuera, aún no era consciente del dolor de su padre, solo del suyo propio.

¿Bienvenida o rechazo?

¿Cuál iba a ser la reacción del padre? Como patriarca del clan, lo que se esperaba de un padre era que salvaguardara el honor de la familia humillando al hijo y haciendo que pagara por haberles deshonrado. Cuando el hijo llegó a la casa y los sirvientes anunciaron su llegada, el padre podría haber dicho: "¿Qué hijo? Yo no tengo ningún hijo más. Tenía uno, pero ahora está muerto".

Pero en cambio, ocurre algo inesperado. "Pero cuando todavía estaba lejos, su padre lo vio, y sintió compasión por él, y corrió, se echó sobre su cuello y lo besó" (v. 20). Estoy convencido de que el Evangelio se puede resumir en una de las palabras que aparece en este versículo: "pero". El hijo se ha preparado para enfrentarse a una humillación pública, a un castigo, a tener que explicarle a su padre cómo había gastado los ingresos de la familia… *pero*… Esta pequeña conjunción expresa una inversión, una antítesis, lo contrario de lo que debería ser.

Los críticos de la fe cristiana, especialmente los musulmanes, han cuestionado la necesidad de la Encarnación y de la Cruz para lograr el perdón. Ellos dicen que si Dios es Dios, Él simplemente perdona. ¿Por qué es necesario que Dios se haga humano y muera en una cruz? Y hacen referencia a esta parábola como argumento a su favor. En esta historia no hay ni encarnación, ni cruz, y sin embargo los cristianos dicen que recoge el mensaje del Evangelio. ¿Dónde están la Encarnación y la Cruz en esta historia?

La Encarnación

La identificación de Jesús con el ser humano la encontramos en la frase "pero cuando todavía estaba lejos, su padre lo vio, y sintió compasión por él". ¿Dónde estaba el padre cuando el hijo volvió? ¿Estaba en casa pensando en cómo castigar a su hijo si un día decidía volver? ¡No! Cada día iba al camino con la esperanza de que su hijo volviera. Del mismo modo, en vez de quedarse a salvo en su gloria celestial, Dios vino a buscar y a salvar lo que se había perdido. El padre quería ser el primero en dar la bienvenida a su hijo. El padre había quitado todos los obstáculos para que su hijo volviera, y había acortado las distancias.

Cuando el padre vio a su hijo, su corazón "se acercó al muchacho". El término "compasión" viene de una palabra relacionada con los intestinos o las entrañas. La compasión denota una respuesta visceral, una reacción intensa, un sentimiento profundo que hace que a uno se le encoja el estómago. En el Oriente Próximo, cuando alguien cuenta una historia conmovedora, la gente suele decir: "Esta historia me ha cortado las entrañas". Compasión significa "padecer con". La reacción del padre fue acercarse a su hijo herido.

La Cruz
¿Dónde está la cruz en esta historia del padre que espera? La cruz está presente, pero estamos cegados por nuestra cultura, que no nos deja verla. La cruz está en la frase "y corrió, y se echó sobre su cuello y lo besó". En Oriente Próximo un hombre mayor camina lentamente y con dignidad, guardando las formas. Caminar de una forma comedida es una forma de demandar respeto y de demostrar que uno es digno de honor. Correr en público es una vergüenza. La palabra que Jesús usa para referirse a "correr" es la que Pablo usa para describir la vida cristiana como una carrera. Para correr así, el padre seguro que tuvo que levantarse un poco la túnica, lo que significa que dejó a la vista las ropas que llevaba debajo. ¡Vaya acción más humillante! En lugar de dejar que el hijo cargara con la humillación, el padre cargó con ella al correr hacia su hijo. El padre llegó hasta donde estaba el hijo antes de que lo vieran los sirvientes y demás trabajadores, y se colocó entre su hijo y la humillación que le esperaba. El padre toma sobre sí la vergüenza que iba a caer sobre el hijo.

Hasta este momento, el padre aún no ha dicho nada. Sustituye las palabras por los besos y abrazos. Y es entonces cuando el hijo entiende lo que es el arrepentimiento. Cuando habla, no dice todo el discurso que se había preparado. Sí dice "Padre, he pecado contra el cielo y ante ti; ya no soy digno de ser llamado hijo tuyo" (v. 21); pero deja a un lado la parte que decía "hazme como uno de tus trabajadores". ¿Lo hizo de forma premeditada? Podría ser que al ver la respuesta de su padre, el muchacho dijera para sí: "¡Esto está yendo mucho mejor de lo que pensaba! Quizá pueda sacar más de lo que me esperaba…".

Pero lo más lógico es pensar que cuando el hijo vio que el padre venía corriendo hacia él, el corazón se le encogiera. Aquello rompía todos sus esquemas. ¿Cómo iba a devolver un amor así? Cuando alguien da su vida por ti, ¿qué puedes darle a cambio como muestra de agradecimiento? Lo único que podía hacer el hijo era echarse en los brazos misericordiosos de su padre.

Entonces el padre, sistemáticamente, se dispuso a reparar las relaciones rotas del hijo. Se volvió a los sirvientes que venían corriendo detrás de él, y les dio varias órdenes:

- *"¡Pronto! ¡Traed la mejor ropa!* La mejor ropa estaba reservada para un alto dignatario. Ésta era la forma de devolverle la dignidad que había perdido, y de decirle a todo el mundo que lo trataran con respeto.
- *"Poned un anillo en su mano".* No se refería a cualquier anillo, sino al anillo de la familia. Así, le devolvía su posición dentro de la familia.
- *"Poned sandalias en sus pies".* Un sirviente iba descalzo, pero un hijo llevaba sandalias.
- *"Traed el becerro engordado y matadlo".* La carne era un manjar muy preciado. El becerro engordado era un animal al que se alimentaba de forma especial con el propósito específico de celebrar la presencia de un invitado importante. También era una señal de que se iba a invitar a toda la comunidad, pues la carne de uno de estos animales daba para cien personas.

Mientras el hijo no hacía más que lamentarse de que no era digno, el padre estalla de gozo al ver que su hijo ha vuelto. Dios quiere que apartemos nuestra mirada de nuestra imperfección, y que la pongamos en su rostro para ver su afecto y su amor hacia nosotros. En eso consisten las buenas noticias: en que Dios nos llama para que volvamos a casa, y en que Él mismo ha despejado el camino para que podamos llegar.

Estudio de la Lectura

1. ¿Por qué esta historia es nuestra historia?

2. ¿Qué hizo que el hijo volviera en sí?

3. ¿A qué acuerdo pensaba llegar con su padre?

¿Qué nos dice eso de la naturaleza del hijo? ¿Cómo está su corazón?

4. ¿Qué evidencias encontramos en esta historia de la presencia de la Encarnación y de la Cruz?

5. ¿Cuándo entendió el hijo hasta donde podía llegar el amor del padre?

6. Describe con tus propias palabras la naturaleza del padre. ¿Qué le caracteriza? ¿Cómo es su carácter?

7. Hemos visto que esta historia en la que Dios busca a quien ama es también nuestra historia. ¿Cómo te diste cuenta de que también era tu historia? Comparte con tus compañeros cómo has experimentado el amor de Dios en las siguientes áreas:
– *la naturaleza de tu vida antes de conocer a Cristo*

– *la forma en la que llegaste a conocer a Cristo*

– *la forma en que tu vida ha cambiado después de conocer a Cristo*

8. ¿Qué preguntas tienes sobre la lectura?

9. ¿La lectura te ha mostrado algún pecado? ¿Te reta? ¿Te consuela? Explica por qué.

Lectura recomendada
Packer, J.I., "El amor de Dios". Capítulo 12, en *Conociendo a Dios* (Viladecavalls, Barcelona: CLIE, 1985).

11/ La Redención

VERSÍCULO PARA MEMORIZAR: Isaías 53:4-6
ESTUDIO BÍBLICO: 1ª Corintios 15
LECTURA: La esperanza que Jesús ofrece

 Enseñanza principal

¿Cómo restauró Cristo la relación entre Dios y la Humanidad?

El Padre envió a Jesucristo para ser el mediador entre Dios y la Humanidad (1ª Timoteo 2:5). La muerte sustitutoria de Cristo en la cruz anuló la condena por el pecado, y la resurrección física del Señor venció a la muerte de una vez y para siempre.

1. Identifica palabras clave o expresiones clave en la pregunta y la respuesta, y explica en tus propias palabras lo que significa.

2. Reescribe esta verdad con tus propias palabras.

3. ¿Qué preguntas o temas te vienen a la mente al pensar en esta verdad?

 **Estudio del versículo para memorizar**

Hay numerosos pasajes bíblicos que dan testimonio de la naturaleza sustitutoria de la muerte de Cristo. Pero cuando los autores del Nuevo Testamento quisieron ayudarnos a entender el significado de la muerte de Cristo, encontraron en la profecía de Isaías que antes de llegar a ser rey, el Mesías iba a sufrir (ver Mateo 8:17; Hechos 8:32-33; 1ª Pedro 2:22-25).

1. *Veamos el contexto:* ¿Qué características del Mesías ves en Isaías 52:13-53:12?

2. Los versículos para memorizar son *Isaías 53:4-6*. Cópialos en este espacio.

3. Según Isaías, ¿qué es lo que Jesús cargaría sobre sí?

4. ¿Qué es lo que Jesús logró a través de ese sufrimiento?

5. ¿Cuál era nuestra condición mientras Jesús se estaba enfrentando a lo que hizo por nosotros?

6. ¿De qué forma la cruz nos garantiza que un día seremos completos?

7. ¿Qué te ha enseñando este versículo esta semana?

 **Estudio Bíblico Inductivo**

En 1ª Corintios 15 Pablo recuerda a la iglesia de Corinto las enseñanzas sobre la resurrección de Jesús, y sobre nuestra resurrección en los últimos días. Contesta a aquellos que decían que Jesús no había resucitado de entre los muertos, y explica que era necesario que un cuerpo muriera, para luego poder resucitar en gloria.

1. *Lee 1ª Corintios 15.* ¿Cómo resume Pablo el Evangelio en los versículos del 1 al 4?

2. En los versículos del 5 al 11, Pablo hace un listado de las apariciones de Jesús después de la resurrección. ¿Por qué es importante hacer una lista así?

¿Por qué Pablo cree que es importante dejar por escrito el encuentro que él mismo tuvo con el Cristo resucitado?

3. Lee de nuevo los versículos del 12 al 19. ¿Cuáles son las consecuencias si Jesús no ha resucitado de entre los muertos?

4. En los versículos del 20 al 23 Pablo define a Jesús como las primicias o el "primer fruto" de la resurrección. ¿Qué intenta expresar al usar esta imagen?

5. ¿Cómo describirías nuestros cuerpos resucitados después de leer los versículos del 25 al 50?

6. Los versículos del 51 al 57 recogen la victoria definitiva que Jesús logró a través de su resurrección. ¿Por qué la resurrección de Jesús nos libra de la muerte?

7. ¿Qué implicaciones tiene para ti la enseñanza de este pasaje?

8. ¿Qué versículo o versículos te han impactado de forma especial? Escribe los versículos clave con tus propias palabras.

 **Lectura: La esperanza que Jesús ofrece**

Pablo veía el Evangelio como un tesoro que había sido depositado en él para que lo preservara intacto como una herencia para la siguiente generación. Así, Pablo exhorta a Timoteo diciendo: "Guarda el buen depósito que te ha sido encomendado" (2ª Timoteo 1:14). Cuando el dueño de ese tesoro le pidiera cuentas, Pablo, como un buen mayordomo, quería asegurarse de que el mensaje del Evangelio se iba a entregar exactamente con la misma forma con la que él lo había recibido. "Porque yo os entregué en primer lugar lo mismo que recibí; que Cristo murió por nuestros pecados, conforme a las Escrituras; que fue sepultado y que resucitó al tercer día, conforme a las Escrituras" (1ª Corintios 15:3-4).

Las buenas nuevas son la muerte, la sepultura y la resurrección de Jesús. A través de la obra de Cristo en la cruz y de su resurrección de entre los muertos somos redimidos de la condena de nuestro pecado y nacemos a una vida nueva.

¿Por qué Jesús podía perdonar nuestros pecados?
Pablo escribió: "Cristo murió por nuestros pecados". La primera objeción que nos podría venir a la mente es: "¿Qué tiene que ver conmigo la muerte de Jesús en la cruz? ¿Qué tiene que ver él con mi pecado? ¡Yo no le he pedido nada!".

Cuando el rey David confesó su pecado por cometer adulterio con Betsabé y por matar a su marido para encubrir el embarazo de ésta, dijo al Señor: "Contra ti, contra ti solo he pecado, y he hecho lo malo delante de tus ojos" (Salmo 51:4). Aunque David había pecado contra gente concreta, y es cierto que debía pedir disculpas a los afectados, en última instancia todo pecado consiste en lo mismo: en desobedecer a Dios.

Dios entregó a Jesús como el sustituto que pagaría la condena por nuestro pecado. Él tenía las cualidades para pagar por nuestro pecado porque no había habido en la tierra nadie como él: no tenía pecado. ¿Cómo iba a servir como nuestro sustituto si se tuviera que haber preocupado de su propio pecado? El autor de la Epístola a los Hebreos describe a Jesús como el Sumo Sacerdote definitivo, que nos representa ante Dios. "Jesús no necesita, como aquellos sumos sacerdotes, ofrecer sacrificios diariamente, primero por sus propios pecados y luego por los pecados del pueblo; porque lo hizo una vez para siempre, cuando se ofreció a sí mismo" (Hebreos 7:27-28).

Dios envió a Jesús para ser el perfecto mediador por nuestro pecado. "Porque hay un solo Dios, y un solo mediador entre Dios y los hombres, Cristo Jesús hombre" (1ª Timoteo 2:5). Jesús es el único que podía hacer de mediador entre Dios y los hombres porque Él era Dios-hombre. Aquel hombre tenía los credenciales para actuar por nosotros porque era divino, Dios hecho carne (Juan 1:14).

¿Qué evidencias hay de la divinidad de Cristo? En su libro *Cristianismo Básico*, John Stott recoge las declaraciones que el propio Jesús hace sobre su deidad.[1]

Su enseñanza estaba centrada en sí mismo
La enseñanza de Jesús tan centrada en sí mismo contrasta con la enseñanza de otros líderes religiosos. Jesús dijo: "Yo soy la verdad, seguidme", mientras que otros dijeron "Hay una verdad, un camino. Seguidlo". Jesús usaba con mucha frecuencia el pronombre personal "yo".

– "Yo soy el pan de vida" (Juan 6:35).
– "Yo soy la luz del mundo" (Juan 8:12).
– "Yo soy la resurrección y la vida" (Juan 11:25).
– "Yo soy el camino, y la verdad, y la vida" (Juan 14:6).
– "Venid a mí,… y yo os haré descansar" (Mateo 11:28).

Las palabras más sorprendentes de Jesús las encontramos en una discusión con los líderes religiosos. Aquellos hombres se enorgullecían de que eran descendientes de Abraham, pero Jesús les dijo: "Vuestro padre Abraham se regocijó esperando ver mi día; y lo vio, y se alegró" (Juan 8:56). Sorprendidos, los líderes judíos respondieron: "Aún no tienes cincuenta años, ¿y has visto a Abraham?". A esto, Jesús respondió: "En verdad, en verdad os digo: antes que Abraham naciera, yo soy" (Juan 8:57-58). Al referirse a sí mismo usando la expresión "Yo soy", Jesús estaba identificándose con Dios. Cuando Dios llamó a Moisés para que liberara a los israelitas de la cautividad en Egipto, Moisés quería saber qué tenía que decir cuando los israelitas le preguntaran quién le enviaba. Cuando Moisés le preguntó a Dios quién era, Dios le respondió: "YO SOY EL QUE SOY. Así dirás a los hijos de Israel: YO SOY me ha enviado a vosotros" (Éxodo 3:14). Jesús está diciendo claramente que Él es el mismo que el gran YO SOY que acompañó a Moisés y le dio poder.

1 John R.W. Stott, "Las pretensiones de Cristo". Capítulo 2, en *Cristianismo Básico* (Colombia: Ediciones Certeza, 1997, 3ª ed.).

El título que más usó Jesús para referirse a sí mismo era el de "Hijo del Hombre". Muchas veces se hace un contraste entre ese título, y el de "Hijo de Dios", como si "Hijo del Hombre" hiciera referencia a su humanidad, el "Hijo de Dios", a su divinidad. De hecho, "Hijo del Hombre" era el título para el Mesías sacado del libro de Daniel. Daniel tuvo una visión de una figura que descendía del Cielo para instaurar su reino sobre la Tierra. "Seguí mirando en las visiones nocturnas, y he aquí, con las nubes del cielo venía uno como un Hijo de Hombre... Y le fue dado dominio, gloria y reino, para que todos los pueblos, naciones y lenguas le sirvieran" (Daniel 7:13-14). Así que cuando Jesús se refirió a sí mismo como el Hijo del Hombre, estaba diciendo que Él era el que vendría de fuera de este mundo y al que todos servirían.

Como vimos en la lectura sobre la Trinidad en el capítulo 7, Jesús entendía que era Dios y que tenía una relación transparente y estrecha con su Padre celestial.

¿Qué logró Cristo con su muerte en la cruz?
Cuando Cristo murió en la cruz, Dios mismo estaba pagando por la condena de nuestro pecado. Pablo escribe: "Al que no conoció pecado, le hizo pecado por nosotros, para que fuéramos hechos justicia de Dios en Él" (2ª Corintios 5:21).

La imagen que mejor ilustra la obra sustitutoria de Cristo en la cruz es la del Cordero de Dios. Cuando Juan el Bautista vio a Jesús venir por el camino, dijo: "He ahí el Cordero de Dios, que quita el pecado del mundo" (Juan 1:29). La imagen del Cordero de Dios es una combinación del cordero pascual y de la ofrenda relacionada con el Día de la propiciación.

El cordero pascual. Pablo escribe: "Cristo, nuestra Pascua [o *nuestro cordero pascual*], ha sido sacrificado" (2ª Corintios 5:7). Cuando los israelitas estaban cautivos en Egipto, la última de las plagas que Dios envió a los egipcios fue la muerte de todos los primogénitos. Dios le dijo a Faraón que enviaría al ángel de la muerte para que pasara por todo el país. Los israelitas recibieron la instrucción de sacrificar un cordero de un año, sin defecto, y tenían que coger parte de la sangre para ponerla en el marco de la puerta de sus casas. Aquella noche, cuando el Señor vino a herir a todos los primogénitos, pasó de largo de las casas que estaban bajo la protección de la sangre (Éxodo 12). La sangre era un símbolo del sacrificio sustitutorio.

El Día de la Propiciación. Cuando la imagen del cordero pascual se combina con el sacrificio sustitutorio del Día de la Propiciación, tenemos una sublime expresión de lo que fue la obra de Jesús. Cada año, en el Día de la Propiciación (Yom Kippur) el sumo sacerdote entraba en el lugar santísimo del templo, el lugar donde se podía encontrar con la gloria del Dios santo. Ningún otro ser humano se atrevía a entrar allí, así que el sumo sacerdote llevaba consigo la sangre de un macho cabrío que había sido sacrificado por los pecados del pueblo. Con la sangre rociaba el propiciatorio como un acto de expiación. Ese sustituto aplacaba la ira de Dios contra los pecados del pueblo. Hay otra imagen que también tiene mucha fuerza: cuando el sumo sacerdote coloca la mano sobre la cabeza del macho cabrío expiatorio y confiesa los pecados del pueblo, y luego lo envía al desierto. "El macho cabrío llevará sobre sí todas sus iniquidades" (ver Levítico 16).

La muerte de Cristo en la cruz satisfizo la justicia de Dios y alcanzó misericordia para nosotros. La justicia exige que se pague por el pecado cometido. Muriendo en nuestro lugar, Jesús aceptó la condena que nosotros merecíamos para que pudiéramos tener acceso a la misericordia que no merecíamos. Hizo que la furia de Dios cayera sobre el pecado en la cruz y allí sufrió la separación de su Padre. En el momento en que Jesús gritó: "Dios mío, Dios mío, ¿por qué me has abandonado?" (Marcos 15:34), el Padre apartó la mirada del Hijo, que estaba cargando con nuestro pecado. El precio quedó saldado. Cuando reconocemos nuestra necesidad de perdón a través del arrepentimiento y creemos en el sacrificio de Cristo, recibimos el regalo de la misericordia.

¿Por qué fue necesaria la resurrección física de Jesús?

El símbolo que caracteriza nuestra fe es una cruz vacía. Es una señal de que no buscamos entre los muertos al que vive. Cristo está vivo. Pero, ¿qué hubiera pasado si no hubiera resucitado? ¿Por qué fue necesaria la resurrección para completar nuestra redención?[2]

Sin la resurrección tendríamos compasión sin victoria. La cruz es la demostración del amor de Dios hacia nosotros (Romanos 5:8), pero necesitamos algo más que la compasión de Dios. En medio del dolor queremos que alguien que nos ama se acerque a nosotros, pero además de eso necesitamos que sea alguien que lo haya vencido y que nos muestre cómo deshacernos de él. La esperanza no consiste en encontrar a al-

---

2 En "La resurrección de Cristo", capítulo 4 de *Cristianismo Básico*. Stott recoge un excelente resumen de las evidencias de la resurrección. La resurrección física de Jesús es un hecho histórico bien documentado. Se puede ser fiel a la razón y creer en la resurrección.

guien que nos acompañe en la oscuridad, sino encontrar a alguien que además nos saque de ella y nos lleve a la luz.

Satanás habría vencido. Según Pablo, la cruz fue una trampa en la que Satanás calló. Como su conocimiento es limitado, Satanás no podía ver que el plan de Dios era usar la cruz para la redención o para dar paso a la resurrección. "La sabiduría de ninguno de los gobernantes de este siglo ha entendido [la sabiduría de Dios], porque si la hubieran entendido no habrían crucificado al Señor de gloria" (1ª Corintios 2:8). Satanás usó a los gobernantes de este siglo para que condenaran a Jesús y, al hacerlo, encontró su propia muerte. "Y habiendo despojado a los poderes y autoridades, hizo de ellos un espectáculo público, triunfando sobre ellos por medio de Él" (Colosenses 2:15).

La muerte seguiría siendo nuestro enemigo final. La muerte es el último obstáculo con el que nos enfrentamos. Jesús se hizo hombre "para anular mediante la muerte el poder de aquel que tenía el poder de la muerte, es decir, el diablo, y librar a los que por el temor a la muerte, estaban sujetos a esclavitud durante toda la vida" (Hebreos 2:14-15). Gracias a su victoria sobre la muerte, Jesús le ha quitado a la muerte el poder para causar temor y para matar de forma definitiva. Por medio de la resurrección "devorada ha sido la muerte en victoria. ¿Dónde está, oh muerte, tu victoria? ¿Dónde, oh sepulcro, tu aguijón?" (1ª Corintios 15:54-55).

No habría vida nueva. La cruz brinda el perdón de los pecados, pero la resurrección ofrece vida nueva. Pablo explica que el acto del bautismo por inmersión recoge los dos momentos, el de la muerte y el de la resurrección. Cuando nos sumergimos bajo el agua, es como si fuéramos enterrados en un sepulcro. Con ese acto nos identificamos con la muerte de Cristo en la cruz, y dejamos nuestro pecado en el madero. Ya no pesa sobre nosotros ninguna condena, pues Cristo se ha entregado en nuestro lugar. Cuando salimos del agua dejamos la vida vieja en el sepulcro y recibimos una vida nueva. "Las cosas viejas pasaron; he aquí, todas son hechas nuevas" (2ª Corintios 5:17). "Por tanto, hemos sido sepultados con Él por medio del bautismo para muerte, a fin de que como Cristo resucitó de entre los muertos por la gloria del Padre, así también nosotros andemos en vida nueva" (Romanos 6:4).

Abriendo el camino
Un misionero fue al Brasil a servir en medio de una tribu en un remoto lugar de la selva. Después de un tiempo, una enfermedad muy contagiosa empezó a cobrarse vidas, poniendo en peligro a aquella población. El

misionero vio que la única esperanza era llevar a toda la tribu a un hospital que había en otra parte de la selva, para que les pudieran dar el tratamiento adecuado. Para llegar al hospital, había que cruzar un río muy ancho. Pero la tribu se negaba a cruzar el río porque creían que las aguas estaban habitadas por espíritus malignos.

El misionero les explicó que él había cruzado aquellas aguas y no le había pasado nada, pero la gente no le escuchaba. Luego los llevó a todos hasta la orilla, y metió una mano en el agua. Pero la gente seguía asustada. Entró hasta que el agua le cubrió las rodillas y empezó a salpicar, pero seguían sin moverse. Por fin, se sumergió, y buceó hasta que llegó al otro lado. Cuando salió del agua, se volvió hacia la tribu, y saludó enérgicamente en señal de victoria. Entonces la expresión de sus caras cambió radicalmente, empezaron a oírse gritos de alegría, y todos se echaron al agua para unirse a él en la otra orilla.

Jesús salió de una tumba que representaba el miedo a la muerte y la culpa del pecado, la resurrección le permitió alzar el puño en señal de victoria, y un día nos llamará para que todos le sigamos. Él ha abierto el camino, y es un camino seguro.

Estudio de la Lectura

1. Pablo presenta el Evangelio como un depósito o algo que se deja a su cargo. ¿Qué te dice esa imagen?

2. ¿Por qué la deidad de Cristo es un requisito indispensable para que Jesús lograra lo que hizo en la cruz?

3. De las declaraciones sobre la divinidad de Cristo, ¿cuál te parece la más fascinante?

4. ¿Qué fue lo que Cristo logró muriendo en la cruz?

5. ¿De qué forma la muerte de Cristo satisface la justicia de Dios y nos permite acceder a su misericordia?

6. ¿Qué beneficio de la resurrección te da mayor esperanza?

7. ¿Qué preguntas tienes sobre la lectura?

8. ¿La lectura te ha mostrado algún pecado? ¿Te reta? ¿Te consuela? Explica por qué.

Lectura recomendada
Stott, John R. W. "Las pretensiones de Cristo", Capítulo 2; "La resurrección de Cristo", Capítulo 4; "La muerte de Cristo", Capítulo 7, en *Cristianismo Básico* (Colombia: Ediciones Certeza, 1997, 3ª ed.).

12/ La justificación

VERSÍCULO PARA MEMORIZAR: Efesios 2:8-10
ESTUDIO BÍBLICO: Romanos 3:21-31 Lucas 15:11-24
LECTURA: Cautivado por la alegría

 Enseñanza principal

¿De qué forma podemos ver en nuestra vida los beneficios de la cruz?

Solo por la fe en Cristo Jesús somos declarados justos (o somos justificados) ante Dios. La fe, regalo que Dios nos da, es el reconocimiento de nuestra imperfección moral y de nuestra incapacidad para ganar el favor de Dios, y el reconocimiento de que la única solución posible es recibir a Jesucristo y descansar en Él, quien ya ha hecho todo lo que nosotros no podíamos hacer.

1. Identifica palabras clave o expresiones clave en la pregunta y la respuesta, y explica en tus propias palabras lo que significa.

2. Reescribe esta verdad con tus propias palabras.

3. ¿Qué preguntas o temas te vienen a la mente al pensar en esta verdad?

 **Estudio del versículo para memorizar**

Muchas veces nos cuesta determinar cuál es el papel de las buenas obras en la vida cristiana. Estos versículos proporcionan el equilibrio adecuado. Las buenas obras o nuestros esfuerzos por agradar a Dios no pueden ser la base de nuestra salvación, pero son la evidencia de ella, según Efesios 2:10.

1. *Veamos el contexto:* Lee Efesios 2:1-7. ¿Qué dice Pablo sobre la situación de la humanidad (v. 1-3) y cuál es el sorprendente giro que encontramos en el versículo 4?

2. Los versículos para memorizar son *Efesios 2:8-10*. Cópialos en este espacio.

3. ¿Qué relación hay entre la Gracia, la fe, y ser salvos (v. 8)?

4. ¿Por qué no podemos gloriarnos de nuestra salvación?

5. Según el versículo 10, ¿cuál es el lugar de las buenas obras en la vida del creyente?

6. ¿Qué te han enseñando estos versículos esta semana?

 **Estudio Bíblico Inductivo**

En los primeros capítulos de Romanos, Pablo describe la terrible situación en la que se encuentra la Humanidad. Todos estamos condenados a muerte, merecemos que la ira de Dios caiga sobre nosotros, pero Dios envió a Jesucristo para hacer lo que nosotros no podíamos hacer. Nuestra respuesta ante la Gracia que Cristo mostró al salvarnos es la fe.

1. *Lee Romanos 3:21-31.* ¿Cómo definirías la justicia de Dios?

2. ¿Qué significa que la justicia de Dios "ha sido manifestada" aparte de la ley (v. 21)?

3. ¿Cómo conseguimos la justicia de Dios (v. 22, 24, 26, 28, 30)?

4. ¿Qué significa tener fe en Jesús?

5. ¿Por qué la justicia de Dios tenía que ser un regalo aparte de la ley?

6. ¿Qué es lo que Jesús ha hecho que nosotros no podíamos hacer?

7. ¿Por qué el principio descarta por completo que nos podamos enorgullecer (v. 27-28)?

8. ¿Qué implicaciones tiene para ti la enseñanza de este pasaje?

9. ¿Qué versículo o versículos te han impactado de forma especial? Escribe los versículos clave con tus propias palabras.

 **Lectura: Cautivado por la alegría**

Hoy en día en nuestro mundo predomina el principio de acción-recompensa. Nuestra valía se mide por nuestra habilidad para adaptarnos a los valores predominantes. Y eso es lo que transmitimos a nuestros hijos desde muy temprano. Los padres premian el buen comportamiento y castigan el mal comportamiento. En muchas ocasiones, el amor y la valía son condicionales.

Como el principio de acción-recompensa forma parte del aire que respiramos, damos por sentado que con Dios las cosas funcionan igual. Creemos que Dios gobierna el Universo usando la balanza de la justicia. Pensamos que cuando nuestra vida llegue a su fin, nuestras buenas obras estarán a un lado de la balanza y las malas, al otro, y solo saldremos bien parados si la balanza se inclina hacia el lado adecuado.

Pero el Evangelio es revolucionario porque su mensaje contrasta con la forma en la que nuestras mentes están programadas. Pablo escribe: "Pero ahora, aparte de la ley, la justicia de Dios ha sido manifestada" (Romanos 3:21) Dicho de otro modo, siguiendo la ley podemos agradar a Dios, pero como no podemos cumplirla, aparte de la ley Dios nos ha dado su propia justicia. Pablo deja claro que hay una gran diferencia entre la justicia que viene de Dios y la justicia que nosotros intentamos alcanzar siendo buenas personas.

La justicia de Dios
A principios del siglo XVI, Martín Lutero quiso estudiar con profundidad el tema de la "justicia de Dios", y sus luchas e inquietudes le llevaron a liderar la Reforma Protestante y a redescubrir la verdad de la justificación por la fe. Cuando Lutero escuchaba la expresión "la justicia de Dios", temeroso, se estremecía ante un Dios amenazador. Como buen monje agustino que era, Lutero se creía esclavo de un Dios severo, al que nunca podría agradar. Su devoción religiosa nacía de la necesidad de aplacar la ira de ese Dios. De hecho, ésa es la razón por la que dejó los estudios de Derecho y una profesión muy rentable para entrar en el monasterio. El punto de inflexión llegó una tarde de verano del año 1505. Iba de camino a Stotterheim bajo un cielo muy nublado y amenazador. De repente se desató una gran tormenta, empezó a relampaguear, y uno de los rayos alcanzó a nuestro héroe. Temiendo por su vida, y convencido de que aquel era

un mensaje de parte de Dios, gritó: "¡Santa Ana, ayúdame, y me haré monje!".

Lutero creía que a Dios había que temerle y tenerle complacido. Este temor atroz llegó a su clímax el día que tuvo que servir su primera Santa Cena. Pensó que tener en sus propias manos el mismísimo cuerpo y la mismísima sangre de Cristo era demasiado para él. Cuando llegó a la oración, no pudo seguir. Se quedó congelado. La congregación empezó a murmurar preguntándose qué le había ocurrido, pues le caían grandes gotas de sudor por la frente, tenía los ojos vidriosos y se había quedado sin habla. Para su deshonra, le fue imposible seguir y se tuvo que ir a sentar.

Cuando Lutero llegó a la oración de la consagración de los elementos de la Comunión, lo que tenía que haber dicho era lo siguiente: "A ti te los ofrecemos, Dios eterno, vivo y verdadero". Más adelante, Lutero escribió sobre este momento: "Ante aquellas palabras, estaba completamente estupefacto y aterrado. Lo único que pensaba era: '¿Quién soy yo para alzar mis ojos o mis manos a la majestad divina?'. ¿Diré yo, este miserable pigmeo, 'quiero esto o pido aquello'? Pues soy polvo y ceniza y lleno de pecado y estoy hablando al Dios vivo, eterno y verdadero"[1].

No obstante, el uso que Pablo hace de la expresión "la justicia de Dios" sorprendió a Lutero. Pablo decía que no era algo destructivo, sino que era algo bueno. Entonces, el reformador se dio cuenta de que su visión de Dios no era del todo correcta. Dice Romanos 3:26 que Dios demostró su justicia "para que Él sea justo y sea el que justifica al que tiene fe en Jesús". La justicia de Dios tiene dos caras: Dios es justo, pero también es el que justifica.

Lutero tenía razón al decir que Dios es justo. La justicia de Dios es una expresión de su santidad, y la santidad de Dios, su perfección moral, no puede tolerar la imperfección moral de nuestro pecado. Atentar contra la santidad de Dios tiene consecuencias. Es necesario que se haga justicia y para ello, es necesario que haya un juicio. Lutero todo esto lo entendía muy bien.

Pero ahí no acaba la historia. Y Lutero también lo acabó entendiendo. Dios es justo, pero también justifica. No solo exige, sino que también muestra misericordia. El término "justificación" es un término jurídico, pero no significa que no seamos culpables. La justificación es un pleno reconocimiento de que se ha cometido un crimen y se debe pagar

---

1 Roland Bainton, *Here I Stand: A Life of Martin Luther* (Nashville: Abingdon, 1950), p. 30.

una condena. Así que por un lado, el veredicto de Dios es que somos "culpables" pero, por otro, que somos "libres, porque yo cumplo la condena por ti". La justificación implica que se cumple con todas las exigencias de la ley. En la expresión "la justicia de Dios" hay un equilibrio entre la justicia y la misericordia. Pero, ¿cómo podemos ser culpables y a la vez obtener la libertad? ¿Cómo podemos decir que Dios es justo, si no nos hace pagar por nuestro pecado?

La misericordia de Dios: redención y propiciación
Para explicar esta aparente paradoja, Pablo usa dos palabras clave: *redención* y *propiciación*. "Siendo justificados gratuitamente por su gracia por medio de la redención que es en Cristo Jesús" (v. 24). "Justificación" es una palabra relacionada con el lenguaje jurídico, mientras que "redención" pertenece al lenguaje comercial. Los esclavos que se vendían en el mercado para luego ser puestos en libertad eran "redimidos". "Redimir" es el precio que se paga para darle la libertad a alguien. Un rescate es el precio que se paga a los secuestradores para que dejen en libertad a los rehenes. Jesús dijo que Él no había "venido para ser servido, sino para servir, y para dar su vida en rescate por muchos" (Marcos 10:45). "Pues por precio habéis sido comprados", dice Pablo. "No sois vuestros" (1ª Corintios 6:20, 19).

Había un niño en un pueblecito costero a quien le encantaba mirar las barcas cuando volvían de faenar. Un día decidió que él mismo iba a construir una, para así tener su propia barquita. Trabajó durante semanas, asegurándose de no olvidarse de ningún detalle. Por fin, llegó el día de estrenarla. La puso en el agua, y mientras la miraba entusiasmado, un fuerte golpe de viento se la llevó de su vista. ¡Vaya desilusión! El niño volvía todos los días a la orilla para ver si la marea le había devuelto su barquita, pero sin ningún resultado. Pero un día que fue al centro comercial, ¡la vio en el escaparate de una tienda! Sin dudarlo, entró veloz y le dijo a la dependienta que aquella barca era suya. La mujer le dijo que si la quería, tendría que pagar cinco dólares. El niño intentó explicarle lo que había sucedido, pero como vio que no servía de nada, sacó un billete del bolsillo, y se lo dio a la mujer. Mientras salía de la tienda, alguien le oyó decir: "Barquita, eres doblemente mía. Eres mía porque te hice, y eres mía porque te he comprado". La muerte de Jesús fue el precio que Dios pagó por nuestra vida. Nos compró para que pudiéramos volver a estar con él.

"Propiciación" es el otro término que se usa para describir la justicia de Dios. Aunque algunas versiones traducen "sacrificio de expiación" (ver la NVI), si el texto se traduce de forma literal queda de la siguiente forma: "Siendo justificados gratuitamente por su gracia por medio de la redención que es en Cristo Jesús, a quien Dios exhibió públicamente como propiciación por su sangre" (Romanos 3:24-25).[2]

"Propiciar" significa apaciguar el enfado de alguien, un concepto recurrente en la mitología pagana. En una historia de la Guerra de Troya, Paris se lleva a Helena a Troya. Las fuerzas griegas que fueron enviadas para rescatar a Helena se encontraron con que los vientos les eran contrarios y Agamenón, el general heleno, mandó que fueran a buscar a su hija, a quien sacrificó para aplacar la ira de los dioses. Los dioses, una vez satisfechos, hicieron que los vientos les fueran favorables para que pudieran realizar el rescate.

Pero en lugar de obligar a los seres humanos a rendir ofrendas para satisfacer la ira de Dios, Dios mismo toma la iniciativa y envía a su Hijo como sacrificio por nuestro pecado. Jesús pagó la condena de nuestro pecado llevándolo a la cruz y satisfaciendo así la justicia de Dios, y a la vez ofreciéndonos misericordia como Aquel que tomó nuestro lugar. Dios es justo y es el que justifica a todos los que tienen fe en Jesús.

Fe en Jesucristo
"Fe en Jesucristo" es la segunda expresión clave del pasaje de Romanos 3:21-31. ¿Cómo obtenemos la justicia de Dios? "La justicia de Dios [viene] por medio de la fe en Jesucristo, para todos los que creen… [somos] justificados gratuitamente por su gracia por medio de la redención que es en Cristo Jesús… por su sangre" (v. 22, 24-25). La fe es el instrumento por el que nos aferramos a Cristo. Es el conducto por el que la Gracia llega al corazón del creyente. Pero para entender la fe bíblica, la fe verdadera, tenemos que saber lo que la fe no es.

La fe no es temporal. La fe temporal es sinónimo de una fe de madriguera, una fe solo para las circunstancias extremas. Mucha gente usa la fe como si de una rueda de recambio se tratara: ¡espero no tener que usarla! Mientras nos las podamos arreglar, solo confiamos en nosotros mismos. Pero cuando nos encontramos en una situación que sobrepasa nuestras fuerzas, entonces le suplicamos a Dios que nos ayude. Mucha gente se vuelve creyente de repente cuando las cosas le van mal. La fe temporal consiste en usar a Dios como un medio momentáneo para sa-

---

2 Encontrará un buen estudio sobre el significado de "propiciación" en J.I. Packer, *Conociendo a Dios* (Viladecavalls, Barcelona: CLIE, 1985), p. 208-214.

carnos de una situación adversa. Entonces, cuando esa situación se soluciona, la fe desaparece.

La fe no es una mera afirmación intelectual. La fe bíblica no solo es creer que una serie de datos son veraces. Podemos creer una serie de afirmaciones como "Jesús es el Hijo de Dios", o "Jesús murió por mis pecados en la cruz", o "la Biblia es la Palabra de Dios". Pero creer de forma intelectual estas afirmaciones no significa que tengamos la fe que salva.

Veamos el ejemplo de Elvis Presley. Creció en un hogar cristiano en Mississippi. Durante su niñez asistió durante cinco veranos seguidos a campamentos cristianos y todos los veranos fue gratis porque memorizó 350 versículos de la Biblia. Sin embargo, no parece que ese conocimiento intelectual de las Escrituras le influyera. El conocimiento intelectual no es lo mismo que la fe salvífica. Entonces, ¿cuál es la fe que salva?

La fe es depositar tu confianza en el objeto correcto. El valor de la fe está en el objeto en el que uno deposita su confianza. Así lo vemos en el símbolo chino de la fe, *hsin*. Esa figura es simplemente un hombre y un cuadrado, con unas cortas líneas que representan su discurso. El significado de este símbolo es que la fe es la confianza que uno tiene en una persona y en sus palabras. Y nosotros hemos encontrado un objeto mucho más digno de confianza que las palabras: Jesús, el objeto último de nuestra fe.

La fe es el reconocimiento de nuestra imperfección moral. El principio de la fe es muy diferente de lo que nos enseña una sociedad donde lo que cuenta son las buenas obras. Esa mentalidad nos dice que nos aferremos a nuestro orgullo y que le demostremos a Dios lo buenos que somos. La fe nos dice que debemos darnos cuenta de que nuestra deuda es inmensa, y de que nunca podremos tener los recursos para compensar a Dios por los daños perpetrados. La fe consiste en reconocer nuestra insolvencia y en esperar la clemencia del juez.

La fe es un acto de compromiso. La fe es poner toda nuestra confianza en Jesucristo. Pablo usa la expresión "la obediencia que viene de la fe" (Romanos 1:5).[3] Eso significa que entregamos a Jesús nuestra vida entera.

La fe es una decisión. Tenemos que decidir dónde depositamos nuestra confianza. De hecho, solo hay dos opciones. Una opción es pensar que podemos saldar las cuentas con Dios por nosotros mismos, y que podemos controlar nuestro destino. Pero tal y como Lutero descubrió,

---

3 *N. de la T.* Esta cita no se corresponde con la versión LBLA, versión que venimos usando en este libro. Hemos preferido respetar el énfasis del autor traduciendo directamente de la versión que él utilizó.

eso solo nos lleva a la condenación, y a experimentar una carga continua pues nunca sabemos si hemos hecho lo suficiente. La segunda opción es soltar las riendas de nuestra vida y poner nuestra fe en Cristo, que es el único que nos puede dar gratuitamente el regalo de la justicia de Dios. Él cierra nuestra deuda con su justicia y pone sobre nuestra vida el sello de "pagado". "No hay ahora condenación para los que están en Cristo Jesús" (Romanos 8:1).

Señor, ayúdanos a descubrir lo que Lutero encontró: "Si crees con fe verdadera que Cristo es tu salvador, entonces, a partir de ese momento ves al Dios misericordioso, pues la fe te lleva hacia el corazón y a la voluntad de Dios para que puedas experimentar su gracia y su amor. Esto es mirar a Dios con fe, y así alcanzar a ver su corazón de Padre, de Amigo, en el que no hay ira ni condena".[4]

Estudio de la Lectura

1. ¿Por qué no podemos llegar a Dios poniendo en práctica el principio de acción-recompensa?

2. ¿Por qué Lutero no había llegado a entender la justicia de Dios?

3. ¿Qué dos elementos incluye la justicia de Dios?

4. ¿De qué forma Dios satisface su justicia y su misericordia?

5. ¿Qué es lo más sorprendente del concepto bíblico de la propiciación?

---

4 Bainton, *Here I Stand*, p. 50.

6. ¿Qué es la fe salvífica?

7. ¿Crees que has hecho uso de esa fe que salva? ¿Por qué sí? ¿Por qué no?

8. ¿Qué preguntas tienes sobre la lectura?

9. ¿La lectura te ha mostrado algún pecado? ¿Te reta? ¿Te consuela? Explica por qué.

13/ La Adopción

VERSÍCULO PARA MEMORIZAR: Romanos 8:15-16
ESTUDIO BÍBLICO: Gálatas 4:1-7; 1ª Juan 3:1-2
LECTURA: Hijos de Abba

 Enseñanza principal

¿Cuál es el mayor beneficio de nuestra nueva posición ante Dios?

El mayor privilegio de la vida cristiana es nuestra adopción como hijos y nuestra entrada en la familia eterna de Dios a través de su Hijo natural, Jesucristo.

1. Identifica palabras clave o expresiones clave en la pregunta y la respuesta, y explica en tus propias palabras lo que significa.

2. Reescribe esta verdad con tus propias palabras.

3. ¿Qué preguntas o temas te vienen a la mente al pensar en esta verdad?

 **Estudio del versículo para memorizar**

En esta sección de Romanos, Pablo explica lo que significa ser hijos e hijas de Dios. El Espíritu Santo testifica de nuestra adopción, y al pasar a formar parte de la familia se nos concede también el derecho a una herencia eterna.

1. *Veamos el contexto:* Lee Romanos 8:12-17 para entender mejor el concepto de la adopción.

2. Los versículos para memorizar son *Romanos 8:15-16*. Cópialos en este espacio.

3. Si somos hijos de Dios ya no somos esclavos del temor. ¿Por qué?

4. ¿Qué significa clamar "¡Abba, Padre!"?

¿Por qué solo pueden decirlo las personas que han recibido el Espíritu Santo?

5. ¿Qué quiere decir Pablo cuando escribe "el Espíritu mismo da testimonio a nuestro espíritu de que somos hijos de Dios"?

6. ¿Cuándo has experimentado en mayor o menor grado lo que se siente al ser hijo de Dios?

7. ¿Qué te han enseñando estos versículos esta semana?

🔍 Estudio Bíblico Inductivo

Estos pasajes describen el proceso y el privilegio de llegar a ser hijos adoptados de Dios.

1. *Lee Gálatas 3:26-4:7.* ¿Por qué razón todos somos iguales en Cristo? (3:26-29)

2. En 4:1-3, Pablo describe el estado de los que aún están bajo la ley. ¿Cómo usa Pablo la analogía de un niño que es heredero para explicar su relación con la ley?

3. ¿Por qué envió Dios a Jesús (4:4-5)?

4. ¿Cuál es la evidencia de que somos hijos adoptados de Dios (4:6)?

5. ¿Qué significa ser heredero? ¿Cómo te hace sentir eso?

6. *Lee 1ª Juan 3:1-2.* ¿Qué privilegio tenemos por ser hijos de Dios?

7. Ya que somos hijos de Dios, ¿qué esperamos? ¿En qué nos vamos a convertir?

8. ¿Qué implicaciones tiene para ti la enseñanza de este pasaje?

9. ¿Qué versículo o versículos te han impactado de forma especial? Escribe los versículos clave con tus propias palabras.

 ## Lectura: Hijos de Abba

¿Sabes quién eres? ¿Sabes quién quiere Dios que seas? ¿Sabes para qué te hizo el Padre? Deberías oír en tu espíritu lo mismo que Jesús oyó cuando salió de las aguas del bautismo al comienzo de su ministerio: "Tú eres mi Hijo amado, en ti me he complacido" (Marcos 1:11).

Romanos 8:15-16 habla del mayor privilegio de la vida cristiana y del deseo más profundo de nuestros corazones: "Pues no habéis recibido un espíritu de esclavitud para volver otra vez al temor, sino que habéis recibido un espíritu de adopción como hijos, por el cual clamamos: ¡Abba, Padre! El Espíritu mismo da testimonio a nuestro espíritu de que somos hijos de Dios".

J.I. Packer lo explica de forma bien clara: "¿Qué es un cristiano? Esta pregunta puede contestarse de mucha maneras, pero la respuesta más idónea que conozco es la de que un cristiano es aquel que tiene a Dios por Padre".[1] Dicho de otro modo, fuimos creados para vivir en familia. Nuestro mayor privilegio y nuestra mayor necesidad es experimentar al Dios santo como nuestro Padre, poder acercarnos a Él sin temor y tener la seguridad de que nos cuida y se preocupa por nosotros.

Dios y nuestros padres terrenales
Se dice que nuestras primeras impresiones de Dios están condicionadas por el modelo de nuestros padres. Nuestra capacidad de confiar en Dios, de relacionarnos con Él de forma estrecha y abierta viene, lo queramos o no, del modelo que tenemos en nuestros padres.

Corrie ten Boom, la fiel cristiana holandesa, cuenta que cuando estuvo en los campos de concentración alemanes aprendió a confiar en Dios por el modelo de su padre. De niña, cuando estaba apunto de ir a dormir, llamaba a su padre diciendo: "¡Papá! ¡Ya estoy lista para ir a la cama!". Su padre venía a su habitación y oraba por ella antes de que se fuera a dormir. Luego le acariciaba la cara suavemente, y le decía: "Que duermas bien, Corrie. Te quiero". Ella se quedaba muy quieta, porque le encantaba sentir aquella mano justo antes de irse a dormir. Años después en los campos de concentración, se acordaba de aquella sensación, cuando su padre le acariciaba la cara. Cuando se acostaba en aquellos

---

1 J.I. Packer, *Conociendo a Dios* (Viladecavalls, Barcelona: CLIE, 1985), 227.

colchones sucios y malolientes, decía: "¡Señor, déjame sentir tu mano sobre mí!".[2]

Algunos dicen que si tenemos un padre aquí en la tierra que no nos muestra afecto o cariño, o que nos abandonó o abusó de nosotros, nunca podremos ver a Dios como a un Padre que se preocupa por nosotros. Pero eso no es del todo cierto, porque nuestra relación con Dios como Padre no está limitada a la experiencia que tenemos con nuestros padres. Dios es un Padre que es fiel, que nos ama y nos cuida, que es generoso y sabio, a quien le interesa todo lo que hacemos, que siempre está dispuesto a escuchar, que nos ayuda y nos enseña a madurar y a ser íntegros, independientemente de cómo fueran nuestros padres.

Nuestro "Papá"

Las Escrituras nos enseñan que nuestro Padre es el mismo que Jesús tenía. Pablo nos dice que el Espíritu Santo que habita en nosotros hace que nuestro espíritu clame: ¡Abba Padre!", las mismas palabras que Jesús usaba. En el huerto de Getsemaní, unas horas antes de la crucifixión, Jesús abrió su corazón ante el Padre. Marcos nos cuenta que, no muy lejos de donde estaban sus discípulos, Jesús se dejó caer a tierra y con dolor clamó: "¡Abba, Padre! … aparta de mí esta copa, pero no sea lo que yo quiero, sino lo que tú quieras" (Marcos 14:36). Lo que llama la atención es la forma en la que Jesús se dirige a Dios. "Abba" es una palabra en arameo que expresa una relación familiar estrecha, una palabra que usaría un niño que tiene una total confianza en los brazos seguros y protectores de su padre. El equivalente en castellano sería "queridísimo papá". El erudito en Nuevo Testamento Joaquín Jeremías dedicó mucho tiempo a analizar la literatura existente hasta tiempos del Nuevo Testamento en busca de términos familiares de este estilo, y no encontró ningún precedente del uso que encontramos aquí. Hubiera sido un escándalo que alguien se hubiera dirigido al Santo en estos términos, que alguien se hubiera dirigido así a Aquel cuyo nombre era tan sagrado que ni siquiera se podía pronunciar; y de repente, Jesús se toma esas confianzas con el Dios del Universo.[3]

---

2 David Seamands, *Healing Grace* (Wheaton, Ill.: Victor, 1988), p. 50. Autor de *La curación de los recuerdos* y *La curación para los traumas emocionales*, publicados por CLIE.
3 Joaquín Jeremías, *El mensaje central del Nuevo Testamento* (Salamanca; Sígueme, 1989).

¿Cómo veía el Padre al Hijo? Al inicio de su ministerio público, Jesús se presentó ante Juan el Bautista para que éste le bautizara. Cuando Jesús salió del agua, una paloma que representaba al Espíritu Santo descendió sobre Él, y se oyó una voz que venía de los cielos. Mateo recoge este episodio como un anuncio de parte de Dios de que está complacido con su Hijo: "Éste es mi hijo amado en quien me he complacido" (Mateo 3:17). El relato de Marcos lo presenta como una declaración personal que el Padre le hace al Hijo: "Tú eres mi Hijo amado, en ti me he complacido" (Marcos 1:11).

Cualquier padre o madre sabe, humanamente hablando, lo que el Dios del Universo sentía por su Hijo eterno. Cuando nuestra hija se fue a la Universidad, mi mujer y yo teníamos una mezcla de sentimientos: nos sentíamos orgullosos, pero queríamos proteger a nuestra hija. Cuando la dejamos en la residencia, y ya nos volvíamos al coche, sentí ganas de girarme y gritarle a todo el campus: "¿Sabéis a quién os dejo aquí?" ¡A la persona más preciada de mi vida!". El Padre sabía el peligro que suponía para su Hijo enviarle a este mundo. Sabía que le torturarían en la cruz, que a causa de nuestros pecados Jesús se sentiría abandonado por el Padre, y que necesitaría saber que su Padre se complacía en él.

Hijos adoptados de Dios

Cuando el Espíritu Santo entra a vivir en nosotros, nosotros también podemos decir "¡Abba Padre!". Dios ha puesto en nosotros al mismo Espíritu que proviene de la relación entre el Padre y el Hijo. La única diferencia entre nosotros y Jesús es que Él es el Hijo natural de Dios, mientras que nosotros somos adoptados en la familia a través de su sacrificio.

Todos somos huérfanos espirituales. Nuestra naturaleza rebelde y pecaminosa nos separa de Dios el Padre. La Biblia dice claramente que no somos hijos naturales de Dios y que, por tanto, hemos de pasar por un proceso de adopción. El precio de nuestra adopción fue la muerte del Hijo natural de Dios. C.S. Lewis escribió: "El Hijo de Dios se hizo hombre para que los hombres pudieran ser hijos de Dios".[4]

Cuando reconocemos que somos huérfanos espirituales y que necesitamos al Padre, podemos acercarnos a Él a través del Hijo. Cuando reconocemos que nuestro pecado ha manchado nuestra relación con el Padre, que Jesús ha pagado por nuestros pecados aunque no lo merecié-

---

4 C.S. Lewis, citado en *Hymns for the Family of God* (Nashville: Paragon, 1976), p. 167.

ramos, y cuando aceptamos el regalo del perdón que Dios nos ofrece invitando al Espíritu de Jesús a que viva en nosotros, entonces podemos clamar "¡Abba, Padre!". Por fin hemos vuelto a casa, y Dios nos da la bienvenida a su familia.

Como hijos adoptados de Dios podemos disfrutar del mismo favor que Jesús tiene con el Padre. Nosotros también somos la niña de sus ojos; Dios también se complace en nosotros. Y si no hemos recibido de nuestros padres naturales todo lo que necesitábamos o queríamos, aún tendrá más valor para nosotros saber que Dios se complace en nosotros del mismo modo que se complacía en Jesús. Ahora también somos sus hijos y Dios nos está diciendo: "Eres mi hijo, a quien amo; en ti me complazco". Ahora tenemos al Padre que siempre quisimos y necesitamos.

Nuestra rica herencia

Pero el texto no acaba ahí. Somos miembros de la familia, miembros con todos los derechos, y por eso tenemos una herencia. "Y si hijos, también herederos; herederos de Dios y coherederos con Cristo" (Romanos 8:17). Dios nos ha incluido en su testamento y vamos a heredar, para empezar, cosas tales como la resurrección a unos cuerpos que ya no se estropearán y el regalo de un cielo nuevo y una tierra nueva. El testamento también menciona que tendremos una familia para toda la eternidad, una vida sin dolor, lloro, enfermedad ni muerte. Pero eso no es lo mejor. Lo mejor de todo es que heredamos a Dios mismo. El testamento dice así: "Yo, Dios, me lego a vosotros por toda la eternidad".

Somos herederos de Dios y coherederos con Cristo, es decir, que vamos a heredar lo mismo que Cristo hereda. Cuando Jesús estaba en el aposento alto antes de ir a la cruz, deseaba volver a la presencia del Padre. Oró de la siguiente forma: "Y ahora, glorifícame tú, Padre, junto a ti, con la gloria que tenía contigo antes de que el mundo existiera" (Juan 17:5).

Jesús tenía la esperanza puesta en el gozo que había al otro lado de la cruz. El autor de la epístola a los Hebreos dice que "por el gozo puesto delante de Él soportó la cruz" (Hebreos 12:2). Como coherederos en Cristo vamos a compartir con Él la gloria que el Padre le concede al Hijo. Momentos ante de que le arrestaran, en la oración al Padre Jesús dejó bien claro cuál es la herencia que tenemos con Él: "Padre, quiero que los que me has dado, estén también conmigo donde yo estoy, para que vean mi gloria, la gloria que me has dado; porque me has amado desde antes de la fundación del mundo" (Juan 17:24). Jesús acaba su oración pidiéndole al Padre que derrame sobre ellos el mismo amor que tiene por su Hijo primogénito: "Yo les he dado a conocer tu nombre... para que el amor con que me amaste esté en ellos y yo en ellos" (v. 26).

Dios nos abre las puertas a su familia, y podemos disfrutar del amor con el que el Padre ama al Hijo. Ahora llegamos al final de esta sección sobre el mensaje de Cristo, y lo haremos tal como empezamos. Empezamos analizando lo que significa estar creados a imagen de Dios y descubrimos que eso significaba que hemos sido creados para las relaciones. Cuando Dios nos adopta en su familia nos restaura, pues nos da lo que habíamos perdido. Dios envió a Jesús como la imagen del Dios invisible (Colosenses 1:15) para restaurar la imagen de Dios en nosotros. Encontramos el camino a casa solo cuando el Espíritu Santo entra a vivir en nosotros y así podemos decir "¡Abba, Padre!". ¡Bienvenidos a casa!

Estudio de la Lectura

1. ¿Cuál es la definición fundamental de *ser cristiano*?

2. ¿Qué te vino a la cabeza cuando vimos que el concepto que tenemos de Dios está influenciado por el concepto que tenemos de nuestros padres?

3. Si podemos llamar a Dios Abba y Padre, ¿qué explica eso sobre la relación que tenemos con Él?

4. El Padre nos mira de la misma forma que mira a su Hijo, pues somos sus hijos adoptados. ¿Te resulta difícil creer que Dios se complace en ti, que Dios está orgulloso de ti, que Dios se deleita en ti? ¿Por qué? ¿Por qué no?

5. ¿Qué quiere decir Pablo cuando nos llama "herederos de Dios y coherederos con Cristo"?

6. ¿De qué forma este estudio sobre la adopción completa la idea de que fuimos hechos a imagen de Dios?

7. ¿Qué preguntas tienes sobre la lectura?

8. ¿La lectura te ha mostrado algún pecado? ¿Te reta? ¿Te consuela? Explica por qué.

Lectura recomendada
Packer, J.I. "Hijos de Dios". Capítulo 19, en *Conociendo a Dios* (Viladecavalls, Barcelona: CLIE, 1985).

Tercera Parte

Siendo como Cristo

Las palabras de C.S. Lewis nos sirven para pasar a la siguiente sección: "El Hijo de Dios se hizo hombre para que los hombres pudieran ser hijos de Dios".[1] Dios actuó en Cristo para restaurar nuestra relación con el Padre, acción que, a su vez, restaura la imagen de Dios en nosotros. Dios quiere personas nuevas, vidas cambiadas, que le reflejen, que reflejen la vida que Él da.

Esa vida nueva en nosotros es el Espíritu Santo (capítulos catorce y quince), que Dios envió para que viviera dentro de nosotros. Los dos primeros capítulos de esta sección completan la estructura trinitaria que empezamos en el capítulo siete, "Dios en tres personas". Los capítulos siete y ocho se centraban en el Dios soberano que nos ha creado a su imagen. Como Dios es un ser en comunión, nosotros estamos hechos para relacionarnos. Los capítulos del once al trece se centraron en la persona y la obra de Jesucristo. Ahora empezamos esta sección centrándonos en la tercera persona de la Trinidad, el Espíritu Santo. El hecho de que el Espíritu Santo vive en nosotros es lo que nos hace cristianos. El capítulo catorce es una introducción a lo que significa estar *llenos del Espíritu Santo*, cuyo papel principal es apuntar a Cristo, y el capítulo quince describe el *fruto del Espíritu Santo*. La maravillosa verdad que los cristianos celebran es que la vida de Cristo está en nosotros: "Cristo en vosotros, la esperanza de la gloria" (Colosenses 1:27).

El capítulo dieciséis nos recuerda que la forma en la que iniciamos nuestra relación con Cristo es la forma en la que debemos continuar. Pablo exhorta a los Gálatas diciéndoles que si han comenzado por la fe,

---

1 C.S. Lewis, citado en *Hymns for the Family of God* (Nashville: Paragon, 1976), p. 167.

que no vuelvan a la confianza en los esfuerzos humanos (Gálatas 3:3). Otro término que podemos usar para definir la fe es *confianza*. Y la confianza es inseparable de la obediencia. A través de la confianza seguimos al Dios de las grandes aventuras adonde quiera que nos guíe. Seguimos al Dios que cumple sus promesas.

La característica más representativa de un discípulo de Jesús es *el amor* (capítulo diecisiete). Lo que Francis Schaeffer llamó "la marca de un cristiano" es un llamamiento a que la iglesia viva con un "amor visible". Jesús ha dado al mundo el derecho de juzgar si somos cristianos o no basándose en el amor que vean entre los seguidores de Jesús.

El amor con una conciencia social nos lleva a amar a los pobres y a los necesitados (capítulo dieciocho). *La justicia* bíblica es una combinación entre actuar ante las necesidades físicas, emocionales y espirituales de las personas más vulnerables de la sociedad, y sacar a la luz la injusticia y la explotación de las estructuras sociales opresoras.

Por último, *el testimonio* tiene que ser también de palabra, no solo de hecho, pues la proclamación del Evangelio es "poder de Dios para salvación" (Romanos 1:16). Dios nos ha dado su mensaje para echar abajo el pecado que hay en el corazón de las personas y así reconciliarlas consigo (capítulo diecinueve).

14/ Llenos del Espíritu Santo

VERSÍCULO PARA MEMORIZAR: Efesios 5:18-20
ESTUDIO BÍBLICO: Juan 14:15-18; 16:5-15
LECTURA: "Yo estoy con vosotros todos los días"

 Enseñanza principal

¿Cómo nos capacita Dios para que tengamos el deseo de seguir a Jesús?

Jesús prometió que no nos dejaría solos, sino que enviaría al Consolador, que vendría a ayudarnos. Este Consolador, conocido como el Espíritu Santo, tiene la libertad de trabajar en nosotros a medida que nos vamos deshaciendo de nuestros pecados y buscamos estar llenos de su poder de forma continua.

1. Identifica palabras clave o expresiones clave en la pregunta y la respuesta, y explica en tus propias palabras lo que significa.

2. Reescribe esta verdad con tus propias palabras.

3. ¿Qué preguntas o temas te vienen a la mente al pensar en esta verdad?

 **Estudio del versículo para memorizar**

Pablo anima a los efesios a imitar a Dios estando llenos del Espíritu Santo, dando siempre gracias y alabando a Aquel que envió a su Espíritu para que estuviera con nosotros.

1. *Veamos el contexto:* Lee Efesios 5:1-20. Haz una lista de las exhortaciones de Pablo en Efesios 5:1-17. ¿Cuál es tu impresión general al ver estas exhortaciones?

2. Los versículos para memorizar son *Efesios 5:18-20*. Cópialos en este espacio.

3. ¿Por qué hace Pablo un contraste entre estar "llenos del Espíritu Santo" y estar "embriagados con vino"? (ver Hechos 2:13-17).

4. ¿Qué significa estar "llenos del Espíritu Santo"?

5. En los versículos del 19 al 20 Pablo recoge tres características de aquellos que están llenos del Espíritu. ¿Cuáles son esas características?

¿Por qué son una evidencia de que alguien está "lleno del Espíritu Santo?"

6. ¿Qué te han enseñando estos versículos esta semana?

🔍 Estudio Bíblico Inductivo

Aunque Jesús había hablado del Espíritu Santo en otros momentos de su ministerio, la enseñanza central sobre la tercera persona de la Trinidad la encontramos en la víspera de la crucifixión. Aquella noche Jesús reunión a sus discípulos en el aposento alto (Juan 13-17). Les dijo: "Hijitos, estaré con vosotros un poco más de tiempo" (Juan 13:33). Enseguida les explicó que él se iba por su bien, pues les convenía que viniera el Espíritu Santo para estar con ellos y vivir en ellos.

1. *Lee Juan 14:15-18; 16:5-15.* Jesús llama al Espíritu Santo "otro Consolador" (Juan 14:16). ¿Qué nos dice eso sobre el papel del Espíritu Santo? (Lee el versículo en diferentes versiones de la Biblia. ¿Siempre se usa la palabra "Consolador"? ¿Qué otras palabras se usan?).

2. ¿Qué nos enseña Jesús sobre el Espíritu Santo en Juan 14:15-18?

3. ¿Por qué les convenía a los discípulos que Jesús se fuera (16:7)?

4. ¿Cuál es el ministerio del Espíritu Santo (16:8-13)?

5. ¿Cuál es la relación del Espíritu con Jesús (16:14-15)?

6. ¿Qué implicaciones tiene para ti la enseñanza de este pasaje?

7. ¿Qué versículo o versículos te han impactado de forma especial? Escribe los versículos clave con tus propias palabras.

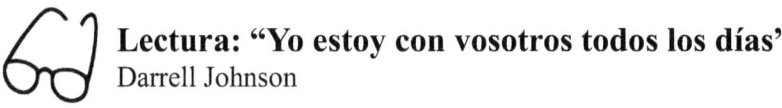 **Lectura: "Yo estoy con vosotros todos los días"**
Darrell Johnson

Los capítulos del 14 al 16 del Evangelio de Juan son un recuento de las últimas palabras que el Señor dirigió a sus discípulos la noche anterior a la crucifixión. Sitúate en ese contexto, en aquel lugar llamado el aposento alto. Estás reclinado en el suelo, igual que los demás, todos en torno a una gran mesa. La comida y la bebida de la Pascua están dispuestas sobre la mesa. Aunque hay un ambiente de gozo, también se percibe cierto sentimiento de pesar.

La velada va avanzando, y Jesús hace una serie de cosas sorprendentes. En primer lugar, cambia en dos ocasiones el orden prescrito de la Pascua. Toma un trozo de pan, y después de pronunciar la bendición tradicional, lo parte, te lo pasa, y te dice: "Ésto es mi cuerpo". Luego toma la copa de vino, y después de pronunciar otra bendición tradicional te la ofrece diciendo: "Esta copa es el nuevo pacto en mi sangre".

A continuación, se pone en pie, se quita la túnica exterior, coge una toalla, se arrodilla, y empieza a lavarte los pies. Y entonces llega la mayor de las sorpresas: unas noticias horrorosas. "Hijitos míos, ya no estaré mucho tiempo con vosotros"[1] (Juan 13:33). Y durante el resto de la velada Jesús os prepara para su partida, para el momento en que Él ya no esté entre vosotros de forma física. "Ahora voy al que me envió" (Juan 16:5).

Una revelación inquietante

No es de sorprender que Jesús empiece diciendo "No se turbe vuestro corazón" (Juan 14:1). La palabra que nosotros traducimos por "turbar" o "angustiar" es, en el original, una palabra muy fuerte. Quiere decir estremecerse, estar confundido. Las noticias que Jesús les acaba de dar les hacen estremecerse, y les hace caer en una profunda confusión. Durante tres maravillosos años han disfrutado de su compañía. Dependían de su íntimo compañerismo y de su presencia. Cuando estaban con Él se sentían seguros, tenían esperanza, no tenían miedo, y habían descubierto lo que significaba ser amados de forma incondicional. "Os dejo". No le querían creer. ¿Qué iban a hacer sin Él? Al oír estas palabras tuvieron miedo, miedo a estar solos, miedo a tener que vivir el resto de sus vidas sin su compañía.

1 Versión *Dios Habla Hoy*.

Lo que más sorprendió a sus discípulos entonces, y nos sigue sorprendiendo hoy, es lo que Jesús dice en Juan 16:7: "Pero os digo la verdad: os conviene que me vaya".

¿Cómo podía ser? ¿Cómo les iba a convenir a los discípulos vivir sin la presencia física de Jesús?

Jesús continúa diciendo: "Porque si no me voy, el Consolador no vendrá a vosotros; pero si me voy, os lo enviaré" (16:7).

La palabra que nosotros traducimos por "Consolador" es, de hecho, muy difícil de traducir al castellano. Mientras que la versión RV opta por "Consolador", igual que LBLA y la NVI, DHH prefiere "defensor"; otras traducciones usan términos como "Consejero", "Ayudador" y "Abogado". J.B. Philips usa la paráfrasis "alguien llamado para estar a tu lado y apoyarte". Aunque es una expresión un tanto extensa, es, probablemente, la mejor definición. La forma verbal derivada de la misma raíz de la que deriva la palabra "Espíritu" tiene una amplia variedad de significados: "llamar, mandar a buscar, exhortar, animar, confortar, fortalecer, consolar, conectar, convencer". En el griego clásico esta palabra es un término jurídico. Se usaba para llamar a declarar al que venía como representante y abogado defensor del acusado.

Juan usa esta palabra con su sentido jurídico en 1ª Juan 2:1: "Hijitos míos, os escribo estas cosas para que no pequéis. Y si alguno peca, Abogado tenemos para con el Padre, a Jesucristo el Justo". Jesús, a quien el Padre envió al mundo, vuelve al Padre para ser nuestro abogado, para representarnos e interceder por nosotros.

En el aposento alto Jesús les dice a sus discípulos que se va por el bien de ellos. Si no se va, el Espíritu no vendrá. Pero si se va, les enviará "al que ha sido llamado para estar al lado de ellos". Cuando Jesús ya no esté con ellos, no estarán solos.

Pero, ¿por qué es mejor tener al Espíritu, que contar con la presencia física de Jesús? Jesús dice:

"Y yo rogaré al Padre, y Él os dará otro Consolador para que esté con vosotros para siempre; es decir, el Espíritu de verdad, a quien el mundo no puede recibir, porque ni le ve ni le conoce, pero vosotros sí le conocéis porque mora con vosotros y estará con vosotros. No os dejaré huérfanos; vendré a vosotros" (Juan 14:16-18).

Características del Espíritu
¿Cómo es el Espíritu? A continuación enumeramos cuatro características.

Una Persona
La palabra "espíritu" en el original es una palabra neutra, es decir, no es ni masculino ni femenino. Juan rompe las reglas gramaticales del griego cuando se refiere al Espíritu usando los pronombres personales en masculino. Quiere dejar claro que el Espíritu Santo no es una cosa, no es una fuerza impersonal. Esto es importante, porque si el Espíritu fuera una cosa, podríamos verlo como algo distante. Pero si el Espíritu es una persona, tenemos que decidir cómo vamos a reaccionar ante Él.

En el libro de los Hechos queda muy claro que el Espíritu es una persona. Lucas nos dice que el Espíritu

- habla (1:16; 8:29; 10:19)
- tiene que aguantar mentiras (5:3)
- es puesto a prueba (5:9)
- da testimonio (5:32)
- encuentra resistencia (7:51)
- arrebata (8:39)
- da órdenes (13:2)
- envía (13:4)
- piensa (15:28)
- prohíbe (16:6)
- impide (16:7)
- da responsabilidades (20:28)

Las epístolas del Nuevo Testamento también presentan al Espíritu Santo como una persona. El Espíritu nos *ayuda* a orar (Romanos 8:16), *escudriña nuestros corazones* (1ª Corintios 2:10), *enseña* (1ª Corintios 2:13), *guía* (Romanos 8:14, Gálatas 5:18), *habla* (1ª Timoteo 4:1; Hebreos 3:7; 10:15), *predice* (1ª Pedro 1:11) y *se entristece* (Efesios 4:30).

Otro como Jesús
El pasaje dice que el Espíritu Santo es "otro del mismo tipo, no otro de un tipo diferente". ¿Quién es el primer Consolador? Jesús de Nazaret. Él es el primero que ha sido llamado para estar a nuestro lado como Consolador, Ayudador y Abogado. Él promete que cuando se vaya, enviará a otro del mismo tipo que Él. Cuando Jesús ya no está presente de forma

física, "otro" como Jesús viene a estar con sus discípulos; y porque es *como Jesús*, el mismo Jesús les dice: ya "le conocéis". Ese "otro" ha estado con Jesús todo el tiempo. Su personalidad está estrechamente relacionada con la personalidad de Jesús. Así que cuando el Espíritu viene, no es para nosotros un extraño.

Por ello, el resto del Nuevo Testamento habla indistintamente de la presencia del Espíritu y de la presencia de Cristo. Son conceptos que no se pueden separar. Estar "en Cristo" es lo mismo que "estar en el Espíritu", y decir que "Cristo intercede por nosotros" es lo mismo que decir que el "Espíritu intercede por nosotros" (ver Romanos 8:9-10; 8:26, 34).

Con nosotros siempre

Cuando Jesús vino a este mundo se dejó limitar por el tiempo y el espacio. Si Jesús estaba en Capernaum y los discípulos en Jerusalén, no podía estar con ellos. Si venía "otro Consolador" la presencia de Jesús ya no estaría limitada ni por el tiempo ni por el espacio. Michael Green escribe: "Cuando Jesús vivió en la Tierra, estuvo limitado por el tiempo y el espacio. Su marcha hizo posible la venida del Espíritu,... y a partir de entonces ya no habría barreras espaciales ni temporales que impidieran que sus discípulos tuvieran una relación estrecha con Él".[1]

Con la venida del Espíritu Santo, Jesús cumple su promesa: "Y he aquí, yo estoy con vosotros todos los días" (Mateo 28:20). Con la presencia del Espíritu Santo podemos experimentar a Jesús como Emmanuel, Dios con nosotros. ¡Por eso nos convenía que Jesús volviera con el Padre!

Vive en nosotros

"Y yo rogaré al Padre, y Él os dará otro Consolador... porque mora con vosotros y estará con vosotros" (Juan 14:16-17). Ahora, los discípulos "iban a tener una relación aún más estrecha que la que habían tenido con Jesús mientras éste estaba en el mundo ... Jesús había vivido con ellos, pero el otro Paracletos [Consolador] viviría *en* ellos".[2] Gracias a la venida del Espíritu, nuestros cuerpos, aunque mortales y pecadores, se han convertido en el lugar santísimo, en la morada sagrada del Dios vivo.

---

1 Michael Green, *I Believe in the Holy Spirit* (Grand Rapids, Mich.: Eerdmans, 1975), p. 42-43. La editorial Caribe lo publicó en español en 1992 bajo el título *Creo en el Espíritu Santo*, pero en el día de hoy está fuera de circulación.

2 Ibíd., p. 43.

La obra del Espíritu

Jesús describe al Espíritu Santo como el "Espíritu de verdad". Pronunciamos la palabra "santo" tantas veces que olvidamos que su significado es "diferente a todo lo demás", "puro", "el Único completamente diferente a todo lo demás" (ver p. 80). El Espíritu que vive con nosotros y en nosotros es puro y está obrando para purificarnos, para limpiarnos, para librarnos de todo aquello que no agrada a Dios.

El Espíritu en nosotros está cumpliendo la Palabra de Dios: "Sed santos porque yo, el Señor vuestro Dios, soy santo" (Levítico 19:2; 1ª Pedro 1:15-16). Ésa es la razón por la que la presencia del Espíritu no solo conforta, sino también incomoda. El Espíritu crea en nosotros un malestar santo cuando vemos la imperfección que hay en nosotros y en el mundo. El Espíritu no descansará, ni nos dejará descansar, hasta que seamos como Aquel que lo envió.

El "Espíritu de verdad" nos enseñará y nos guiará a toda la verdad (Juan 14:16; 16:13). El Espíritu Santo en nosotros nos enseña toda la verdad sobre nosotros mismos, sobre el mundo y sobre Dios. Por tanto, no debería sorprendernos que el resto del Nuevo Testamento haga tanto énfasis en conocer, hacer y hablar la verdad. Ciertamente, si no hablamos la verdad, entristecemos al Espíritu de Dios (Efesios 4:25-30). Cuando nos encontremos en una situación en la que tenemos que esconder, negar o tergiversar la verdad, tengamos por seguro que no estamos siendo guiados por el Espíritu. El malestar que sentimos cuando exageramos o cambiamos un poco la verdad, o mentimos, no es simplemente el resultado de nuestra propia conciencia; ese malestar es el resultado de la decepción del Espíritu que vive en nosotros.

Pero hay esperanza. El Espíritu está obrando para llevarnos, arrastrarnos si es necesario, guiarnos a la verdad. Constantemente nos guía a Jesucristo, a Aquel que es la verdad encarnada (Juan 14:6). Como dice el apóstol Pablo, en Cristo "están escondidos todos los tesoros de la sabiduría y del conocimiento" (Colosenses 2:3). El deseo del Espíritu es que el ser humano conozca a Cristo en toda su plenitud y que se evalúe a la luz de lo que ve en su Maestro y Salvador. La misión del Espíritu es, por tanto, apuntar a Cristo.

"Él me glorificará"

"Él me glorificará", dice Jesús hablando del Espíritu de verdad (Juan 16:14). Se podría decir que el Espíritu Santo es la "persona tímida" o "discreta" de la Trinidad. No quiere que la luz de los focos recaiga sobre

Él. Si eso ocurre, se aparta de forma discreta para que la luz brille sobre el Dios hecho hombre. Por tanto, cualquier acción del Espíritu que no lleve a la gente a Cristo no es una acción del Espíritu de Dios. El deseo del Espíritu de Dios es lograr que el Cristo vivo sea el centro de nuestras vidas.

Concluimos, pues, que nos convenía que Jesús volviera al Padre. Cuando Jesús dejó la tierra y envió a "otro", envió a una persona del mismo tipo que Él, a través de la cual Jesús sigue estando con nosotros y vive en nosotros. Además, esta persona nos está ayudando a ser más como el Santo y a ver la vida a la luz de Aquel que es la Verdad.

Estudio de la Lectura

1. Describe con tus propias palabras el contexto en el que Jesús habla del Espíritu Santo.

2. ¿Por qué nos convenía que Jesús enviara al Espíritu Santo?

3. ¿Qué cosas has aprendido sobre la persona y la obra del Espíritu Santo después de este estudio?

4. ¿Tenías alguna idea errónea sobre el Espíritu Santo que se haya aclarado en este estudio?

5. ¿Cuál es el propósito del Espíritu Santo en tu vida? ¿Cómo lo está llevando a cabo?

6. ¿Qué preguntas tienes sobre la lectura?

7. ¿La lectura te ha mostrado algún pecado? ¿Te reta? ¿Te consuela? Explica por qué.

15/ El fruto del Espíritu Santo

VERSÍCULO PARA MEMORIZAR: Gálatas 5:22-23
ESTUDIO BÍBLICO: Gálatas 5:16-26
LECTURA: El fruto del carácter de Cristo

 Enseñanza principal

¿Qué hace el Espíritu Santo para transformarnos a la imagen de Cristo?

El Espíritu es Santo, pues trabaja para que aquellos en los que vive desarrollen el carácter de Cristo. Las cualidades de ese carácter se conocen como el fruto del Espíritu.

1. Identifica palabras clave o expresiones clave en la pregunta y la respuesta, y explica en tus propias palabras lo que significa.

2. Reescribe esta verdad con tus propias palabras.

3. ¿Qué preguntas o temas te vienen a la mente al pensar en esta verdad?

 **Estudio del versículo para memorizar**

Estamos llamados a vivir según el fruto del Espíritu, que aparece descrito en Gálatas 5:22-23.

1. *Veamos el contexto:* En el estudio bíblico leeremos Gálatas 5:16-26 y veremos cuál es el contexto más amplio. Por ahora fíjate en cuál es la principal fuerza contraria al fruto del Espíritu.

2. Los versículos para memorizar son *Gálatas 5:22-23*. Cópialos en este espacio.

3. ¿Por qué la palabra *fruto* está en singular en lugar de estar en plural?

4. Como está en singular, ¿significa eso que todas esas características están presentes en nuestras vidas en el mismo grado? ¿Por qué sí? ¿Por qué no?

5. ¿Qué quiere decir Pablo con la expresión "contra tales cosas no hay ley"?

6. ¿En qué áreas crees que Jesús te está diciendo que deberías ser más como Él?

🔍 Estudio Bíblico Inductivo

La enseñanza sobre el fruto del Espíritu aparece en un pasaje en el que se está hablando de la guerra que hay en nosotros entre la vieja y la nueva naturaleza.

1. *Lee Gálatas 5:16-26.* Explica con tus propias palabras cómo es la guerra entre el Espíritu y la carne.

2. ¿A qué se refiere Pablo cuando dice "el deseo de la carne"?

3. Según Pablo, tenemos la capacidad de ejercer nuestra propia voluntad. ¿Cuál es la naturaleza de nuestra elección?

4. Al leer la lista de las obras de la carne, ¿hay algo de lo que aún te tienes que deshacer, y sustituir por el fruto del Espíritu?

5. ¿Por qué si somos guiados por el Espíritu no estamos bajo la ley?

6. ¿Qué significa haber "crucificado la carne" (v. 24)? Entonces, ¿de qué forma Dios nos transfiere su vida?

7. ¿Qué implicaciones tiene para ti la enseñanza de este pasaje?

8. ¿Qué versículo o versículos te han impactado de forma especial? Escribe los versículos clave con tus propias palabras.

 **Lectura: El fruto del carácter de Cristo**

Una niña salía de la iglesia hablando con su madre. Ésta le preguntó qué le había parecido el culto. "Ha sido bueno, pero estoy un poco confundida", contestó la niña. "El pastor dijo que Dios es más grande que nosotros. ¿Es verdad?". La madre respondió afirmativamente. "También dijo que Dios vive dentro de nosotros. ¿Es verdad, mami?". "Sí, es verdad". "Entonces, si Dios es más grande que nosotros, y vive dentro de nosotros, lo normal sería que se le viera a Él y no a nosotros, ¿no?".

Esta niña, aunque de forma inocente, describió muy bien lo que significa ser cristiano. Un cristiano es aquel que tiene a Cristo viviendo dentro de él. Una de las expresiones que Pablo usa para expresar esta idea es "Cristo en vosotros". En su carta a los Gálatas, Pablo se presenta como una comadrona que, de forma vicaria, está experimentando los dolores de parto en lugar de los gálatas, que están pasando por el proceso de nacimiento. "Hijitos míos, por quienes de nuevo sufro dolores de parto hasta que Cristo sea formado en vosotros" (Gálatas 4:19).

Cuanto más nos entreguemos a Cristo, cuanto más le entreguemos nuestra voluntad, más extenderemos el aroma de Cristo. Así es como Pablo se describió a sí mismo y a sus compañeros: "Pero gracias a Dios, que … por medio de nosotros manifiesta en todo lugar la fragancia de su conocimiento. Porque fragante aroma de Cristo somos para Dios" (2ª Corintios 2:14-15).

Entonces, ya sea usando la imagen de extender el aroma de Cristo, o la de producir el suculento fruto de Cristo, la cuestión es que tenemos que manifestar a Cristo a través de nuestra personalidad. Gálatas 5:16-23 nos recuerda la descripción que Jesús hizo de nuestra relación con Él en Juan 15:1-11: nosotros debemos estar unidos a Él como las ramas a la vid.

¿Qué fruto debemos dar? Para entender la naturaleza del fruto que debemos dar hemos de fijarnos en el curioso uso en singular de la palabra *fruto*. En Gálatas 5:22, lo normal sería que dijera "Los frutos del Espíritu son…", pero Pablo escribe: "Mas el fruto del Espíritu es…". Esto se debe a que el fruto es el carácter multifacético de una persona, Jesucristo. El Espíritu Santo es el Espíritu de Cristo. La imagen de la vid y las ramas describe el fruto del Espíritu como si éste fuera un racimo de uvas. El racimo está unido a la rama por un único tallo. Y cada uva del racimo es una característica de Jesús.

Vamos a considerar cada una de esas "uvas" del "racimo". Y luego veremos cómo crecen en nosotros.

Amor: regalo irresistible

La lista está encabezada por la cualidad más característica de Jesús, característica que también debe marcar la vida de sus seguidores. Jesús dijo: "En esto conocerán todos que sois mis discípulos, si os tenéis amor los unos a los otros" (Juan 13:35). Amar a tus enemigos y perdonar a aquellos que quieren destruirte es un amor que viene de lo alto.

Conozco a una pareja coreana cuya historia ilustra muy bien esta clase de amor. Su hijo, Ho Ho, había estudiado en Eastern College y se había graduado con muy buenas notas, y ahora estaba acabando sus estudios de Medicina en la Universidad de Pennsylvania. Un día, mientras estaba escribiendo una carta a su familia, una banda de adolescentes lo apaleó y lo mató para robarle el dinero de la cartera. Durante el juicio, los padres de Ho permanecieron en silencio. Al final, cuando se leyó la sentencia y aquellos adolescentes fueron declarados culpables, se les dio la oportunidad de hablar. Se adelantaron y se arrodillaron enfrente del juez. Los presentes escucharon atónicos cómo los padres de Ho pedían clemencia para los asesinos de su hijo. No solo eso, sino que además le pidieron al juez que los dejara en libertad para que ellos pudieran darle a aquellos muchachos el hogar que nunca habían tenido. Le dijeron al juez que eran cristianos y que por eso querían mostrar a aquellos chicos, que tanto daño les habían hecho, la misma gracia que ellos habían recibido de Dios.

El amor de Dios rompe todos los esquemas, y eso lo hace irresistible.

Gozo: cobremos ánimo, ¡pues el Padre se deleita en nosotros!

Cuando nos vemos como seres despreciables merecedores de castigo, y nos damos cuenta de que somos perdonados por el mismo que debería condenarnos, sentimos gozo. Cuando el hijo pródigo volvió a casa, lo que encontró fue el abrazo de su padre, y se convirtió en un invitado de honor. El gozo es vivir bajo el agrado del Padre. Es saber que somos la niña de sus ojos. ¿Puedes creer que el Señor nos ve como su herencia? Lo que el Señor contempla como su tesoro para toda la eternidad.

El gozo trasciende las circunstancias. Muy a menudo se confunde el gozo con la felicidad. Somos felices cuando todo va bien. Pero el gozo puede coexistir con el sufrimiento y el dolor. El gozo es estable, porque está basado en la esperanza. Jesús dijo: "¡Confiad! Yo he vencido al mundo" (Juan 16:33). Los que tenemos la esperanza basada en la muerte y resurrección de Jesús ya sabemos cómo acaba la historia. Tenemos gozo porque sabemos que seremos testigos de un final feliz.

Paz: serenidad basada en la seguridad
"Por tanto, habiendo sido justificados por la fe, tenemos paz para con Dios por medio de nuestro Señor Jesucristo" (Romanos 5:1). Nosotros tenemos paz por medio de la acción de Dios. El Dios Santo, cuya naturaleza estaba en guerra con nuestra naturaleza pecaminosa, nos reconcilió con Él entregando a Jesús por nuestros pecados como ofrenda de paz. R.C. Sproul dice: "Cuando Dios firma un tratado de paz, queda firmado de forma perpetua... Cuando nosotros pecamos, Dios se disgusta, y actúa para corregirnos y convencernos de nuestro pecado. Pero no se declara en guerra contra nosotros".[1]

La palabra hebrea que traducimos por paz es *shalom*. Shalom no es tanto la ausencia de guerra, si no más bien la presencia de un rey justo y benevolente. La shalom reinaba en la tierra de Israel cuando el pueblo sabía que su soberano era un hombre de carácter. Nosotros vivimos en paz porque sabemos que nuestro Soberano, con quien tenemos paz, está sentado en el trono del Universo, moviendo "todas las cosas para el bien de los que le aman, de los que son llamados conforme a su propósito" (Romanos 8:28). Eso nos da una serenidad que nace de la seguridad.

Paciencia: todo lo sufre
La palabra que traducimos por "paciencia" es una palabra compuesta que significa "sufrido/a" o que "todo lo sufre". Cuando el padre del hijo pródigo estaba esperando a que su hijo volviera, lo hacía con un corazón abierto. Estaba viviendo con una herida abierta, con la herida de haber sido rechazado. El padre podría haber cauterizado aquella herida deshonrando a su hijo con desprecio, pero decidió poner en práctica uno de los ingredientes de la paciencia: ser lento para la ira.

Normalmente, con los demás no tenemos la misma paciencia que queremos que Dios tenga con nosotros. Cuando se me acaba la paciencia con los que no hacen las cosas como yo espero, intento recordar la siguiente historia. En la Edad Media, una campesina se acercó a un monje benedictino. Se arrodilló ante él y, empujada por la curiosidad, le preguntó: "Por favor, decidme, padre santo, ¿qué hacen los hombres de

---

1 R.C. Sproul, *The Holiness of God* (Wheaton, Ill.: Tyndale House, 1985), p. 197.

Dios allí en el monasterio?". El monje contestó sabiamente: "Te lo diré, hija mía: nos caemos y nos levantamos, nos caemos y nos levantamos, nos caemos y nos levantamos". Si Dios sufre cuando tropiezo, ¿no habré de sufrir yo por los demás?

Benignidad: firmes pero amables

En este mundo, la benignidad o amabilidad brilla por su ausencia. Vivimos en una cultura caracterizada por la beligerancia, la intimidación y la falta de humanidad. Obtenemos lo que deseamos haciendo uso de la fuerza. El nivel de hostilidad pública ha alcanzado proporciones alarmantes.

Jesús tenía las cosas bien claras. Fue firme y se airó justamente ante la institución religiosa. Sin embargo, fue tierno con los débiles y vulnerables. Una mujer fue sorprendida en el mismo acto del adulterio por la élite religiosa que quería apedrearla hasta la muerte. Jesús les dijo: "El que de vosotros esté sin pecado, sea el primero en tirarle una piedra" (Juan 8:7). Cuando todos se marcharon cabizbajos, Jesús le dijo a la mujer: "Yo tampoco te condeno. Vete; desde ahora, no peques más" (Juan 8:11). El Espíritu, a través de nosotros, habla con amabilidad a los heridos, ofreciendo así sanidad en medio de este mundo hostil.

Bondad: amor por la santidad y la magnanimidad de espíritu

Jonathan Edwards, el predicador puritano del siglo XIX, escribió: "Ni en el cielo ni en la tierra encontraremos cosa más afable y dulce que la santidad". Y el salmista dijo: "Probad y ved que el Señor es bueno" (Salmo 34:8).

Una de las definiciones de bondad es "el amor por aquello que es santo". La bondad también puede significar generosidad o magnanimidad de espíritu. Vivimos en un mundo lleno de golpes, de heridas y de dolor. Para vivir esta vida necesitamos un corazón grande. Y para sobrevivir con gracia necesitamos generosidad de espíritu.

Fidelidad: cumplir nuestras promesas

Dios es un Dios de pactos: los hace y los cumple. El primer pacto que Dios hizo con Abraham fue sellado de una forma tan dramática, que vemos que en la mente de Dios no cabe la posibilidad de no cumplir sus pactos. Dios le dijo que le trajera una novilla, una cabra, un carnero, y dos aves, y que los partiera por la mitad, a excepción de las aves, y pusiera cada mitad en dos altares, uno frente al otro. Entre estos dos altares estaban los símbolos de

Dios en forma de un horno humeante y una antorcha de fuego. Es como si el Señor estuviera diciendo a Abraham: "Que yo también sea partido en dos como estos animales si no cumplo mi pacto de hacer de ti una gran nación" (Génesis 15).

Lewis Smedes dijo: "Cuando cumplimos nuestras promesas estamos actuando como Dios actuaría". Tenemos que cumplir las promesas que hacemos. Se nos debería conocer por nuestra integridad. "Sea vuestro hablar: 'Sí, sí' o 'No, no'" (Mateo 5:37). Que puedan decir de nosotros: "Si ha dicho que lo va a hacer, cuenta con que así será".

Mansedumbre: poder bajo control
Jesús dijo de sí mismo: "Soy manso y humilde de corazón" (Mateo 11:29). La palabra "manso" no siempre tiene connotaciones positivas. Pero Jesús dijo: "Bienaventurados los mansos, porque ellos heredarán la tierra" (Mateo 5:5). Se dice de Moisés que fue el hombre más manso de la Tierra. Y estamos hablando del mismo hombre que se enfrentó al gobernante de Egipto y que sacó a su pueblo del cautiverio. Ser manso no tiene nada que ver con la debilidad. Es la misma palabra que se usa para describir a un semental después de que los ganaderos han conseguido controlarlo y colocarle el freno. Mansedumbre significa someterse al poder de Dios.

Dominio propio: disciplinar y usar nuestras energías sabiamente
El dominio propio implica no dejar que nuestras pasiones nos controlen, sino dirigirlas en la dirección que Dios quiere que vayan. Es como si fuéramos directores de una orquesta formada por unos músicos con mucha iniciativa y energía: pasiones, deseos, ira, apetito sexual, recuerdos traumáticos, etc. Cualquiera de estos "instrumentos" fuera de control podría arruinar la sinfonía. Pero el Espíritu Santo nos da el poder de evitar que las pasiones así nos destruyan. Tomemos el ejemplo de la lujuria. La lujuria nace cuando permitimos que el atractivo que sentimos por una persona se convierta en una fantasía sexual. Perdemos el control cuando dejamos que esos deseos sexuales perduren. Lutero dijo: "No podemos evitar que los pájaros revoloteen sobre nuestra cabeza. Pero otra cosa es que les invitemos a construir un nido en nuestro cabello". El dominio propio consiste en no permitir que los pájaros aniden en nuestro cabello.

¿Cómo desarrollar estas cualidades?
Podemos describir a nuestro Señor si agrupamos las cualidades del amor, el gozo, la paz, la paciencia, la benignidad, la bondad, la fidelidad, la

mansedumbre y el dominio propio. Dado que el Espíritu vive en los creyentes, estas cualidades serán nuestras en la medida en la que permanezcamos en la vid.

En esta era de la realización personal, de los libros de autoayuda, y del maquillaje y las dietas, podríamos caer en el error de pensar que podemos desarrollar el fruto del Espíritu haciendo uso de nuestra fuerza de voluntad y de la autodisciplina. Es cierto que podemos actuar y vivir como si tuviéramos las cualidades que creemos que hay detrás del amor, del gozo, de la paz, pero eso no será más que un fruto artificial.

Creer que podemos dar fruto por nuestros propios esfuerzos es no haber entendido que la vida cristiana es una guerra. Nuestra vieja naturaleza, aunque ha sido vencida, aún no está muerta, y lucha como puede contra la nueva naturaleza del Espíritu. Un estudiante universitario que se acababa de convertir no tardó en descubrir que dentro de sí había dos fuerzas que luchaban por la supremacía, lucha que antes no existía. El estudiante, al describir lo que sentía, dijo así: "Es como si dentro de mí hubiera un perro callejero y un perro de raza luchando sin cesar". Cuando le preguntaron cuál era el perro que iba ganando, el estudiante, después de pensar un momento, dijo: "Supongo que el perro que más alimento".

Con nuestras propias fuerzas no podemos enfrentarnos a nuestra naturaleza pecaminosa. Lo que debemos hacer es someter nuestra voluntad al Espíritu. Alimentar al perro de raza es entregar a Dios el control de nuestras vidas. Tenemos que entender que sin Cristo no podemos hacer nada. Cuando reconozcamos que somos incapaces de cambiarnos a nosotros mismos, entonces empezaremos a avanzar con las fuerzas del Señor.

Intentar ver el fruto que hemos dado con la ayuda de Dios es como intentar mirarnos a los ojos. No puedes ver los órganos con los que ves. El Espíritu Santo es como nuestros ojos. Pero las personas que nos rodean pueden ver la obra del Espíritu en nuestras vidas de una forma en la que nosotros no alcanzamos a ver. En el grupo pequeño con el que me reúno, el otro día hicimos un ejercicio. Después de haber estudiado el fruto del Espíritu, todos teníamos que decir cuáles de esas cualidades veíamos en los demás miembros del grupo. Fue una gozada decirnos qué cualidades del carácter de Cristo veíamos los unos en los otros. Varias veces me sorprendí diciéndome a mí mismo: "¿En serio? ¿De verdad ven eso en mí? Gracias, Señor, por obrar en mí, por transformarme para que pueda reflejar tu imagen, aún cuando yo no me había dado cuenta". Habíamos llegado a la reunión cansados, cargados, y nos marchamos llenos de gozo, flotando. ¡Qué bueno es saber que Dios sigue obrando en nosotros!

Estudio de la Lectura

1. Según esta lectura, ¿cómo se puede saber si uno es cristiano o no? (Juan 15:1-11)

2. En Gálatas 5:22-23 se usa la palabra *fruto* en singular. ¿Qué nos dice eso?

3. Escribe una definición de una frase para cada una de las cualidades del fruto del Espíritu.

amor

gozo

paz

paciencia

benignidad

bondad

fidelidad

mansedumbre

dominio propio

4. De esta lista, comenta una cualidad en la que Dios te ha ayudado a crecer, y otra en la que necesitas que Dios obre en ti a través de su Gracia para que puedas desarrollarla más.

5. Piensa en los demás miembros del grupo, y destaca cuál es la cualidad más evidente en cada uno de ellos. ¿Qué cualidades de Cristo caracterizan nuestras vidas?

6. ¿Qué preguntas tienes sobre la lectura?

7. ¿La lectura te ha mostrado algún pecado? ¿Te reta? ¿Te consuela? Explica por qué.

Ejercicio recomendado
Con la lista del fruto del Espíritu, busca en los Evangelios ejemplos en los que se vea que Cristo tenía cada una de estas cualidades.

16/ La confianza

VERSÍCULO PARA MEMORIZAR: Proverbios 3:5-6
ESTUDIO BÍBLICO: Hebreos 11
LECTURA: Dios hace que todas las cosas ayuden para bien

 Enseñanza principal

¿Cómo podemos conocer mejor a Cristo?

Pablo exhorta a los colosenses: "Por tanto, de la manera que recibisteis a Cristo Jesús el Señor, así andad en Él" (Colosenses 2:6). Por la fe en Dios, que es absolutamente bueno, tenemos acceso al poder del Espíritu Santo e iniciamos la arriesgada aventura de seguir a Jesucristo a donde quiera llevarnos.

1. Identifica palabras clave o expresiones clave en la pregunta y la respuesta, y explica en tus propias palabras lo que significa.

2. Reescribe esta verdad con tus propias palabras.

3. ¿Qué preguntas o temas te vienen a la mente al pensar en esta verdad?

 **Estudio del versículo para memorizar**

Los versículos para memorizar se centran en la que debe ser la fuente de sabiduría en nuestras vidas.

1. *Veamos el contexto:* Examina cuál es el contexto en el que aparecen el mandamiento y la promesa de Proverbios 3:5-6; hazlo leyendo Proverbios 3:1-10. ¿Qué temas descubres?

2. Los versículos para memorizar son *Proverbios 3:5-6*. Cópialos en este espacio.

3. Para confiar en Dios con todo nuestro corazón, ¿qué necesitamos saber sobre el Señor?

4. Se nos dice que "no nos apoyemos en nuestro propio entendimiento" (v. 5). ¿Qué significa eso? ¿Significa que los cristianos no debemos usar la razón? Explica tu respuesta.

5. ¿Cuál es la importancia del mandamiento "reconócelo en todos tus caminos" (v. 6)?

6. ¿Qué promesa tiene el que cumple ese mandamiento? ¿Qué significa?

7. ¿Qué te han enseñando estos versículos esta semana?

🔍 Estudio Bíblico Inductivo

El texto de Hebreos 11 se suele conocer con el título "Los héroes de la fe" porque es como un registro de la fidelidad de los grandes hombres y mujeres que nos precedieron. Deja el miedo al riesgo a un lado, y contágiate de aquel espíritu aventurero que les permitió ir a donde Dios les llevara.

1. *Lee Hebreos 11*. Escribe con tus propias palabras la definición de "fe" (v. 1).

2. "Sin fe es imposible agradar a Dios" (v. 6). ¿Por qué la fe es necesaria para agradar a Dios?

3. ¿Qué elementos comunes encuentras en la fe de estos héroes?

4. ¿Con cuáles de estos héroes te identificas más? ¿Por qué?

5. ¿En qué sentido te reta la fe de estos héroes?

6. ¿Qué implicaciones tiene para ti la enseñanza de este pasaje?

7. ¿Qué versículo o versículos te han impactado de forma especial? Escribe los versículos clave con tus propias palabras.

 **Lectura: Dios hace que todas las cosas ayuden para bien**

La fe se ve probaba cuando somos capaces de confiar en Dios en los momentos difíciles. Pero, ¿en qué se basa esa confianza? La promesa en la que descansan todas las promesas de Dios es la siguiente: "Y sabemos que para los que aman a Dios, todas las cosas cooperan para bien, esto es, para los que son llamados conforme a su propósito" (Romanos 8:28).

Este versículo es tan conocido, nos resulta tan familiar, que muchas veces perdemos de vista su profundidad. También, en la comunidad cristiana se usa con tanta ligereza y de forma tan superficial, que la mayoría de gente no percibe la esperanza que estas palabras encierran. Lo usamos para acallar los problemas de la gente, como si fuéramos un doctor que no quiere que le molesten a altas horas de la noche: "Tómese este versículo y llámeme por la mañana".

Pablo no escribe estas palabras para que olvidemos los problemas con los que nos enfrentamos. Lo que está diciendo es que todo lo que nos ocurre en este mundo puede mirarse desde la perspectiva de que tenemos un Dios bueno, que gobierna este mundo con poder soberano y actúa según la benevolencia de su voluntad.

Vamos a explorar la profundidad de este versículo viendo primero lo que *no* dice.

Esta promesa es para todos

Para que esta promesa se pueda aplicar a la vida de alguien, se deben cumplir dos condiciones. La primera condición queda bien clara si nos fijamos en el orden del texto griego. Algunas versiones anteponen la proposición "Dios dispone todas las cosas para el bien" a la proposición "de quienes lo aman" (p. ej., NVI, DHH), pero este orden no es fiel al texto original, y hace que se pierda el énfasis que hay en el texto griego. Si el original dice "Y sabemos que para los que aman a Dios, todas las cosas cooperan para bien", entonces está claro que para poder contar con la protección de Dios tenemos que amarle. Y amarle es obedecerle.

Por tanto, vemos que nuestra sumisión libre y voluntaria a los planes de Dios es la forma en la que Dios mueve todas las cosas según su voluntad. Es decir, "si una persona ama a Dios y confía en Dios y acepta a Dios, si una persona cree y sabe y está convencida de que Dios es un

Padre de amor y omnisapiente, entonces podrá aceptar con humildad todo lo que Dios le envíe. Si no confiamos en que Dios, en su Gracia, ve cualquier situación para bien, estaremos luchando contra los planes y los propósitos de Dios y eso producirá en nosotros amargura". Nuestro amor a Dios es nuestra promesa de que cooperaremos con su voluntad más amplia.

La segunda condición que tenemos que cumplir para que Dios use todas las cosas para nuestro bien es "haber sido llamados conforme a su propósito". Ser llamados significa haber oído el llamamiento de Dios, haberle hecho caso, y haber respondido a Jesús de forma afirmativa. Significa someternos a la formación que Jesucristo nos ofrece, cuyo propósito es que lleguemos a ser igual que Él. No podemos hacer nuestra la promesa de que todas las cosas ayudan para bien si no hemos entregado nuestras vidas al Dios bueno.

Pablo no le está quitando importancia al mal
En el verano de 1993, cuando fui a dar unas charlas en Whitworth College en Sposkane, Washington, tuve el privilegio de conocer a un hombre muy interesante, Gerry Sittser. Gerry nos habló a mí y a mi mujer de una horrible tragedia que había tenido lugar en el otoño de 1991. Gerry, su madre, su mujer e hijos volvían a casa en su furgoneta después de unas cortas vacaciones. Ya había anochecido, y aún les quedaba el tramo de una carretera llena de curvas. Gerry vio venir un coche que conducía de forma temeraria. Pero antes de que pudiera reaccionar, el conductor borracho se estrelló de frente con la furgoneta. En cuestión de unos segundos Gerry perdió a tres miembros de su familia: su madre, su mujer y su hija de cuatro años.

Lo que ocurrió es producto del mal, el resultado de la naturaleza pecaminosa del hombre. Alguien eligió conducir borracho y convirtió su coche en un arma letal. Antes de que Gerry pudiera creer de corazón que "Dios usa todas las cosas para bien", tuvo que pasar por un periodo de ira contra aquel conductor y contra Dios, en el que creía que nada tenía sentido, y tuvo que sacar fuerzas para enfrentarse él solo a las tareas y responsabilidades de su casa y a la educación de unos niños traumatizados. ¿Saber que Dios es bueno libró a Gerry del dolor? No. Creer que Dios es bueno no significa ser inmunes a las tragedias de la vida.

Entonces, ¿qué quería transmitir Pablo sobre la maravillosa promesa de que Dios usa todas las cosas para bien?

No todo lo que ocurre es bueno, pero Dios obra para que todas las cosas ayuden a bien

La promesa es que Dios es Soberano para sacar algo bueno incluso de lo malo. Vamos a ver algunas implicaciones que se desprenden de esta verdad.

Dios incorpora nuestros desvíos en su mapa de carreteras. Nuestras calles sin salida se convierten en autopistas despejadas. En el reino de Dios todo sirve para algo. John Piper lo expresa de la siguiente manera: "El poder glorioso de Dios que hemos de ver, y en el que necesitamos confiar, es el poder que Él tiene para convertir todos nuestros desvíos y todos nuestros obstáculos en resultados gloriosos".[1] Una de las características de las alfombras persas es que los patrones decorativos están llenos de errores, pero cuando el fabricador de alfombras se da cuenta de un error siempre encuentra la forma creativa de incorporarlo al patrón.

El tiempo nos ayuda a ver las cosas con perspectiva. El tiempo transforma el significado de las cosas que ocurren en nuestra vida. Mucho de lo que sucede en este mundo no quedará claro ni completo hasta que Cristo vuelva en su reino y deshaga las consecuencias del mal y haga justicia. Gerry Sittser morirá sin acabar de entender la pérdida de su familia, pero estos cinco años y medio que han pasado desde aquella tragedia ya le han permitido mirar atrás con cierta perspectiva. Ya está empezando a ver cómo Dios está sacando cosas positivas de aquella desgracia. Ha escrito un libro maravilloso titulado *A Grace Disguised*.[2] El paso del tiempo es necesario para poder empezar a ver los sucesos de nuestra vida dentro del propósito más amplio de Dios.

La vida no es arbitraria, ni caprichosa. Sin embargo, al ver algunas de las cosas que ocurren, nos preguntamos si realmente hay un plan. Larry Crabb escribió: "Estudiando el devenir de la vida nadie llegará a la conclusión de que Dios es bueno".[3] En su libro, Gerry confiesa que "uno de los peores aspectos de la pérdida que sufrí fue el sentido de arbitrariedad total que se apoderó de mí. Lo que había sucedido estaba completamente fuera de mi control, 'un accidente', como se suele decir. La amenaza de pensar que en esta vida no hay normas ni leyes fue y sigue siendo insoportable para mí. Empecé a mirar la vida con cinismo, a pensar que todo era absurdo. Pensaba, 'quizá es cierto que no hay Dios y que esta vida no tiene ningún sentido'. Estaba atormentado porque no

---

[1] John Piper, *Future Grace* (Sisters, Ore.: Multnomah Press, 1995), p. 173.
[2] Gerald Sittser, *A Grace Disguised* (Grand Rapids, Mich.: Zondervan, 1996).
[3] Larry Crabb, *Finding God* (Grand Rapids, Mich.: Zondervan, 1993), p. 104.

podía encontrar una explicación que diera sentido a la tragedia que había vivido".[4]

La tragedia es mucho más llevable si miramos más allá de nosotros mismos y encontramos un propósito general. Pablo basa su confianza en que Dios lo usa todo para bien en la convicción de que hay un Dios Soberano que tiene una perspectiva total del tiempo y que va guiando las cosas de acuerdo con su propósito. En Romanos 8:28 Pablo empieza hablando del presente, pero en los versículos 29 y 30 retrocede en el tiempo para hablar del fundamento del propósito eterno de Dios. El versículo 28 es verdad porque descansa en el fundamento de los versículos 29 y 30.

Vivimos mirando la parte de debajo del tapiz. Lo que vemos son los hilos inconexos y desordenados. Pero Pablo nos anima a que miremos la parte de arriba del tapiz. Nos exhorta a que hagamos nuestra la perspectiva celestial, la perspectiva que Dios tiene de la eternidad. El apóstol describe cinco eslabones irrompibles de la cadena del propósito de Dios. Esa cadena va desde antes del tiempo hasta su culminación en la gloria de la eternidad. Dios hace que todas las cosas ayuden a bien porque tiene un propósito para nosotros desde antes de que fuéramos creados y, aunque en el proceso ha querido incorporar nuestra libertad para elegir, Él va a cumplir ese propósito. "Porque a los que de antemano *conoció*, también los *predestinó* a ser hechos conforme a la imagen de su Hijo, para que Él sea el primogénito entre muchos hermanos; y a los que predestinó, a esos también *llamó*; y a los que llamó, a esos también *justificó*; y los que justificó, a esos también *glorificó*" (v. 29-30). Vamos a ver los eslabones de esta cadena irrompible.

A los que de antemano conoció. Algunos creen que ese conocimiento previo de Dios significa que como Dios puede ver lo que ocurrirá, elige a los que sabe que depositarán su fe en Él. Pero el conocimiento en las Escrituras es más que una mirada desde la distancia; es un conocimiento personal. Conocer es mirar con un interés particular, con agrado y afecto. De todos los pueblos sobre la Tierra, Dios conoció de antemano a Israel como su pueblo especial. Conocer de antemano significa amar de antemano. Por una razón que solo Dios conoce, Él ofrece su amor a algunos.

A los que de antemano conoció, también los predestinó. Que Dios nos *predestinó* significa que Dios decretó de antemano que nuestro propósito es ser conformados a la imagen de su Hijo, algo que no ocurre de la noche a la mañana y sin pasar por dificultades.

---

4 Sittser, *A Grace Disguised*, p. 97.

A los que predestinó, a esos también llamó. Este llamamiento de Dios es el llamamiento a que le entreguemos nuestras vidas para toda la eternidad. Nos invita de forma personal, llamándonos por nuestro nombre, a que dejemos que Dios tome las riendas de nuestra vida. Algunos lo han definido como el llamamiento *eficaz* de Dios porque este llamamiento produce el resultado deseado. ¿Podemos resistirnos al llamamiento de Dios? Nunca. Pero podemos responder por voluntad propia.

A los que llamó, a esos también justificó. Ser llamado significa estar en la posición de poder acercarse a Dios. Cumplimos todas las exigencias de la ley cuando para salvarnos, depositamos nuestra fe en Jesucristo.

A los que justificó, a esos también glorificó. Pablo está tan seguro de que Dios llevará a su pueblo con Él que lo expresa en tiempo pasado: "glorificó". Muchos han comentado que es extraño que Pablo se salte el paso de la santificación. Pablo no dice *"a los que justificó, a esos también santificó"*. Pablo está tan seguro de la bondad de Dios que una vez hemos sido justificados, Dios ya ha efectuado también nuestra glorificación futura.

La Historia nos da la razón

Esto nos lleva al suceso histórico que muestra la bondad de Dios. Si no concluyéramos mirando a los hechos que demuestran que la bondad de Dios triunfará, ¿de qué otra forma íbamos a concluir? La demostración histórica de que Dios usa todas las cosas para bien es la Cruz.

Si hubiéramos estado presentes el día de la muerte de Jesús, ¿lo hubiéramos visto tan solo como un acto de violencia gratuita? Si hubiéramos sido seguidores de Jesús en aquel momento, habríamos salido corriendo, desesperados, preguntándonos: "¿Cuál es el propósito de todo esto? ¿Por qué ha tenido que morir?". Quizá habríamos llegado a la conclusión de que la Cruz había servido, al menos, para desenmascarar el mal que hay en el corazón del hombre. Pero el mal había vencido. ¿Cómo íbamos a decir lo contrario?

Recordemos las palabras de José en Génesis 50:20: "Vosotros pensasteis hacerme mal, pero Dios lo tornó en bien para que sucediera como vemos hoy, y se preservara la vida de mucha gente". Los hermanos de José le habían abandonado para que muriese. Pero Dios le guardó para que llegara a ser alguien importante para el avance de los propósitos de Dios para su pueblo escogido. La Cruz, que fue pensada para hacer el mal, fue, en los planes del Dios que conoce de antemano, el medio para redimir a la Humanidad perdida. Si Dios puede hacer que la crucifixión de su Hijo sirva para bien, podrá hacer lo mismo con cualquier desgracia que recaiga sobre sus hijos.

J.I. Packer explica muy bien cuáles son las implicaciones de la Cruz.

Como creyentes, encontramos en la cruz de Cristo la seguridad de que Dios nos ama a cada uno de nosotros, de forma individual; el Hijo de Dios... me ama y se entregó por mí. Porque sabemos que esto es verdad, podemos aplicarnos la promesa de que todas las cosas ayudan para bien para los que aman a Dios y han sido llamados conforme a su propósito. No solo algunas cosas, sino ¡todas las cosas! Cada una de las cosas que nos ocurren es una expresión del amor de Dios por nosotros. Dios nos ama, con un amor santo y omnipotente, y nos ama en todo momento. Incluso cuando no podemos entender el porqué de las cosas, sabemos que los planes de Dios están marcados por su amor a nosotros. Por eso podemos regocijarnos aún cuando, desde nuestra perspectiva, las cosas van mal. Sabemos que cuando podamos ver la historia de nuestra vida al completo, podremos decir como el himno: "la Gracia me guardó de principio a fin, en ningún momento me dejó".[5]

Estudio de la Lectura

1. ¿Por qué la promesa de que "Dios usa todas las cosas para bien" se ha usado mal con tanta frecuencia?

2. ¿Por qué esa promesa solo es para "los que aman a Dios" y los que "han sido llamados conforme a su propósito"?

3. ¿Cómo podemos relacionar la afirmación de que Dios es bueno con la tragedia que le aconteció a Gerry?

---

5 J.I. Packer, *Conociendo a Dios* (Viladecavalls, Barcelona: CLIE, 1985), 154.

4. Cuéntanos un momento de tu vida que en su momento no entendiste, pero que ahora ya ves con más perspectiva

– un desvío que se convirtió en una autopista despejada

– el paso del tiempo me permite ver ventajas que antes no había visto

– el paso del tiempo me permite ver el propósito más amplio

5. ¿Qué quiere decir que el versículo 28 descansa en el fundamento de los versículos 29 y 30?

6. ¿Qué consuelo encuentras en la cita final de J.I. Packer?

7. ¿Qué preguntas tienes sobre la lectura?

8. ¿La lectura te ha mostrado algún pecado? ¿Te reta? ¿Te consuela? Explica por qué.

Lectura recomendada
Lewis, C.S. "Las tres partes de la moral" y "Las 'virtudes cardinales'", en *Mero Cristianismo*, (Madrid: Ediciones RIALP, 2001, 3ª ed.).

¿Cómo vamos?

Revisión del pacto

Cuando uno ha hecho un pacto, es importante revisarlo periódicamente, ver si se han ido cumpliendo las obligaciones, y renovar el compromiso. Como puede pasar en cualquier relación, podemos descuidarnos e ir abandonando los elementos que hacen que una relación funcione. Las siguientes preguntas te ayudarán a recordar el pacto que un día hiciste y a comprometerte de nuevo y poner todo de tu parte para que tú y tus compañeros podáis lograr los objetivos que os pusisteis.

1. Revisa los compromisos que tomaste al iniciar este discipulado. En la escala del 1 al 5, evalúa cómo has cumplido con cada uno de los cinco elementos del pacto. Comparte con tus compañeros la puntuación que te has puesto, y explica el porqué.

2. Si miras atrás, ¿de qué forma te ha ayudado este discipulado a crecer en Cristo?

3. ¿Ha habido decepciones o expectativas no cumplidas? ¿Cuáles? ¿Cómo puedes superarlas?

4. ¿Te gustaría hacer algún cambio en cuanto a los compromisos que adquiriste al iniciar el discipulado? ¿Cuáles?

5. ¿A que te tendrías que comprometer para poder ser fiel al pacto que hiciste?

17/ El amor

VERSÍCULO PARA MEMORIZAR: Juan 13:34-35
ESTUDIO BÍBLICO: Juan 17:20-26
LECTURA: La gente de la vasija y la toalla

 Enseñanza principal

¿De qué forma sabrá la gente no creyente que somos seguidores de Jesucristo?

El amor sacrificial que Jesús mostró muriendo de forma voluntaria en la cruz tiene que caracterizar la forma en la que los cristianos se relacionan entre ellos. Ese amor es tan diferente a lo que se respira en este mundo que llamará la atención de los no creyentes.

1. Identifica palabras clave o expresiones clave en la pregunta y la respuesta, y explica en tus propias palabras lo que significa.

2. Reescribe esta verdad con tus propias palabras.

3. ¿Qué preguntas o temas te vienen a la mente al pensar en esta verdad?

 **Estudio del versículo para memorizar**

En esta lección tocaremos dos textos que forman parte de las últimas palabras que Jesús dirigió a sus discípulos en el aposento alto. Los versículos para memorizar se centran en un amor que se demuestra a través del servicio. El segundo pasaje, que veremos en el apartado del Estudio Bíblico Inductivo, es el llamamiento que Cristo hace a la unidad. Parece ser que el amor y la unidad son inseparables.

1. *Veamos el contexto:* Jesús pronuncia el mandamiento de amarnos los unos a los otros en la última cena con sus discípulos. ¿Por qué este mandamiento aparece entre las escenas en las que Jesús lava los pies a sus discípulos y en la que predice la traición de Judas (Juan 13:1-35)?

2. Los versículos para memorizar son *Juan 13:34-35*. Cópialos en este espacio.

3. Jesús pronuncia su mandato: "como yo os he amado, que también os améis unos a otros". ¿Qué indica la palabra "como"?

4. ¿Por qué el amor es la señal que mostrará al mundo que somos discípulos de Jesús?

5. ¿Qué ve la gente cuando observa cómo te relacionas con tus amigos cristianos?

6. ¿Qué te han enseñando estos versículos esta semana?

Estudio Bíblico Inductivo

El amor es la señal que le dice al mundo que somos seguidores de Jesús, mientras que la unidad es la señal de que Jesús fue enviado por el Padre. El amor y la unidad son lo que Francis Schaeffer llamó "la apologética definitiva". La verdadera defensa de nuestra fe no está en las explicaciones y argumentaciones, sino en nuestra conducta.

1. *Lee Juan 17:20-26*. Al orar por nosotros, ¿qué es lo que Jesús le pide al Padre (v. 20-21)?

2. ¿En qué se basa nuestra unidad (v. 21-23)?

3. ¿Qué lograremos demostrar con esa unidad (v. 23)? ¿Por qué?

4. ¿Cuáles crees que son las actitudes y los valores que caracterizan a la unidad?

5. ¿Qué cosas dividen a los creyentes?

6. ¿Tienes alguna relación en la que hay necesidad de reconciliación?

7. ¿Qué implicaciones tiene para ti la enseñanza de este pasaje?

8. ¿Qué versículo o versículos te han impactado de forma especial? Escribe los versículos clave con tus propias palabras.

 **Lectura: La gente de la vasija y la toalla**

¿Cuál es la característica principal de un cristiano? ¿Llevar un pez en la parte de detrás del coche? ¿Una cruz al cuello? ¿Saber de teología?

¡Qué error, pensar que eso son muestras de la autenticidad de nuestra fe! Jesús nos habló claramente de lo que nos debía definir como cristianos. Él puso una cualidad por encima de las demás, y ésta es el amor: "En esto conocerán todos que sois mis discípulos, si os tenéis amor los unos por los otros" (Juan 13:35).

Pero, ¿cómo ha de ser ese amor? Jesús quería dejarles a sus discípulos una imagen visual de lo que significaba amarse los unos a los otros, una imagen que no olvidasen jamás. Y lo que hizo fue lavarles los pies para dejarles un ejemplo de servicio.

La seguridad del Siervo

Juan 13 es el comienzo de lo que se ha llamado el discurso del aposento alto (Juan 13-17), momento climático de la vida de Jesús. Juan nos hace saber que Jesús es plenamente consciente de la importancia de ese momento. Hay tres momentos en los que esto se ve de forma muy clara.

1. Jesús sabía que había llegado la hora de marchar de este mundo para ir al Padre. Una expresión que se repite con bastante frecuencia en el Evangelio de Juan es "su hora aún no había llegado". Jesús actuaba consciente de que seguía una agenda previamente establecida. Jesús era un hombre que había nacido para morir. En una ocasión los hermanos de Jesús quisieron que fuera a Jerusalén para hacerse famoso, pero él les respondió: "Aún mi tiempo no se ha cumplido" (Juan 7:8); porque era en Jerusalén donde le esperaba la cita con la muerte. En otra ocasión los líderes religiosos quisieron arrestarle porque según ellos había dicho una blasfemia, pero Juan dice: "Pero nadie le echó mano porque todavía no había llegado su hora" (Juan 7:30). Pero en Juan 13, "su hora había llegado".

2. Satanás mueve ficha. Si esto fuera una partida de ajedrez cósmica, Satanás estaría a punto de hacer un jaque mate. Solo le queda un peón, y le toca mover. "Y durante la cena, como ya el diablo había puesto en el corazón de Judas Iscariote, hijo de Simón, el que entregara [a Jesús]..." (Juan 13:2). Jesús sabe que en unas horas uno de sus seguidores le traicionará, dándole un beso como señal para que sus enemigos lo arrestasen.

3. A pesar de la traición y la muerte inminentes, Jesús es plenamente consciente de quién es. Él está al mando. Podría parecer que todo se le está escapando de las manos, que no tiene el control de la situación. Las fuerzas de Satanás se están acercando desde el horizonte como una gran nube de polvo. Pero Jesús ya ha hecho jaque mate. "Jesús, *sabiendo* que el Padre había puesto todas las cosas *en sus manos*, y que de Dios había salido y a Dios volvía..." (Juan 13:3). Jesús sabía de dónde había venido, y a dónde iba.

Jesús les lava los pies a sus discípulos
Jesús, sabiendo que su valor estaba en su relación con el Padre, pudo asumir un papel humilde: "Se levantó de la cena y se quitó su manto, y tomando una toalla se la ciñó. Luego echó agua en una vasija, y empezó a lavar los pies de los discípulos y a secárselos con la toalla que tenía ceñida" (Juan 13:4-5).

Ninguno de los discípulos tuvo la humildad ni el valor de desempeñar una función que tocaba hacer a los siervos. El Evangelio de Lucas nos cuenta que empezaron la cena discutiendo sobre quién era el mayor de ellos. En la cultura judía, lavar los pies de los invitados era una tarea denigrante, y formaba parte de las tareas que un sirviente judío no debía realizar; era una labor reservada para los sirvientes gentiles, para las mujeres y para los niños.

Cuando le llega el turno a Pedro, éste se opone a que su maestro le lave los pies, y farfulla indignado: "Señor, ¿tú, lavarme a mí los pies?" (Juan 13:6). Jesús le dice que aunque ahora no entienda lo que está haciendo, ya lo entenderá más adelante, pero Pedro no le escucha, y sigue en sus trece: "¡No, jamás me lavarás los pies!" (Juan 13:8).

La reacción de Pedro
¿Qué le pasa a Pedro? ¿Por qué se resiste de esa forma?

La acción de Jesús violaba por completo la forma en la que Pedro entendía el valor de las cosas. El menor sirve al mayor; así son las cosas. Pedro acaba de discutir con sus amigos sobre quién ocuparía la mejor posición cuando Jesús se sentase en su trono. ¿Quién iba a ocupar el asiento más cercano a la gloria y al poder? Y ahora, para su sorpresa, el mayor está actuando como el menor. A Pedro se le han roto todos los esquemas. No entiende nada.

En segundo lugar, ser servido por su Señor era como darle una bofetada al orgullo y a la autosuficiencia de Pedro. Cuando uno recibe, se está poniendo en una posición de vulnerabilidad. El hombre quiere estar al mando, tenerlo todo bajo control. Es mucho más fácil dar de forma condescendiente a alguien que tiene necesidad. Nos sentimos importantes cuando hemos sido de ayuda a los demás. Nos encanta escuchar cosas como: "No podría haber salido de ésta si no hubiera sido por ti". Somos adictos a la necesidad de sentir que somos necesarios. Pero estar en la posición del que necesita ayuda demuestra una debilidad contraria a nuestro afán de autocontrol.

El arzobispo William Temple dijo: "La humildad del hombre no empieza por el servicio; empieza por la disposición a ser servido". Antes de poder estar en disposición de dar, Pedro tiene que aprender a recibir.

Quizá la tercera razón por la que Pedro se resistió fuera ver que Jesús bajaba del pedestal en el que le había puesto y se iba a ensuciar las manos con asuntos de la vida real y cotidiana. Muchas veces queremos mantener a Jesús en el lugar que se merece, cuidado y bien atendido, y reservarlo para los momentos religiosos. No queremos un Jesús que se ensucie y que se debata con las dificultades de la vida real.

George MacLeod lo expresó de forma clara: "Estoy intentado recordar a la gente que Jesús no fue crucificado en una catedral entre dos velas, sino en una cruz entre dos ladrones; en el vertedero de la ciudad ... un lugar donde los cínicos atacan con sus palabras, donde los ladrones maldicen todo lo que se mueve, y donde los soldados se rifan las pertenencias del que está sufriendo. Y quiero que la gente lo recuerde porque ese es el lugar en que Jesús murió. Y por eso murió. Y ese es el lugar donde los creyentes deberían estar".[1]

Lecciones del acto humilde de Jesús

Jesús explica el significado de lo que acaba de hacer. Les habla del significado profundo de este símbolo, y de la importancia de su ejemplo de humildad.

Ese acto apunta a la Cruz. Al realizar ese acto de humildad Jesús estaba apuntando a su muerte en la cruz. Al tomar la posición de un sirviente que lava los pies de los invitados, Jesús mostró la degradación que iba a caracterizar la muerte que le esperaba. Las palabras tajantes de Jesús por fin logran captar la atención de Pedro: "Si no te lavo, no tienes parte conmigo" (Juan 13:8). Jesús insiste en que él es quien tiene que lavarle. Los pies sucios son un símbolo de la necesidad que tenemos de

---

1 George MacLeod, *Only One Way Left* (Glasgow: Iona, 1956), p. 33.

que Jesús muera en la cruz para limpiarnos de forma completa. La imagen del bautismo se une a la imagen de la cruz. En las aguas del bautismo Jesús lava nuestros pecados, y eso solo es posible porque el derramamiento de la sangre de Cristo es la forma que Dios ha provisto para la limpieza de nuestra culpa y de nuestro pecado.

Pedro, fiel a su carácter fogoso, vuelve a reaccionar de forma extrema: "Señor, entonces no solo los pies, sino también las manos y la cabeza" (Juan 13:9). Jesús simplemente le contesta: "Pedro, si no se trata de lavarte los pies, las manos, o todo el cuerpo. Yo he venido para lavarte de una forma más profunda, para lavarte de la culpa. Yo soy el único que lo puede hacer".

Jesús es el modelo del amor servicial. Después de que Jesús se arrodillara ante cada uno de los discípulos, incluso de Judas, dejó aquella posición humilde, se sentó a la mesa, y volvió a tomar el papel de maestro. Les lanzó a los discípulos una pregunta, que Él mismo respondió: "¿Sabéis lo que os he hecho? Vosotros me llamáis Maestro y Señor; y tenéis razón, porque lo soy. Pues si yo, el Señor y el Maestro, os lavé los pies, vosotros también debéis lavaros los pies unos a otros" (Juan 13:12-15).

¿De qué forma se materializa este amor servicial? Mary Rutan cuenta que conoció a un siervo que puso en práctica lo que Jesús enseñó. Su iglesia en Alaska iba a hospedar a un grupo de misioneros, alojándolos con varias familias de la congregación. Pero justo antes de que llegara su invitado, toda la familia enfermó. Antes de que pudieran organizar una alternativa para su invitado, alguien llamó a la puerta. El marido de Mary consiguió levantarse para ir a abrir, y le explicó al visitante la situación, sugiriéndole que sería mejor que se hospedara en algún otro lugar. El hombre le miró con cara de preocupación, y lo que le preocupaba no era precisamente su alojamiento. Entonces, con voz firme dijo: "¡Oh no! ¡Vosotros necesitáis que me quede!". Para sorpresa del marido de Mary, aquel hombre entró, dejó sus maletas, se quitó el abrigo, se arremangó, y se puso a fregar los platos. Mary dijo que había oído muchas predicaciones sobre el servicio, pero ninguna tan elocuente como aquellas siete palabras: "¡Oh no! ¡Vosotros necesitáis que me quede!". Hasta que Mary y su familia estuvieron mejor, aquel misionero no dejaba de buscar formas en las que ser útil. Un siervo no espera que le digan qué debe hacer, sino que observa con ojos atentos buscando oportunidades para cubrir las necesidades que hay a su alrededor.

Un siervo se preocupa más de las necesidades de los demás que de las suyas propias. Hay una historia que ilustra esto muy bien:

"Había dos hermanos que tenían un campo y un molino. Cada noche repartían entre sí de forma igual el grano que habían molido durante el día. Uno de ellos vivía solo; el otro estaba casado y tenía una gran familia. El que estaba soltero pensaba para sí mismo: 'No es justo que repartamos el grano en partes iguales. Yo solo tengo que cuidar de mí mismo, pero mi hermano tiene que dar de comer a su mujer e hijos'. Así que en secreto, cada noche llevaba parte de su grano al granero de su hermano, para que nunca les faltara. Pero el hermano que estaba casado se decía a sí mismo: 'No es justo que repartamos el grano en partes iguales, porque yo tengo hijos que trabajarán y cuidarán de mí cuando yo sea mayor. Pero, ¿qué hará mi hermano cuando sea mayor?'. Así que en secreto, cada noche llevaba parte de su grano al granero de su hermano. Como resultado, cada mañana los dos veían que el grano de su granero había aumentado de forma misteriosa".[2]

En esta historia vemos que los dos hermanos querían que las necesidades del otro estuvieran cubiertas, y vemos también que el servicio mutuo hace que las necesidades de ambas partes estén cubiertas. He observado, especialmente en el matrimonio, que preocuparse tan solo de las necesidades propias es destructivo. Es fácil hacerse la víctima y pensar: "Mis necesidades no están siendo cubiertas. Estoy poniendo más esfuerzo en la relación que ella". Pero ese pensamiento nos adentra en una calle sin salida, porque con frecuencia distorsionamos la verdad y pretendemos ser mejores de lo que realmente somos.

El servicio implica sacrificio. Ser siervo significa morir a uno mismo. Eso es algo en contra de nuestra naturaleza, pues requiere que pensemos en los demás. Los discípulos no tenían una mentalidad de servicio porque estaban demasiado ocupados cuidando de sí mismos. Estaban demasiado ocupados viendo cómo podían tener una buena posición en el reino. En nuestra sociedad, el valor más importante es tener una buena imagen y sentirse bien. Robert Bellah dice en su estudio titulado *Habits of the Heart* que hoy en día somos alérgicos a conceptos como *el sacrificio* y *la negación a uno mismo*. "Dado que la única medida para analizar si algo es bueno es aquello que es bueno para uno mismo, lo que sea una carga para mí no puede formar parte del amor". Después de entrevistar a muchas personas, concluye: "A la gente le costaba explicar

---

2 *Christian Century*, 16 de diciembre, 1981.

por qué acercarse a los demás podía suponer un riesgo: riesgo a experimentar el dolor, a la pérdida, o a tener que sacrificarse".[3]

En el sentido bíblico, cualquier acción que aspire a ser un acto de servicio implicará algo de sacrificio por parte del que sirve. Éste tendrá que estar dispuesto a actuar sin esperar nada a cambio: por ejemplo, limpiar después de una actividad; pasar una noche en un centro de indigentes; interrumpir su rutina cómoda o los planes que había hecho para cubrir la necesidad de alguien; cambiar el estilo de vida para que otros puedan tener más recursos; no esperar que los demás presten atención a las buenas acciones que ha realizado, etc. Dicho de otro modo, el siervo es alguien que se centra en los demás, y no en uno mismo.

Después de lavarles los pies a sus discípulos, Jesús llega a la parte más importante de su discurso: "Un mandamiento nuevo os doy: que os améis los unos a los otros; que como yo os he amado, así también os améis los unos a los otros" (Juan 13:34). Y a continuación hace una sorprendente declaración: "En esto conocerán todos que sois mis discípulos, si os tenéis amor los unos por los otros" (v. 35). Es como si Jesús se volviera, dejando un momento a sus discípulos, para dirigirse a un auditorio imaginario compuesto por gente no creyente. Jesús le está diciendo a la gente que aún no le sigue: "Os doy el derecho de juzgar si estos son mis discípulos, y lo que os servirá de señal es si hay entre ellos un amor visible". Si la gente no creyente nos dice: "¿Por qué iba a creer en el amor de tu Dios? ¡Mira cómo os tratáis entre vosotros!", recordemos que Jesús les dio el derecho de decírnoslo. El filósofo alemán Friedrich Nietzsche retó a la Iglesia diciéndole: "Si queréis que crea en vuestro redentor, tenéis que vivir de forma que se vea que habéis sido redimidos".

Estudio de la Lectura

1. ¿Por qué Juan introduce como telón de fondo de este episodio el hecho de que Jesús era consciente de quién era y de lo que tenía que ocurrir?

---

3 Robert Bellah, et al., *Habits of the Heart* (New York: Harper & Row, 1985), p. 109.

2. Si tú hubieras estado ahí cuando Jesús les lavó los pies a sus discípulos, ¿cómo crees que habrías reaccionado?

3. ¿Por qué decimos que la acción de Jesús en Juan 13 apunta a su muerte en la cruz?

4. El amor servicial implica tres cosas. Explica cada una de ellas.

a. ojos atentos

b. centrarse en las necesidades de los demás, por encima de las propias

c. sacrificio

5. ¿En qué área necesitas que Dios te ayude para poder amar de una forma servicial?

6. ¿Qué preguntas tienes sobre la lectura?

7. ¿La lectura te ha mostrado algún pecado? ¿Te reta? ¿Te consuela? Explica por qué.

Lectura recomendada:
John R. W. Stott, *Cristianismo básico*, capítulos 9, 10 y 11 "El costo", "La decisión", "Ser cristiano", Ediciones Certeza, USA, 1977

18/ La justicia

VERSÍCULO PARA MEMORIZAR: Isaías 58:6-7
ESTUDIO BÍBLICO: Mateo 25:31-46
LECTURA: Dios ama a los pobres

 Enseñanza principal

¿De qué forma podemos amar o sacrificarnos por aquellos a quienes el mundo trata mal?

Cuando el amor se cruza en el camino de vidas rotas, los discípulos de Cristo estamos llamados a defender la justicia. La justicia bíblica significa liberar a la gente de la opresión, identificándose con la causa de los pobres y cubriendo las necesidades de los desfavorecidos.

1. Identifica palabras clave o expresiones clave en la pregunta y la respuesta, y explica en tus propias palabras lo que significa.

2. Reescribe esta verdad con tus propias palabras.

3. ¿Qué preguntas o temas te vienen a la mente al pensar en esta verdad?

 **Estudio del versículo para memorizar**

1. *Veamos el contexto:* En Isaías 58:1-12 Dios llama a su pueblo a que se arrepienta y a que lo haga a través del ayuno verdadero. Según los versículos 1-5, ¿de qué forma habían corrompido la práctica del ayuno?

Según los versículos 8-12, ¿cuáles son las promesas que Dios les hace si practican el verdadero ayuno?

2. Los versículos para memorizar son *Isaías 58:6-7.* Cópialos en este espacio.

3. ¿Cuál es la evidencia del ayuno verdadero?

4. ¿Qué elementos comunes observas en los actos de ayuno verdadero? (¿Qué espera Dios de nosotros?)

5. ¿Qué nos dicen estos versículos sobre el carácter de Dios?

6. ¿Qué te han enseñando estos versículos esta semana?

🔍 Estudio Bíblico Inductivo

En las Escrituras hay una sana tensión entre las obras hechas para salvación y las obras hechas como evidencia de la salvación. Está claro que no podemos ganar por nuestros propios méritos el derecho a presentarnos ante un Dios santo y perfecto. No obstante, también está claro que si no mostramos evidencias mediante actos de compasión de que tenemos un corazón cambiado, cualquiera podrá cuestionar nuestra salvación. En el siguiente pasaje Jesús no está diciendo que hemos de ganarnos la salvación, pero sí dice que seremos juzgados por esas obras que reflejan que tenemos una relación estrecha con Aquel que transforma vidas.

1. *Lee Mateo 25:31-46.* ¿Quién es el Hijo del Hombre, y cuál es el contexto en el que aparecerá?

2. ¿Por qué las ovejas sí entrarán en el Reino?

3. Piensa en las personas con las que Jesús se identifica, y ora por ellas: los hambrientos, los sedientos, los extranjeros, los desnudos, los enfermos, los prisioneros. ¿Hay personas así en tu comunidad?

4. ¿Cuál es la relación de Jesús con los oprimidos?

5. ¿Por qué los cabritos no podrán entrar en el reino?

¿Cuál es su destino?

6. ¿Te perturba o molesta el mensaje de este pasaje? Explica tu respuesta.

7. ¿Qué implicaciones tiene para ti la enseñanza de este pasaje?

8. ¿Qué versículo o versículos te han impactado de forma especial? Escribe los versículos clave con tus propias palabras.

 **Lectura: Dios ama a los pobres**

El tema económico es uno de los más tratados en las Escrituras. Si miramos la totalidad de los versículos, el único tema que le gana es el de la idolatría. Solo en el Nuevo Testamento hay quinientos versículos, uno de cada dieciséis, que trata cuestiones materiales. Y si miramos los Evangelios Sinópticos (Mateo, Marcos y Lucas), el porcentaje asciende, y encontramos que uno de cada diez versículos habla de las riquezas y la pobreza. Si solo nos fijáramos en el Evangelio de Lucas, que se centra más en las implicaciones físicas del reino de Jesús, el porcentaje es un versículo de cada siete.

Entender la perspectiva bíblica sobre la pobreza y el uso de los recursos materiales es una parte muy importante del discipulado. Después de todo, Jesús dijo: "Porque donde esté tu tesoro, allí estará también tu corazón" (Mateo 6:21).

¿Quiénes son los pobres?

¿Quiénes son los pobres? ¿Y por qué hay pobres? En la Biblia podemos encontrar cuatro categorías de pobres.

1. Pobres por elección personal y amor a la justicia. Algunos tienen el don espiritual de desprenderse de lo superfluo y de vivir con los bienes indispensables. Eligen vivir totalmente entregados a Cristo identificándose con los pobres. El apóstol Pablo en el capítulo del amor habla de aquellos que "dan todos sus bienes para dar de comer a los pobres" (1ª Corintios 13:3). Por ejemplo, los que entran en una orden de la Iglesia Católicorromana hacen el voto de pobreza, como bien ilustra la vida de la Madre Teresa de Calcuta, quien se identificó con los destituidos, los enfermos y los moribundos.

2. Pobres a consecuencia de una catástrofe. En ocasiones un desastre natural puede llevarse todas las posesiones materiales y los medios de supervivencia. El ejemplo bíblico más obvio es el de Job, un hombre que había sido bendecido por Dios con siete mil ovejas, tres mil camellos, y una familia de siete hijos y tres hijas. Este hombre era "el más grande de todos los hijos de Oriente" (Job 1:3). Y de repente, todo lo que tenía, le fue quitado.

3. Pobres a consecuencia del pecado o de la pereza. La conducta pecaminosa, como la borrachera, puede costarle a uno el puesto de trabajo, o la salud de las relaciones. Otros son pobres porque no son trabajadores. Pablo se enfada con los tesalonicenses que "andan desordenadamente, sin trabajar" (2ª Tesalonicenses 3:11). Y a éstos, les dice: "Si alguno no quiere trabajar, que tampoco coma". Y a los creyentes fieles les dice: "A tales personas les ordenamos y exhortamos en el Señor Jesucristo, que trabajando tranquilamente, coman su propio pan" (v. 10-12).

4. *Pobres a consecuencia de la opresión ejercida por los poderosos.* La injusticia es la causa más importante de la pobreza. La mayoría de la gente pobre en el mundo es pobre porque está bajo la explotación de los que manipulan la política y la economía. La Biblia expresa una gran preocupación por este grupo de gente, a los que se refiere con términos como *necesitados*, *pobres*, *oprimidos*, *viudas*, *huérfanos* y *forasteros* (o *extranjeros*). El punto en común de estos grupos es que sufren constantemente la violación de sus derechos. Son débiles, no pueden defenderse, y por eso es fácil abusar de ellos. Los poderosos los acechan como a una presa fácil, y los explotan.

Justicia bíblica
En la Biblia, en muchas ocasiones se equipara a los necesitados con los "inocentes" y los "justos". Por ejemplo, en Amós 5:12 tenemos una construcción paralela que intercala el uso del término justos y pobres: "*Oprimís al justo*, aceptáis soborno y *rechazáis* a los *pobres* en la puerta [o 'en los tribunales']" (la cursiva es mía).

El justo en un litigio es el inocente, aquel al que la justicia debería favorecer. Hay una diferencia muy grande entre la justicia bíblica y la justicia tal como la ve nuestra sociedad. En nuestra cultura, el símbolo de la justicia es una mujer con los ojos vendados, indicando que la justicia es ciega. El juez justo es objetivo, es decir, sin ningún tipo de sesgo, decide qué es justo, y lo hace de forma racional y ante una ley impersonal. Por otro lado, el papel del juez y de la justicia en Israel era proteger al pobre de las zarpas del rico y del poderoso. La mala fama de los poderosos era tanta, que en muchas ocasiones en los tribunales se hacía un fallo colectivo a favor de los pobres, declarándoles inocentes. La ley en Éxodo 23:6-8 dice: "No pervertirás el derecho de tu hermano menesteroso [o 'pobre'] en su pleito. Aléjate de acusación falsa, y no mates al *inocente* ni al *justo*, porque yo no absolveré al culpable. Y no aceptarás soborno, porque el soborno ciega aún al de vista clara y pervierte las palabras del *justo*" (la cursiva es mía).

Al profeta Amós le preocupa la subversión del sistema judicial: "Ellos odian en la puerta [o 'en el tribunal'] al que reprende, y aborrecen al que habla con integridad" (Amós 5:10). El tribunal era un recinto dentro de los muros de la ciudad donde los ancianos se reunían para tomar decisiones, siguiendo la ley, en cuanto a la vida y las propiedades de los ciudadanos. La toma de decisiones justas era la base de un orden justo bajo el gobierno de Dios. Pero los ricos y los poderosos se habían hecho con los tribunales, y usaban la justicia para beneficiarse y enriquecerse aún más.

En Amós encontramos una marcada desigualdad entre los ricos y los pobres. "Por tanto, ya que imponéis fuertes impuestos sobre el pobre, y exigís de él tributo del grano, las casas de piedra labrada que habéis edificado, no las habitaréis; habéis plantado viñas escogidas, pero no beberéis su vino" (Amós 5:11). Los arqueólogos han confirmado esas grandes diferencias sociales y económicas que Amós describe. En los primeros asentamientos judíos en la tierra prometida, se hizo una distribución igualitaria entre las diferentes familias y tribus. Todo el pueblo disfrutaba de un estilo de vida similar. Y lo mismo ocurría ya en el siglo X a.C.; pero tan solo doscientos años después, según los arqueólogos, en algunas áreas había casas grandes y ostentosas, mientras que en otras, había construcciones muy pobres, construidas unas junto a otras. Los pobres de los días de Amós no eran dueños de sus tierras, sino que trabajaban como agricultores arrendatarios para los terratenientes, que les exigían el pago de impuestos en grano en cantidades más allá de lo razonable.

La pobreza que vemos en Amós no es el resultado de la pereza, sino que es consecuencia de una injusta distribución de las riquezas, y de un poder concentrado en las manos de unos pocos. John Perkins, un americano de descendencia africana y natural de Mississippi, cuenta cómo llegó a entender este sistema de desigualdad. En la década de 1940, cuando era tan solo un adolescente, pasó un tiempo lejos de casa, visitando a unos parientes. Decidió ganar algún dinero para comprarle un regalo a su familia, así que empezó a trabajar para un agricultor blanco. Cada día, después de las doce horas de trabajo, recibía su jornal: quince centavos. Aquel agricultor era el dueño del arado, de la tierra, y de todos los medios de producción. John solo tenía el trabajo realizado. Además, se había enterado de que al último hombre negro que se había enfrentado al agricultor lo habían encadenado a la parte trasera de un coche y lo habían arrastrado por toda la ciudad un sábado por la tarde. Aprendió lo que la Biblia enseña: la explotación y la opresión son las primeras causas de la pobreza".[1]

---

1 John Perkins, *Let Justice Roll Down* (Ventura, Calif.: Regal, 1976), p. 47-48.

La actitud de Dios hacia los pobres

¿Cuál es la actitud de Dios hacia los pobres? El teólogo Karl Barth lo resumió de forma provocadora: "Dios no es neutral cuando se trata de posicionarse a favor de los pobres o a favor de los ricos. El rico puede cuidarse de su futuro; Él está de parte del pobre... Por tanto, la Biblia está de parte del pobre y del destituido. Aquel a quien la Biblia llama Dios está de parte del pobre".[2]

La compasión de Dios se evidencia en que oye el clamor de los pobres y los libra de la opresión. La nación de Israel se formó a partir de un pueblo en esclavitud. Durante cuatrocientos años el pueblo hebreo trabajó bajo el látigo de la tiranía económica de los señores egipcios. Clamaban a Dios a la vez que se dejaban las espaldas bajo el peso que les hacían cargar. Las Escrituras recogen cuál es la actitud de Dios ante el dolor de su pueblo: "Ciertamente he visto la aflicción de mi pueblo que está en Egipto, y he escuchado su clamor a causa de sus capataces, pues soy consciente de sus sufrimientos. Y he descendido para librarlos de la mano de los egipcios" (Éxodo 3:7-8). Dios escoge a un pueblo que conoce las cadenas de la opresión. Después del éxodo, Dios le ordenó a este pueblo que nunca diera la espalda a los destituidos, a los débiles y a las viudas, porque ése había sido su origen. "Al extranjero no maltratarás ni oprimirás, porque extranjeros fuisteis vosotros en la tierra de Egipto" (Éxodo 22:21). Y si Israel trata al indefenso como Egipto trató a los hebreos, Dios escuchará a los indefensos, pues su oído está atento a los oprimidos. "Porque soy clemente", dice el Señor (Éxodo 22:27).

Dios muestra que está de parte del pobre cuando hace justicia para redimir al oprimido y destruye al opresor. Cuando las Escrituras aplican la justicia de Dios al pobre y al necesitado, vemos que Dios tiene misericordia del desvalido y no se apiada del poderoso.

> Oh Dios, da tus juicios al rey,
> y tu justicia al hijo del rey.
> Juzgue él a tu pueblo con justicia, y a tus afligidos con equidad...
> Haga él justicia a los afligidos del pueblo, y aplaste al opresor.
> (Salmo 72:1-2, 4).

2 Karl Barth, "The Call to Discipleship", en *Church Dogmatics* (Edinburgh: T & T Clark, 1969), 4:543-55.

Dios es el abogado defensor de los pobres. Dios será el portavoz de los pobres si no hay nadie más que lo haga. Él llevará su caso y buscará que se le haga justicia. Si nadie oye el clamor del pobre, Dios le oirá. Dios alzó voces proféticas como la de Amós, Isaías y Miqueas para dejar claro que Él no es un simple espectador, que no es un observador distante.

Si hacer justicia a los pobres supone mostrar misericordia y redimirlos, hacer justicia a los poderosos supondrá juzgarles y castigarles. En el breve periodo en el que Amós profetizó (en el año 760 a.C.), denunció tres pecados: los ricos explotaban económicamente a los pobres; acumulaban riquezas para sí mismos, indiferentes ante la grave situación de los demás; y el sistema judicial ya no servía para proteger a los débiles, pues los poderosos lo habían convertido en un arma para su beneficio. Sin embargo, el pueblo de Israel continuaba yendo al templo para adorar y ofrecer sacrificios por los pecados. Amós dice de forma clara que Dios no aceptará una adoración que no va acompañada de justicia: "Aborrezco, desprecio vuestras fiestas; tampoco me agradan vuestras fiestas solemnes" (Amós 5:21). La adoración que no lleva a la rectitud, definida aquí como una preocupación por los pobres, es para Dios un hedor abominable. Ante algo así, Dios dice que ya tiene bastante, que no aguanta los *shows* religiosos. "Pero corra el juicio como las aguas y la justicia como una corriente inagotable" (Amós 5:24). El Señor dice: Tratad a los pobres con igualdad, tened compasión de los humildes, dad de comer a los hambrientos, vestid a los que están desnudos, y entonces yo recibiré vuestra adoración.

¿Cómo actúa Dios ante los necesitados? Se compadece y reacciona ante su agonía. Y como un abogado defensor defiende su causa y hace justicia redimiéndolos y juzgando a los poderosos.

Nuestra actitud hacia los pobres
Después de analizar la actitud de Dios y de ver qué cosas le importan, vamos a ver cuál debe ser nuestra actitud individual y colectiva hacia los pobres.

En primer lugar, debemos arrepentirnos por el desprecio y la repugnancia que a veces sentimos cuando vemos gente pobre. Tenemos que reconocer que muchas veces creemos que todos los pobres son unos holgazanes y unos ladrones. Tenemos que reconocer que nuestros prejuicios hacia las diferentes clases de pobres, como los inmigrantes ilegales, es una tapadera egoísta para disfrazar que no queremos sacrificar nuestro buen nivel de vida. Debemos recordar que los pobres son pobres a causa del prejuicio racial sistemático, de los regímenes políticos represores y de la explotación económica. La mayoría de nosotros tenemos lo que tenemos solo porque nacimos en el contexto en el que vivimos o porque alguien fue generoso con nosotros.

En segundo lugar, estamos llamados a identificarnos con los pobres y a defenderlos, porque Aquel al que decimos seguir como Señor, así lo hizo. Jesús nació en una provincia pequeña e insignificante del Imperio Romano. Los primeros visitantes que tuvo fueron un grupo de pastores pobres, gente sin ningún tipo de influencia en la sociedad. Sus padres, demasiado pobres para permitirse un cordero para la ofrenda de la purificación, acabaron comprando dos tórtolas. Jesús era un refugiado político; su familia había huido a Egipto, y luego volvieron a Galilea. Como rabí, no recibía nada a cambio de sus enseñanzas y no tenía unos ingresos regulares. Tampoco tenía casa propia, y un día dijo: "Las zorras tienen madrigueras, y las aves del cielo nidos, pero el Hijo del Hombre no tiene dónde recostar la cabeza" (Mateo 8:20). Su identificación con los necesitados era tan grande, que llegó a dirigir a sus seguidores las siguientes palabras: "En cuanto lo hicisteis a uno de estos hermanos míos, aun a los más pequeños, a mí lo hicisteis" (Mateo 25:40).

En tercer lugar, reflexionar sobre la actitud de Dios hacia los pobres nos hará examinar cómo podemos llevar un estilo de vida lleno de compasión. ¿Cómo definiríamos un estilo de vida marcado por la compasión? Conozco a una joven que está en cuarto curso de Medicina que tiene ganas de acabar para irse a vivir con los pobres y servirles. Otros, simplifican su estilo de vida, reducen sus gastos y viven con menos para que otros puedan tener más recursos. Una forma muy práctica de llevar un estilo de vida compasivo y poner un freno a nuestra avaricia es obedecer a Dios dando al menos el diez por ciento de nuestros ingresos para la obra del Señor. ¡Cuántos recursos podrían llegar al mundo de las misiones y a aquellos que viven luchando por sobrevivir!

En cuarto lugar, saber cuál es la actitud de Dios hacia los pobres debería llevarnos a predicarles el Evangelio. Jesús inauguró su ministerio citando un pasaje de Isaías: "El Espíritu del Señor está sobre mí,... para anunciar el Evangelio a los pobres" (Lucas 4:18). A lo largo de la Historia, el Evangelio ha encontrado un mejor recibimiento entre los pobres. ¿Qué nos ocurre normalmente? Incluso John Wesley, que llevó el Evangelio de la iglesia establecida a las calles, era en sus inicios reacio a ir más allá de las formas "ortodoxas" para llevar las buenas nuevas.

En uno de sus diarios leemos: "Por la tarde llegué a Bristol y conocí a Mr. Whitefield. Al principio no podía entender aquella extraña forma de predicar, dejando el lugar de culto y yendo a hablar de las buenas nuevas a los campos; hasta entonces mi sentido de la decencia y el orden había sido tanto, que había llegado a pensar que salvar almas era un pecado si no se hacía en el edificio de la iglesia".[3]

Si miramos el mundo hoy, ¿en qué lugares se está dando un mejor recibimiento al Evangelio? ¿En qué lugares se está extendiendo de forma más rápida? El cristianismo occidental tradicional está en decadencia. En el norte de América la fe se ha privatizado. Europa está muerta espiritualmente. Occidente, acomodado en su bienestar, no tiene poder espiritual. Pero en América Latina, en África y en Asia el Evangelio está creciendo el doble que la población. Pronto el 60 por ciento de los cristianos vivirán en estas tres zonas del mundo. "¿No escogió Dios a los pobres de este mundo para ser ricos en fe?" (Santiago 2:5).

Como parte muy importante de nuestro discipulado, somos llamados a servir a los pobres. Tenemos que preocuparnos por las cosas que preocupaban a Jesús, y estar donde Jesús estaba. Tenemos que arrepentirnos de nuestra indiferencia y desprecio hacia los pobres, identificarnos con ellos y defenderlos, comprometernos a llevar un estilo de vida compasivo, y a usar nuestros recursos financieros y humanos para ayudar a la extensión del Evangelio entre los pobres. Hace unos años, Mark Hatfield, discípulo de Jesús y antiguo senador de Oregón, dijo estas palabras en una oración antes de empezar un desayuno presidencial: "Hoy, estamos aquí sentados como ricos y poderosos, pero te rogamos que nos ayudes a recordar que aquellos que siguen a Cristo se encontrarán con más frecuencia entre las minorías pobres, y no entre la mayoría acomodada".

Estudio de la Lectura

1. ¿Por qué crees que hay tantas partes de la Biblia dedicadas a las cuestiones económicas?

---

3 Garth Lean, *Strangely Warmed: The Amazing Life of John Wesley* (Wheaton, Ill.: Tyndale House, 1964), p. 47.

2. ¿Cuáles son las cuatro causas de la pobreza?

¿Cuál es el énfasis predominante en la Biblia? ¿Te sorprende? Explica tu respuesta.

3. ¿Qué visión de la justicia hay detrás de la ecuación "pobres = justos e inocentes"?

4. ¿Cuál es la actitud de Dios hacia los pobres?

¿Cómo la muestra el Señor?

5. Considera las cuatro sugerencias que damos en cuanto a cuál debería ser nuestra actitud hacia los pobres. ¿Te sientes movido a reaccionar? ¿Cómo?

6. ¿Qué preguntas tienes sobre la lectura?

7. ¿La lectura te ha mostrado algún pecado? ¿Te reta? ¿Te consuela? Explica por qué.

19/ El testimonio

VERSÍCULO PARA MEMORIZAR: Hechos 1:8
ESTUDIO BÍBLICO: Juan 4
LECTURA: Transmitiendo la fe a nuestros amigos

 Enseñanza principal

¿Cómo llegará el mundo a conocer el amor y la justicia de Jesucristo?

Jesucristo ha confiado a sus seguidores el mensaje del Evangelio, que tiene poder de Dios para salvación. La autoridad para compartir las buenas nuevas viene a través del Espíritu Santo, que nos hace testigos. Un testigo es alguien que declara según su experiencia personal la verdad que ha descubierto sobre Cristo.

1. Identifica palabras clave o expresiones clave en la pregunta y la respuesta, y explica en tus propias palabras lo que significa.

2. Reescribe esta verdad con tus propias palabras.

3. ¿Qué preguntas o temas te vienen a la mente al pensar en esta verdad?

 **Estudio del versículo para memorizar**

1. *Veamos el contexto:* Examina el texto de Hechos 1:1-14. ¿Cómo redirige Jesús la mirada de los discípulos para que a partir de ahora se centren en la tarea que tienen por delante?

2. El versículo para memorizar es *Hechos 1:8*. Cópialo en este espacio.

3. ¿Cuál crees que es la naturaleza del poder que recibimos cuando el Espíritu Santo entra a vivir en nosotros?

4. Parece ser que la consecuencia inevitable de que el Espíritu venga a vivir en nosotros es que nos convertimos en testigos. ¿Qué nos enseña eso sobre nuestra motivación ante ese llamamiento?

5. Explica con tus propias palabras lo que significa ser un testigo.

6. Según Jesús, ¿cuál es el alcance de nuestro testimonio?

7. ¿Qué te ha enseñando este versículo esta semana?

🔍 Estudio Bíblico Inductivo

El relato del encuentro de Jesús con la mujer samaritana nos sirve de modelo para saber cómo transmitir nuestra fe. Veamos cómo Jesús despierta el interés de la mujer, con el objetivo último de revelarle su identidad.

1. *Lee Juan 4:1-30.* ¿Qué palabras o expresiones se usan en este pasaje para describir la persona de Cristo?

2. ¿Qué barreras había entre Jesús y la mujer?

¿Cómo las venció Jesús?

3. En la conversación con la mujer, Jesús menciona el agua viva. ¿A qué se refiere (v. 7-15)?

¿Qué está revelando Jesús sobre sí mismo?

4. En la discusión sobre el lugar en el que se debe adorar, Jesús dice: "Los verdaderos adoradores adorarán al Padre en espíritu y en verdad" ¿Por qué introduce Jesús esta verdad en medio de la discusión (v. 20-24)?

5. ¿Por qué tuvo Jesús esta conversación con la mujer?

6. ¿De qué forma le revela Jesús su identidad?

7. ¿Qué podemos aprender sobre el testimonio si observamos a Jesús en este pasaje?

8. ¿Qué implicaciones tiene para ti la enseñanza de este pasaje?

9. ¿Qué versículo o versículos te han impactado de forma especial? Escribe los versículos clave con tus propias palabras.

 **Lectura: Transmitiendo nuestra fe a nuestros amigos**

¿Hay algo que nos produzca más ansiedad que la presión que sentimos al saber que estamos llamados a dar testimonio? Rebecca Pippert explica muy bien cómo nos sentimos cuando nos habla de sus miedos a la hora de evangelizar en su libro *Fuera del salero para servir al mundo*. En aquel tiempo ella luchaba con una visión errónea de la evangelización. Para ella, dar testimonio era "ofender a la gente por amor a Jesús". Tenía la idea de que testificar significaba atrapar a una víctima y forzarla a escuchar de Jesús. Con esta imagen de la evangelización en mente, ella escribe: "Como consecuencia de esta forma de pensar, postergaba cuanto podía el dar testimonio. Cada vez que la culpa se volvía insoportable, me lanzaba sobre algún escéptico desprevenido y lo sometía a un monólogo sin interrupción, para luego desaparecer pensando: ¡Uff, ya está! Es primavera y, con suerte, el sentimiento de culpa no volverá hasta el invierno". Seguro que la siguiente víctima pensaría lo mismo.[1]

Para ser testigos eficaces hemos de reducir nuestros miedos. ¿Cómo podemos hacerlo, para lograr que un gozo natural fluya de nuestras vidas? ¿No estamos convencidos de que tenemos las mejores noticias del mundo? Contra la autenticidad, no hay nada peor que el miedo y la ansiedad. Para que nuestro testimonio sea serio y atractivo, tenemos que vivirlo de forma coherente y de acuerdo con lo que somos. Lo último que quiere la gente es que les convirtamos en un proyecto que tenemos que realizar.

El testimonio más eficaz tiene lugar en el contexto de las relaciones auténticas. Las relaciones que hemos ido construyendo a lo largo del tiempo y que se han convertido en relaciones de confianza nos permiten mostrar lo que Jesús aporta a nuestras vidas No queremos que la presión por evangelizar nos haga llegar al extremo de "vomitar" el Evangelio encima de cualquier víctima con el objeto de acallar durante un tiempo nuestro sentimiento de culpa.

En Juan 1:35-42 encontramos seis principios que nos ayudarán a reducir nuestros miedos, y nos darán una mayor libertad a la hora de dar testimonio en el contexto de las relaciones personales.

---

1 Rebeca Manley Pippert, *Fuera del salero para servir al mundo* (Buenos Aires, Argentina: Ediciones Certeza, 2004), p. 16.

No nos centremos en nosotros. ¡Centrémonos en Dios!
Nuestros miedos se acentúan cuando tememos que lo que podamos decir nos afecte de forma negativa. Si estamos demasiado preocupados de lo que la gente piensa de nosotros, entonces estaremos atados de pies y manos. Debemos dejar que el gozo de Jesús nos libere de esa cadena.

Lo que queremos es ser como Juan el Bautista, a quien no le preocupaba su propia reputación, sino la de Jesús. Lo que impresiona de este gran hombre de Dios es su disposición a que sus propios discípulos siguieran a Jesús. "Al día siguiente Juan estaba otra vez allí con dos de sus discípulos, y vio a Jesús que pasaba, y dijo: 'He ahí el Cordero de Dios'. Y los dos discípulos le oyeron hablar y siguieron a Jesús" (Juan 1:35-37).

Una de las cosas más difíciles es ponernos en segundo lugar, especialmente si estamos en el primer lugar. Juan tenía su grupo de seguidores. Ahora había entrado en escena alguien que le eclipsaba y Juan, con gusto, anima a sus discípulos a seguir a Jesús.

La ausencia de orgullo en Juan es admirable. El orgullo es por naturaleza competitivo. Para el corazón pecaminoso no es natural exaltar a otro y reducir nuestra propia importancia. Parte de nuestro valor deriva de la comparación con los demás: ¿me van las cosas mejor que a los demás? Cuando hay una reunión de pastores, aunque sea de forma inconsciente, todos tienden a comparar cómo van sus iglesias en relación con las otras, especialmente si están creciendo. De forma natural buscamos el reconocimiento. Yo me avergüenzo de mí mismo, pues muchas veces me alimento de los comentarios que me llegan de personas diciéndome lo mucho que les he enseñado. Y aunque muchas veces me encanta destacar el trabajo de los demás por encima del mío propio, aún lucho con el deseo de recibir reconocimiento, sobre todo cuando creo que la gente no se está dando cuenta de todo el trabajo que estoy haciendo.

¡Qué liberador sería no estar pendientes de lo que la gente piensa de nosotros! La humildad reduce nuestros miedos. "La gente humilde no piensa menos de sí misma, sino que piensa menos en ella misma". Jim Elliot definió el testimonio como "un grupo de *donnadies* que intenta exaltar al que es *Alguien*". Thomas Merton expresa muy bien cuál es el resultado de la humildad: "Cuando la humildad libra a una persona de estar atada a sus acciones y su reputación, ésta descubre que el verdadero gozo solamente se encuentra cuando nos olvidamos por completo de nosotros mismos".[2]

---

[2] Thomas Merton, citado en Tim Hanser, *Through the Wilderness of Loneliness* (Elgin, Ill.: David C. Cook, 1991), p. 123.

Nuestro testimonio solo es una influencia más

Los dos discípulos que dejaron a Juan para seguir a Jesús estaban completamente preparados para saber quién era el Cordero de Dios. En ese momento han llegado al final de un largo proceso de preparación, cuyo objetivo era ir abriendo sus mentes y corazones para que, llegado el momento, pudieran tomar esa decisión. Pero en el texto no podemos ver a todas las personas y cosas que el Espíritu usaría a lo largo de ese proceso. Yo he tenido el privilegio de orar con personas que querían recibir a Jesús, y muchas de ellas eran personas a las que apenas conocía. Yo no había hecho nada para que llegaran a ese momento decisivo. A veces me siento como alguien que está con una cesta debajo de un árbol lleno de frutos maduros, esperando a que éstos caigan dentro de la cesta. Pero el hecho es que luego me gozo mucho cuando me hablan de los amigos, familiares o situaciones que les han llevado a lo largo del tiempo hasta el momento de tomar la decisión.

Piensa en la conversión como si fuera un camino que lleva desde el uno al cien. Podemos llegar a la vida de una persona cuando está al principio de ese camino, en el medio, o casi al final, pero es muy probable que nosotros solo seamos cinco de esos cien puntos del camino. Puede que seamos la persona que le ayudará a deshacerse de esos estereotipos negativos que tenía sobre los cristianos. Un miembro de mi iglesia me dijo que su hijo me había hecho el mejor de los cumplidos. Cuando le pregunté qué era lo que aquel chico había dicho, su respuesta fue la siguiente: "Greg no actúa como un pastor". Estaba claro que aquel chico tenía en mente un estereotipo negativo de los líderes de iglesia, y yo le había mostrado que las cosas podían ser diferentes a lo que él pensaba. Todas las personas están en ese proceso, y nosotros las conocemos en algún punto de ese camino.

La ansiedad empieza cuando creemos que tenemos que ser la persona que le ayude a ir del punto uno al cien. Pensamos que tenemos que plantar la semilla, regarla hasta que madure, y segarla. ¡Ni siquiera Pablo aceptó esa presión sobre sí mismo! El apóstol les dijo a los corintios: "Yo planté, Apolos regó, pero Dios ha dado el crecimiento. Así que ni el que planta ni el que riega es algo, sino Dios que da el crecimiento" (1ª Corintios 3:6-7). Simplemente pidámosle a Dios que nos use para ayudar a cada una de las personas que conocemos a dar un paso más en el camino hacia la conversión.

Hagamos preguntas agudas, ¡y escuchemos!
"Jesús se volvió, y viendo que le seguían [los dos discípulos], les dijo: '¿Qué buscáis?'" (Juan 1:38). Jesús era un maestro haciendo preguntas que servían para descubrir el corazón de las personas. Decirle a la gente algo que no espera oír hace que se ponga a la defensiva. Pero las preguntas hechas con compasión son como el caballo de Troya que logró adentrarse en la ciudad. El Espíritu Santo puede usar las preguntas para abrir un corazón y para hacer que alguien tenga ganas de investigar más.

Estoy convencido de que si nuestro testimonio consistiera en escuchar con amor y atender las necesidades de aquellos que nos rodean, habría un sinfín de oportunidades de hablar de Cristo. Si miramos solo la superficie, la gente no parece tener mucha sed espiritual, pero esa sed se esconde justo debajo de la superficie. ¡Si tan solo rascáramos un poco...! En nuestra era secular no está muy bien visto iniciar una conversación lanzando preguntas como "¿Cuál es el sentido de la vida? ¿Qué propósito tiene que estemos aquí? ¿Cómo es el Dios en el que crees?". Pero si escuchamos atentamente las preocupaciones y las dudas de las personas (sobre el trabajo, sobre cómo educar a sus hijos...) estaremos empezando a entrar debajo de la superficie y llegaremos a las cuestiones espirituales. Y entonces nuestro mensaje de esperanza será relevante para esas necesidades que la gente nos ha expresado.

Hay un poema anónimo, "Agua fría, café caliente", que habla de la importancia de escuchar:

> A veces ese vaso de agua fría
> resulta ser una taza de café caliente,
> y lo que se nos pide es
> que la ofrezcamos ... y que escuchemos.
> A veces, los cristianos
> en nuestro entusiasmo
> creemos que lo que se nos pide
> es que salvemos el mundo,
> cuando lo que se nos pide
> es que entremos en él
> y contemos la historia de Dios
> a la gente que necesita
> oír alguna buena noticia.
> Los activistas afanados olvidan
> que el simple hecho de escuchar

es un acto de compasión.
Los discípulos apasionados olvidan
que el simple hecho de escuchar
es un acto de fidelidad.
Los que ofrendan por cumplir olvidan
que el simple hecho de escuchar
es un acto de mayordomía.
Dado que los creyentes
Tenemos la tendencia de afanarnos, apasionarnos
y tener sentimientos de culpabilidad,
quizá deberíamos
leer de nuevo las instrucciones,
sentarnos en torno a una taza de café caliente
y escuchar
en su Nombre.

Retemos a la gente a que investigue sobre Jesús

A la pregunta de Jesús, los dos discípulos respondieron con una pregunta que reflejaba qué era lo que estaban buscando. "Ellos le dijeron: 'Rabí (que traducido quiere decir, Maestro), ¿dónde te hospedas?'. Él les dijo: 'Venid y veréis'. Entonces fueron y vieron dónde se hospedaba; y se quedaron con Él aquel día, porque era como la hora décima" (Juan 1:38-39). Los discípulos no se contentaron con un encuentro casual y una breve conversación con Jesús en medio de la calle, sino que querían pasar un buen rato con él, comprobando si lo que decían de Él era verdad.

Con el tiempo, cualquier búsqueda espiritual genuina debe llevar a investigar la persona de Jesús. Lo que me encanta del Evangelio de Juan es que cada pasaje que estudiamos de este libro nos lleva a hacernos una pregunta: "¿Quién se cree este Jesús?".

Jesús es el destino. El camino y la búsqueda acaban en Jesús, pero para mucha gente, Jesús es tan solo otro alto en el camino de la vida. Muchos creen que no hay destino fijo. La verdad es algo personal, individual. Los sentimientos nos dicen cuál es la verdad que funciona para nosotros. Un obrero que trabajaba entre estudiantes universitarios hizo una de las mayores observaciones espirituales de nuestros días cuando dijo: "Hoy en día está bien visto que alguien se ponga a buscar la verdad, siempre que no la encuentre". Lo que importa es la búsqueda. Estar en el camino, pero no llegar. Sin embargo, cuando entendemos quién es

Jesús, sabemos que no es un alto más en el camino. Él es el punto en el que la búsqueda termina.

En algún momento debemos animar a la gente a que sepa más de Jesús. Reta a la gente a leer Juan o Marcos, y luego pregúntales: "¿Qué te ha parecido este personaje? ¿Qué piensas de Él?". En última instancia, ésa es la pregunta clave.

Compartamos el gozo
El testimonio bien vivido contagia gozo. Andrés, el hermano de Pedro, es un buen ejemplo de alguien que compartía su fe con sus amigos. Para Andrés, ser un testigo era algo natural. "Uno de los dos que oyeron a Juan y siguieron a Jesús era Andrés, hermano de Simón Pedro. Él encontró primero a su hermano Simón, y le dijo: 'Hemos hallado al Mesías (que traducido quiere decir, Cristo)'" (Juan 1:40-41). Andrés no podía ocultar el gozo que le producía su descubrimiento. ¡Tenía que contarle a su hermano a quién había encontrado!

Yo oro para poder ser como los cristianos que influyeron en las vidas de Sheldon y Davy Vanauken. Sheldon describe uno de los primeros momentos en el proceso hacia la conversión. Lo que hizo que Él y su mujer Davy consideraran la posibilidad de seguir a Cristo fue la calidad de los cristianos que conocieron en la Universidad de Oxford. Un grupito de cinco cristianos se convirtió en su círculo más cercano, sus mejores amigos. "Fueron nuestros primeros amigos, buenos amigos. Es cierto, los cinco eran cristianos profundamente comprometidos con su causa. Pero nos habían caído tan bien, que se lo perdonamos. Empezamos, casi sin darnos cuenta, a revisar la opinión que teníamos, no sobre el cristianismo, sino sobre los cristianos. La idea que teníamos es que todos los cristianos eran o de mente estrecha, o pesados, o aburridos, o arraigados a la tradición, o estúpidos. En resumidas cuenta, gente con la que no te quieres relacionar. Pero aquellos amigos nuestros eran inteligentes, ingeniosos, divertidos, considerados, ¡y cristianos!".[3] A la hora de transmitir nuestra fe a nuestros amigos no hay nada como el gozo contagioso.

Encontrarán su máximo potencial
Si somos conscientes de que Jesús nos ayuda a ser la persona que Dios había diseñado originalmente, sabremos que estamos ofreciendo a nuestros amigos el mejor de todos los regalos. Pedro descubrió su potencial

---

3 Sheldon Vanauken, *A Severe Mercy* (New York: Harper & Row, 1977), p. 77.

en su primer encuentro con Cristo. "Entonces [Andrés] trajo [a su hermano] a Jesús. Jesús mirándolo, dijo: 'Tú eres Simón, hijo de Juan; tú serás llamado Cefas (que quiere decir, Pedro)'" (Juan 1:42). "Cefas" significa "roca". Está claro que Jesús no eligió ese nombre al mirar quién era Simón en aquel momento. "Roca" es la última palabra que usarías para describir la personalidad y el temperamento de Pedro; algunas palabras más adecuadas serían "impulsivo, inestable y poco fiable". Pero Juan dice que Jesús lo "miró". Jesús no se quedó en el aspecto superficial, sino que miró su corazón. Jesús vio en Pedro la persona que podía llegar a ser, no lo que era en aquel momento. Lo mejor de nosotros está en Jesús.

¿Soy mejor persona gracias a Jesús? ¡Y tanto! Si me conocieras, a lo mejor te costaría creerlo; pero, aunque sé que me queda mucho por andar, estoy muy lejos del lugar de donde vengo, del punto en el que inicié mi camino. ¿Jesús ha cambiado aspectos de mi vida? Sin duda alguna. Él tomo a un chico lleno de miedos y lo transformó en un hombre seguro y dispuesto a tomar retos y correr riesgos; me ayudó a ser un padre cariñoso, librándome de mi pasado, pues mi padre no fue, en absoluto, un buen modelo; me dio la pasión de trabajar para que su pueblo se movilice para llevar a cabo el ministerio que Dios le ha dado. ¿Mi vida sería diferente si la viviera sin Cristo? Tiemblo al pensar en lo que me habría convertido. Así que cuando le hablo a alguien de Jesús, le estoy dando la oportunidad de descubrir su potencial, que le está esperando en Jesús.

¿Te resulta difícil dar testimonio de Jesús? Mi oración es que en este pasaje hayas descubierto uno o más principios que te ayuden a olvidar cualquier sentimiento de culpa o de inadecuación, esos sentimientos que te dicen que tú no puedes hacerlo, y que te ayuden a ver el testimonio como un privilegio gozoso. Puede que entonces esos miedos empiecen a reducirse y de una forma relajada, cariñosa, Jesús se dé a conocer a través de ti.

Estudio de la Lectura

1. ¿Te da miedo dar testimonio de Cristo? Si tu respuesta es afirmativa, describe la naturaleza de estos miedos. Si tu respuesta es negativa, ¿por qué crees que no tienes miedos?

2. Explica con tus propias palabras los seis principios que nos ayudan a reducir nuestros miedos.

3. ¿Cuál de estos seis principios te ha hablado de forma más directa, y por qué?

4. Pídele a Dios que te dé carga y amor por la gente que hay a tu alrededor. ¿Quiénes son las personas a las que el Señor querría que te acercaras?

5. ¿Qué preguntas tienes sobre la lectura?

6. ¿La lectura te ha mostrado algún pecado? ¿Te reta? ¿Te consuela? Explica por qué.

Cuéntales tu historia
Dedica un tiempo a escribir tu historia, tu propio testimonio. Para ello, antes de empezar contesta las siguientes preguntas.

– ¿Cómo era tu vida antes de conocer a Cristo?

– ¿Por qué y cómo decidiste entregar tu vida a Cristo?

– ¿Cómo ha cambiado tu vida ahora que Cristo vive en ti?

Lectura recomendada
Pippert, Rebeca Manley. *Fuera del salero para servir al mundo* (Buenos Aires, Argentina: Ediciones Certeza, 2004).

Cuarta Parte

Sirviendo a Cristo

La sección anterior, "Siendo como Cristo", se centraba en las cualidades y las responsabilidades individuales de los discípulos. Esta sección, "Sirviendo a Cristo", quiere transmitir que una persona no puede vivir el discipulado de forma aislada, fuera del Cuerpo de Cristo. El Espíritu Santo es el Espíritu de cada persona en particular y la fuente de vida de la Iglesia. El propósito de Dios no es solo transformar a personas de forma individual, sino que también está obrando para formar un nuevo pueblo, una nueva humanidad.

La naturaleza de la *Iglesia* y su ministerio será la materia de los capítulos veinte y veintiuno. La imagen que Pablo tiene de la Iglesia como Cuerpo de Cristo hace hincapié en que la Iglesia es un colectivo en el que Cristo vive. Del mismo modo en el que cada parte del cuerpo humano es importante para la buena salud del conjunto, cada miembro de la Iglesia, a través del uso de *dones ministeriales* únicos, edifica el Cuerpo de Cristo. Así, iniciaremos el proceso de comprender qué son los dones espirituales y de descubrir cuáles te ha dado Dios.

Martín Lutero resumió que nuestros enemigos son el mundo, la carne y el diablo. Examinaremos los dos últimos en orden inverso. El capítulo veintidós, que trata sobre la *guerra espiritual*, quiere recordarnos que tenemos un enemigo que es real, el diablo, y que actúa sin descanso para explotar nuestras debilidades. El capítulo veintitrés apunta a los hábitos que hemos adoptado en nuestra forma de actuar, de pensar y de sentir que no honran a Dios, y nos muestra cómo podemos *andar en obediencia*. Dios exige que le obedezcamos porque quiere que seamos felices.

En el capítulo veinticuatro, *compartir la riqueza*, el peregrinaje con tus compañeros de discipulado llega a su final, pero empieza un nuevo camino. Invierte tiempo en reflexionar en lo que este tiempo juntos ha significado. Recuerda cuál era tu estado espiritual cuando empezasteis. ¿Qué momentos destacarías? ¿Has hecho grandes descubrimientos? ¿Has tomado decisiones determinantes? ¿Ha habido momentos inolvidables? ¿Has desarrollado convicciones firmes? ¿Tu vida ha dado un giro importante? Comparte todo esto y celebradlo juntos. Luego, orad los unos por los otros, y por los que invitareis a hacer estos estudios sobre el discipulado.

Le pido a Dios que a lo largo de este proceso te haya dado la visión y la convicción de que el discipulado debe ser un estilo de vida. Estés donde estés, espero que Dios te empuje a acercarte a la gente con el objetivo de ayudarles a madurar en Cristo.

20/ La Iglesia

VERSÍCULO PARA MEMORIZAR: 1ª Corintios 12:12-13
ESTUDIO BÍBLICO: 1ª Corintios 12:12-27
LECTURA: Un organismo vivo

 Enseñanza principal

¿De qué forma sigue Jesús dándose a conocer?

Jesús sigue viviendo su vida en la Tierra a través de su cuerpo, la Iglesia. El Cuerpo de Cristo no es solo una expresión retórica, sino que expresa la realidad de que Cristo vive a través de su pueblo. Los que le siguen extienden por el mundo la vida de Jesús.

1. Identifica palabras clave o expresiones clave en la pregunta y la respuesta, y explica en tus propias palabras lo que significa.

2. Reescribe esta verdad con tus propias palabras.

3. ¿Qué preguntas o temas te vienen a la mente al pensar en esta verdad?

 **Estudio del versículo para memorizar**

1. *Veamos el contexto:* Lee 1ª Corintios 12:1-11. ¿Cuál es el tema que sirve de telón de fondo para presentar la Iglesia como Cuerpo de Cristo, y por qué es una introducción adecuada?

2. Los versículos para memorizar son *1ª Corintios 12:12-13*. Cópialos en este espacio.

3. Pablo de forma sorprendente concluye el versículo 12 con la expresión "así también es Cristo". ¿Qué nos dice eso sobre la relación entre Cristo y su Cuerpo, la Iglesia?

4. En el versículo 12 donde Pablo define lo que es un cuerpo, ¿qué dos características destaca?

5. ¿Cuál es el medio para entrar en el Cuerpo de Cristo?

6. ¿Qué sugiere la frase "ya judíos o griegos, ya esclavos o libres"?

7. ¿Qué te han enseñando estos versículos esta semana?

🔍 Estudio Bíblico Inductivo

En este pasaje Pablo juega con la imagen de la Iglesia, presentándola como el Cuerpo de Cristo. Así, de forma ilustrativa, describe una conversación entre diferentes partes del cuerpo.

1. *Lee 1ª Corintios 12:12-27.* ¿Por qué el cuerpo humano es una comparación apropiada para hablar de la Iglesia?

2. ¿Cómo se describe la diversidad del cuerpo?

3. ¿Qué dos actitudes dañinas dificultan el buen funcionamiento del cuerpo (ver 1ª Corintios 12:15, 16, 21)?

¿Crees que a veces tú tienes alguna de esas actitudes?

¿Crees que la Iglesia tiene alguna de esas actitudes?

4. Pablo parece estar diciendo que la celebración de nuestra diversidad en Cristo lleva a la unidad. ¿Por qué crees que es así?

5. ¿A quién crees que se refería Pablo al hablar de "los más débiles" y de "las partes menos honrosas" en los versículos 22-26?

Según Pablo, ¿qué tipo de relación hemos de tener?

6. ¿Qué equilibrio hemos de alcanzar, según el versículo 27?

7. ¿La lectura te ha mostrado algún pecado? ¿Te reta? ¿Te consuela? Explica por qué.

8. ¿Qué versículo o versículos te han impactado de forma especial? Escribe los versículos clave con tus propias palabras.

 **Lectura: Un organismo vivo**

El Cuerpo de Cristo es la imagen bíblica más usada para describir a la Iglesia. En total, en el Nuevo Testamento se han encontrado noventa y nueve imágenes que expresan varios aspectos y perspectivas del lugar que la Iglesia ocupa en el plan de Dios, pero la que predomina, y la que verdaderamente define quiénes somos, es la imagen del Cuerpo de Cristo. Y gracias a esa imagen entendemos que la Iglesia es un organismo vivo.

¿Qué relación tiene Cristo con la Iglesia?
El apóstol Pablo con mucho ingenio escogió la imagen del cuerpo humano para transmitir la armonía con la que la Iglesia debe funcionar. Podemos ver el cuerpo humano desde dos perspectivas diferentes. Primero vemos que el cuerpo es un conjunto funcional cuyas partes están bajo la coordinación de la cabeza. Pero si lo miramos más de cerca veremos que ese conjunto está compuesto de diversas partes, todas con una función distinta, única. Las manos están hechas para agarrar, los ojos para ver, los pies para caminar, y así sucesivamente. El cuerpo es el prototipo de la unidad y la diversidad.

Pablo usa la analogía del cuerpo humano para explicar la relación de Cristo con la Iglesia de una forma verdaderamente sorprendente. Fíjate en la conclusión del versículo 12:12: "Porque así como el cuerpo es uno, y tiene muchos miembros, pero todos los miembros del cuerpo, aunque son muchos, constituyen un solo cuerpo, así también es Cristo". ¿Es así como pensabas que acabaría el versículo? Lo más normal hubiera sido que Pablo hubiera escrito: "Así también es la Iglesia". De hecho, muchas veces nuestra tendencia es ignorar las palabras de Pablo y leer directamente lo que nuestra mente lee. "Seguro que lo que Pablo está diciendo es que la Iglesia es como el cuerpo humano, formado por diversas partes que están coordinadas por la cabeza." ¡Pero Pablo está diciendo mucho más! Para Pablo, "el Cuerpo de Cristo" no es solo una metáfora o una buena ilustración, sino que apunta a una gran verdad: Jesús habita en los miembros de su pueblo y les da su vida.

Dicho de otra forma, la Iglesia no es una organización humana que ha acordado mantener viva la memoria de una gran figura histórica. La Iglesia es un organismo divino que de forma mística está fusionado a

Cristo, quien está vivo y reina, y que continúa revelándose a su pueblo. Ray Stedman lo explica de la siguiente manera: "La vida de Cristo aún está en medio de nosotros, pero ya no a través de su cuerpo físico, limitado por el espacio, sino a través de un cuerpo colectivo y complejo llamado *la Iglesia*".[1]

Pablo entendía la Iglesia como un organismo desde que tuvo su primer encuentro con Cristo. Saulo, el fanático protector de la ley hebrea, iba de camino a Damasco, después de recibir la autoridad de arrestar a los cristianos y llevarlos a Jerusalén, pero sus planes se alteraron de forma dramática. En el cielo apareció una luz que le cegó, y, al caer a tierra, oyó una voz que decía: "Saulo, Saulo, ¿por qué me persigues?". Saulo respondió: "¿Quién eres, Señor?". La voz celestial dijo: "Yo soy Jesús, a quien tú persigues" (Hechos 9:4-6). Pero… ¡si Pablo no estaba persiguiendo a Jesús! ¡Tan solo estaba persiguiendo a aquellos que decían ser sus discípulos!

¿Qué nos dice este incidente sobre la relación entre Jesús y sus seguidores? Jesús vive en ellos. Si tocas a un cristiano, estás tocando a Cristo. Los cristianos son un pueblo sacramental. Los sacramentos son un medio de Gracia, símbolos que misteriosamente llevan la presencia de Cristo y a través de los cuales los creyentes se encuentran con Cristo.

Thomas Oden resume cuál es la relación de Cristo con la Iglesia.

"El cristianismo es una fe única porque se entiende a sí mismo como una comunidad que continúa existiendo a través del Cristo vivo. … Su singularidad está en su particular relación con su fundador. … La única base de la realidad presente de la Iglesia sigue siendo la presencia del Señor resucitado. Jesús no es solo alguien que fundó una comunidad, y luego la abandonó, sino que es alguien que está presente para la comunidad ahora y en todos los periodos de la Historia como la esencia vital de la Iglesia".[2]

¿Qué relación tiene la Iglesia con Cristo?
La Iglesia depende de forma absoluta de su Cabeza, Jesucristo. Max Thurian capta muy bien tanto la relación de Cristo con la Iglesia, como

---

1 Ray Stedman, *Body Life* (Glendale, Calif.: Regal, 1972), p. 37.
2 Thomas Oden, *Agenda for Theology* (San Francisco: Harper & Row, 1979), p. 117-18.

nuestra relación con Cristo: "Jesús no hace nada sin contar con la Iglesia, y la Iglesia no puede hacer nada separada de Cristo".[3] La naturaleza de la relación de la Iglesia con Cristo queda implícita en Efesios 1:22, que dice que Jesús es "para la Iglesia lo que la Cabeza sobre todas las cosas".

En la Biblia, la palabra "cabeza" tiene dos significados: "fuente de vida" y "autoridad última". En nuestra sociedad, la palabra "cabeza" se asocia con la autoridad, con la persona que está al mando, pero la palabra original en griego también tenía la acepción de "fuente" u "origen". Si tenemos en mente este significado, entonces el uso que Pablo hace del término "cabeza" en Efesios 4:15 y 16 tiene mucho más sentido: "Sino que hablando la verdad en amor, crezcamos en todos los aspectos en aquel que es la Cabeza, es decir, Cristo, de quien todo el cuerpo (estando bien ajustado y unido por la cohesión que las coyunturas proveen), conforme al funcionamiento adecuado de cada miembro, produce el crecimiento del cuerpo para su propia edificación en amor".

Pablo ha exhortado a los efesios a que "sean maduros", a que alcancen "la estatura de la plenitud de Cristo", a que "ya no sean niños". Pablo les recuerda a los efesios que la única forma de llegar a ser maduros espiritualmente es reconocer que dependen de la vida que Jesús les da, y que su objetivo es llegar a ser como Él. Eso es lo que significa crecer en la Cabeza, crecer en Cristo, y por Cristo.

En segundo lugar, si decimos que Jesús es la Cabeza eso también significa que la Iglesia está bajo su autoridad. La relación de la Iglesia con Cristo significa aceptar en obediencia y cumplir con fidelidad la función concreta que Dios nos ha asignado a cada uno de nosotros a través del Espíritu Santo. La confesión básica de la Iglesia es "Jesús es Señor" (1ª Corintios 12:3), pero eso es mucho más que la simple verbalización de un credo. Pablo quiere que esta verdad sea llevada a la práctica.

Si Jesús es la Cabeza, Él es quien organiza la vida del Cuerpo. Cada miembro está directamente conectado con la cabeza y, por tanto, recibe señales de la cabeza. Veamos cómo lo explica Paul Stevens:

> "Hay una conexión viva y directa entre la cabeza y cada uno de los miembros del cuerpo. ... En el Nuevo Testamento no hay ningún líder que reciba el nombre de cabeza de una iglesia local. Ese título

---

3 Max Thurian, citado en Arnold Bittlinger, *Gifts & Graces: A Commentary on 1 Corinthians 12-14* (Grand Rapids, Mich.: Eerdmans, 1967).

está reservado para Jesús. La cabeza no le dice a la mano que le diga al pie lo que tiene que hacer. La cabeza está directamente conectada con el pie. Por tanto, la gente no encuentra su ministerio bajo la dirección de los líderes, sino a través de la motivación y los medios… que recibe directamente de la cabeza".[4]

La Iglesia funciona como un organismo cuando aquellos que forman el Cuerpo de Cristo buscan en obediencia desarrollar la función que Dios les ha asignado. Volvamos a la analogía del cuerpo humano para entender la manera en que la Iglesia puede funcionar como organismo vivo. El cuerpo humano funciona perfectamente cuando cada parte lleva a cabo la función para la que fue diseñada originalmente. El centro de operaciones, la cabeza, envía las señales a través del sistema nervioso, que activa las diferentes partes del cuerpo. Esas partes del cuerpo no tienen voluntad propia. Los pies y las manos, por ejemplo, solo funcionan como respuesta a las órdenes que vienen de la cabeza. Si la mano pudiera actuar de forma independiente, habría un caos en el cuerpo. Cuando las personas del Cuerpo se comprometen delante de la Cabeza a descubrir y a ejercer la función que les ha sido dada, la Iglesia se convierte en un organismo vivo.

¿Cómo es la relación entre nosotros?
Nos necesitamos los unos a los otros. Según la imagen del cuerpo, todas las partes son interdependientes y necesarias para la buena salud del todo. Robert Banks dice: "Dios ha repartido las tareas de tal forma que la involucración de cada persona con su aportación especial es necesaria para el buen funcionamiento de la comunidad".[5] En 1ª Corintios 12 vemos que todos los miembros tienen valor. Dios, en su sabiduría, no nos hizo completos ni independientes, ni nos dio todos los talentos. Nos hizo de tal modo que nos necesitamos los unos a los otros, porque cada uno de nosotros aporta algo de valor. No somos autosuficientes.

Cuando olvidamos esta verdad, el cuerpo deja de funcionar según el diseño original. Pablo identifica dos actitudes que obstaculizan el buen funcionamiento del cuerpo.

4 R. Paul Stevens, *Liberating the Laity* (Downers Grove, Ill.: InterVarsity Press, 1985), p. 36.
5 Robert Banks, *Paul's Idea of Community* (Peabody, Mass.: Hendrickson, 1994), p. 64.

La primera es la actitud de *inferioridad* o falta de amor propio. Para plasmar esa idea Pablo da personalidad a algunas partes del cuerpo, y recoge una conversación entre ellas. Las extremidades son las que hablan primero: "Si el pie dijera: 'Porque no soy mano, no soy parte del cuerpo', no por eso deja de ser parte del cuerpo". Y a continuación, los que se ponen a combatir son los sentidos: "Y si el oído dijera: 'Porque no soy ojo, no soy parte del cuerpo', no por eso deja de ser parte del cuerpo" (1ª Corintios 12:15-16).

Los corintios sufrían de la misma enfermedad que nosotros. Daban más importancia a unos dones que a otros. La Iglesia de hoy está enferma, en parte, porque ha dado tanto valor a la predicación que creemos que no hay otro don que esté a su nivel. Veamos lo que decía Martín Lutero sobre la importancia del predicador dentro del Cuerpo de Cristo: "Un predicador cristiano es un ministro de Dios que es apartado, sí, es un ángel de Dios, un obispo enviado por Dios, un salvador de muchos, un rey y un príncipe del reino de Cristo y entre el pueblo de Dios, un maestro, una luz para el mundo. No hay nada más precioso y más noble sobre la tierra y en esta vida que un predicador fiel y verdadero".[6]

Cuando se hace una jerarquía o gradación de dones en el Cuerpo, ocurren dos cosas:

Comparamos nuestros dones con los de los demás y nos consideramos deficientes. Y entramos en la rueda odiosa de las comparaciones. "Si tan solo pudiera ser como éste o aquel, entonces mi trabajo sería más importante y yo tendría más valor". Cuando envidiamos, aunque sea en secreto, los dones de los demás, nos denigramos a nosotros mismos y la forma en la que Dios nos ha diseñado. El Señor quiere que pensemos lo siguiente:

"Cristo nos hace a cada uno de nosotros de forma diferente a cualquier otra cosa creada; algo hermoso, emocionante, único; algo que será necesario en el Cuerpo de Cristo. Esa singularidad, ese ser tan difícil de explicar, esa persona carismática es el don del Espíritu Santo. Ése es el principal don que aportamos al Cuerpo, y sin él, el Cuerpo queda inmensamente empobrecido".[7]

Copiamos a aquellos que admiramos. En lugar de ser nosotros mismos, imitamos a otros y no somos esa creación única que Dios ha hecho.

---

6 Martín Lutero, citado en H. Richard Niebuhr y Daniel D. Williams, ed., *The Ministry in Historical Perspectives* (San Francisco: Harper & Row, 1983), p. 115.

7 Gordon Cosby, *Handbook for Mission Groups* (Waco, Tex.: Word, 1975), p. 72.

Veamos una ilustración. Un día alguien encontró un huevo de águila. Como no vio el nido del que había caído, lo puso en el nido de una gallina. Después de un tiempo, el aguilucho, pensando que él era un polluelo, se dispuso a hacer lo que los polluelos hacían: removía la tierra en busca de semillas e insectos, cacareaba como las gallinas, y cuando volaba solo se alejaba del suelo unos cuantos metros.

Un día el águila vio un ave espléndida que volaba muy alto, planeando de forma majestuosa. "¡Qué ave más bella!", dijo el ave a los demás pollos. "¿Qué ave es?". "Es un águila", le contestaron. "La reina de todas las aves. Pero no te engañes. Nunca podrás ser como ella". Como no sabía que era un águila, siguió imitando a los pollos y nunca se elevó a las alturas a las que podría haber llegado.

Imitar a los demás es un pecado contra nosotros mismos y contra Dios. Fue el Señor quien nos diseñó tal como somos para que aportáramos algo especial y necesario al Cuerpo de Cristo. "Todas estas cosas las hace uno y el mismo Espíritu, distribuyendo individualmente a cada uno según la voluntad de Él" (1ª Corintios 12:11). Copiar lo que hacen los demás es ser tan solo una pálida imagen de ti mismo y perder de vista la forma única en la que Dios te ha creado. Eres necesario tal como eres.

La segunda actitud negativa es *infravalorar a otros miembros del Cuerpo porque nos sentimos superiores*. En el versículo 21 Pablo ve cómo algunas partes del cuerpo miran a otras por encima del hombro. "El ojo no puede decir a la mano: 'No te necesito'; ni tampoco la cabeza a los pies, 'no os necesito'" (1ª Corintios 12:21).

La independencia y la autosuficiencia son enemigos de la comunidad. Si no nos mostramos vulnerables ni somos conscientes de que necesitamos a los demás, no podremos estar en armonía en una comunidad. Desafortunadamente, en la Iglesia nos encontramos con mucha frecuencia esa fachada de autosuficiencia. Keith Miller describe a la Iglesia de hoy diciendo: "Nuestras iglesias están llenas de personas que parecen contentas, completas y llenas de paz, pero que en lo más profundo de su ser anhelan que alguien las ame... tal como son: confundidas, frustradas, a veces asustadas, cargadas de sentimientos de culpa, y muchas veces incapaces de comunicar todo esto ni siquiera dentro de sus familias. Pero el resto de gente de la Iglesia también parece tan contenta, todo le va tan bien, que nadie tiene el valor de admitir ante un grupo tan autosuficiente sus necesidades profundas".[8] La vulnerabilidad es un

---

8 Keith Miller, *The Taste of New Wine* (Waco, Tex.: Word, 1965), p. 22.

regalo para la comunidad. La vulnerabilidad nos hace decir: "Te necesito. Te dejo entrar en mi vida. Quiero que seas una parte de mí".

Pablo nos está diciendo que valoremos los dones de los demás. No obstante, con mucha frecuencia infravaloramos a los demás miembros del Cuerpo porque no piensan como nosotros o porque tienen gustos diferentes a los nuestros. Haz este ejercicio: visualiza a aquellos miembros del Cuerpo que te incomodan, a aquellos a quienes dirías: "No te necesito". Como un acto de arrepentimiento pon a estas personas delante de Dios y di: "Te necesito. Dios quiere que tú aportes algo a mi vida. Tienes dones que yo no tengo".

En lugar de las actitudes de inferioridad o superioridad, necesitamos una actitud de interdependencia y confianza. Eso significa que reconocemos que tú eres incompleto sin mí, y yo soy incompleto sin ti. Tú me necesitas y yo te necesito. Tú no eres más ni menos que yo. Yo no soy más ni menos que tú. Como dijo Pablo: "Ahora bien, vosotros sois el Cuerpo de Cristo, y cada uno individualmente un miembro de él" (1ª Corintios 12:27).

Estudio de la Lectura

1. Según 1ª Corintios 12:12, ¿qué sorprendente realidad recoge la expresión "así también es Cristo?

¿Qué relación tiene Cristo con la Iglesia?

2. La relación que la Iglesia tiene con Cristo queda reflejada en la imagen de "la fuente de vida" y "la autoridad". Explica con tus propias palabras cómo entiendes esta relación.

fuente de vida

autoridad

3. ¿De qué forma la confesión "Jesús es Señor" se puede convertir en una realidad operativa en la Iglesia?

4. Haz una evaluación personal. ¿De qué forma te has infravalorado comparándote con los demás o imitando a los demás?

5. La actitud de superioridad lleva a no valorar las contribuciones de los demás. Haz una lista de los miembros del Cuerpo de Cristo a los que normalmente no aprecias, y da gracias a Dios por ellos y confiesa que los necesitas para poder ser completo.

6. ¿Qué preguntas tienes sobre la lectura?

7. ¿La lectura te ha mostrado algún pecado? ¿Te reta? ¿Te consuela? Explica por qué.

¿Cómo vamos?

Invitando a otros

¿Qué criterios deberíamos tener para saber a quién invitar a hacer un discipulado? Deberíamos buscar a gente que tuviera las mismas cualidades que tenía la gente que Jesús escogió para que formaran parte de sus discípulos más cercanos.

Parece ser que Jesús no se precipitó a la hora de invitar a los que le iban a seguir. La noche anterior a la elección de los doce, Jesús la pasó orando (Lucas 6:12-16). Jesús sabía que el futuro de su trabajo dependería de la calidad de los hombres que eligiera. En esa actitud de oración, ¿qué cualidades buscaba Jesús?

Que fueran leales

Jesús hizo que Pedro lograra la mejor pesca de toda su vida, y luego le pidió que la dejara y le siguiera (Lucas 5:1-11). Lo único que Jesús tuvo que decir a aquellos doce hombres fue "Seguidme, y yo haré que seáis pescadores de hombres" (Marcos 1:17), y enseguida dejaron sus oficios, sus familias y su entorno para seguir a aquel Maestro. Jesús no escogió a aquellos hombres hasta haber visto que le iban a ser leales por encima de cualquier otra cosa.

Un discípulo responde al llamamiento misericordioso de Cristo: "Sígueme; y deja que yo sea tu Señor". Juan el Bautista dijo de Jesús: "Es necesario que Él crezca, y que yo disminuya" (Juan 3:30). Buscaremos a aquellos que demuestren un deseo de colocar a Jesús por encima de todas las cosas. Esa cualidad significa que estarán dispuestos a cambiar su carácter y su estilo de vida, a examinarse, y a ponerse en manos de Jesús y descubrir cómo pueden servirle.

Que tuvieran deseo de aprender

Jesús escogió a sus discípulos por lo que podían llegar a ser, no por lo que eran en el momento en el que les llamó. Desde el punto de vista humano, los discípulos no tenían ninguna característica que les hiciera especiales. Ninguno ocupaba una posición clave y por tanto no tenían ninguna influencia ni la posibilidad de codearse con la gente importante. No pertenecían a la tribu sacerdotal de los levitas, ni tenían ningún cargo en la sinagoga. Tampoco tenían ningún tipo de estudios superiores o credibilidad académica. De hecho, Lucas recoge que los líderes religiosos los describieron como "hombres sin letras y sin preparación" (Hechos 4:13).

Así que deberíamos ser cautos. Podemos caer en la tentación de escoger a personas según las normas culturales o sociales. A veces a los líderes de la Iglesia se les elige por su capacidad natural de liderazgo, por su personalidad extrovertida, por su trayectoria profesional, reputación, influencia o posición económica. Pero Jesús buscó a hombres que tuvieran sed de conocer al Señor y que estuvieran dispuestos a pagar el precio que fuera por seguirle.

En cuanto al carácter, los discípulos dejaban mucho que desear. Juan y Jacobo eran impredecibles e impulsivos, dispuestos a pedir que cayera fuego de los cielos sobre las ciudades que no escuchaban el Evangelio. Eran muy temperamentales. Incluso se peleaban entre ellos y discutían sobre quién ocuparía una mejor posición (Marcos 10:35-41). También estaban cargados de los prejuicios de su cultura, pues veían a las mujeres como ciudadanas de segunda clase (Juan 4:27). Pero Jesús vio lo que podían llegar a ser con el paso del tiempo si invertía en ellos. Y aquellos hombres se pusieron en sus manos como el barro que se deja moldear por las manos del alfarero.

Eligiendo a tus próximos compañeros de discipulado
Ahora que os queda poco para acabar este camino hacia la madurez en Cristo, llega el momento de empezar a orar para que Dios te muestre a qué personas podrías enseñar. También, si empezáis a hacerlo ahora, os podéis ayudar los unos a los otros. Usa las siguientes preguntas como guía.

1. ¿Cómo te sientes al pensar que ahora tú puedes ayudar a otros? Explica tu respuesta.

2. Explica con tus propias palabras las cualidades que Jesús buscaba en los hombres que iba a escoger como discípulos.

3. ¿Cómo pueden guiarte estos criterios en tu elección?

4. La dinámica del discipulado es más eficaz cuando tú crees que el Señor te llama de forma personal a que inviertas tiempo y esfuerzo en esas personas que Él pone en tu corazón. Durante las próximas semanas, mientras oras, empieza a escribir los nombres de las personas que te vengan a la mente.

21/ Los dones ministeriales

VERSÍCULO PARA MEMORIZAR: 1ª Corintios 12:7
ESTUDIO BÍBLICO: 1ª Corintios 12:1-11, 27-31; Romanos 12:3-8; Efesios 4:11-12; 1ª Pedro 4:10-11
LECTURA: En cuanto a los dones espirituales, ¡no quiero que seáis ignorantes!

 Enseñanza principal

¿Cómo podemos saber cuál es nuestro papel en el Cuerpo de Cristo?

El Espíritu Santo, en su Gracia, da habilidades ministeriales, "dones ministeriales", para que todo cristiano pueda contribuir a la salud del Cuerpo. De hecho, la Iglesia funciona adecuadamente como el Cuerpo de Cristo cuando todos los cristianos se preocupan por conocer y por desempeñar la función que Dios les ha asignado.

1. Identifica palabras clave o expresiones clave en la pregunta y la respuesta, y explica en tus propias palabras lo que significa.

2. Reescribe esta verdad con tus propias palabras.

3. ¿Qué preguntas o temas te vienen a la mente al pensar en esta verdad?

 **Estudio del versículo para memorizar**

En 1ª Corintios 12 encontramos la enseñanza del Nuevo Testamento más conocida sobre los dones espirituales, y la descripción paulina de la Iglesia como el Cuerpo de Cristo. Pablo comienza este capítulo introduciendo el tema con la misma fórmula que utiliza a lo largo de todo el libro: "En cuanto a los dones espirituales" (v. 1).

1. *Veamos el contexto:* Los corintios no habían entendido lo que es ser espiritual. ¿Cuál había sido su error, según 1ª Corintios 12:1-3?

2. El versículo para memorizar es *1ª Corintios 12:7*. Cópialo en este espacio.

3. ¿Cuál es el alcance de la distribución de los dones espirituales en el Cuerpo?

4. ¿Qué nos dice la palabra "manifestación" sobre los dones espirituales?

5. ¿Cuál es el propósito de los dones espirituales?

6. ¿Qué te ha enseñando este versículo esta semana?

 **Estudio Bíblico Inductivo**

Hay cuatro pasajes del Nuevo Testamento que hablan de los dones espirituales para el ministerio. Algunos escritores hablan de los siete dones que aparecen en Romanos 12:6-8 como los dones "motivacionales". Y consideran que en cada creyente dominará una de esas siete motivaciones. Entonces, los dones que aparecen en 1ª Corintios 12 son las "manifestaciones" de esas motivaciones, mientras que los cuatro dones relacionados con la capacitación son "cargos" u "oficios". Desde mi punto de vista, yo contemplo los dones que Pablo recoge como una ilustración de la forma tan variada en la que el Espíritu Santo obra a través de nosotros. Los cuatro catálogos de dones tan solo tienen un fin descriptivo, para ilustrar la gran variedad que hay.

1. *Lee 1ª Corintios 12:1-22, 27-31; Romanos 12:3-8; Efesios 4:11-12; 1ª Pedro 4:10-11.* Pablo da cuatro sinónimos para describir los dones. Escribe con tus palabras una definición de cada uno de estos términos.

dones (1ª Corintios 12:4)

ministerios (1ª Corintios 12:5)

operaciones (1ª Corintios 12:6)

funciones (Romanos 12:4)

2. Después de analizar estos sinónimos, escribe tu propia definición de "don espiritual".

3. Pablo entrelaza lo que, humanamente hablando, solemos distinguir como dones sobrenaturales (por ejemplo, la sanidad) y naturales (por ejemplo, la administración). ¿Qué nos enseña eso?

4. ¿Estás de acuerdo con la siguiente declaración? "Pablo intenta darnos una lista completa y exhaustiva de los dones espirituales". Explica tu respuesta.

5. ¿Qué implicaciones tiene para ti la enseñanza de este pasaje?

6. ¿Qué versículo o versículos te han impactado de forma especial? Escribe los versículos clave con tus propias palabras.

 **Lectura: En cuanto a los dones espirituales: ¡no quiero que seáis ignorantes!**

Mi primer puesto ministerial con estudiantes universitarios fue todo un éxito. Ese ministerio en Pittsburg había crecido mucho. A la reunión semanal venían tres cientos estudiantes, teníamos cuarenta líderes de grupos pequeños, y cada semana había conversiones. De allí, fui a servir a una iglesia que estaba en las últimas. Ahora que miro atrás, veo que era un ingenuo, pues creía que el contexto no importaba porque Dios puede usar a una persona en cualquier situación. Pero luego me di cuenta de que el contexto es extremadamente importante. Durante los siete años que estuve pastoreando aquella iglesia sentí que me echaba a perder. Aquel ambiente no me daba la oportunidad de usar todos los dones que yo tenía. Me sentía limitado, y perdí motivación.

A veces perdemos motivación porque no nos sentimos capaces de hacer una tarea o desempeñar una función. O porque la tarea requiere habilidades que no son naturales en nosotros, o se nos pide que invirtamos energía en algo que no nos importa. Cuando mi hija era pequeña, tenía una esfera de cristal con orificios de diferentes formas. El objetivo del juego era introducir un pequeño cilindro por el orificio circular, un pequeño cubo por el orificio cuadrado, etcétera. Pero muchas veces me encontraba el cilindro encallado en el orificio cuadrado. No encajaba. Cuando esto ocurre, nuestra energía y motivación se disipan.

El Cuerpo de Cristo está diseñado de tal forma que todos tenemos una función concreta, pero el problema es que no siempre sabemos cuál es esa función. No es de extrañar, pues, que Pablo empiece su enseñanza sobre los dones espirituales de esta forma: "En cuanto a los dones espirituales no quiero, hermanos, que seáis ignorantes" (1ª Corintios 12:1). Muchas veces acabamos desempeñando funciones para las que no hemos sido diseñados porque ignoramos cuáles son nuestras habilidades.

Los dones espirituales

¿Qué quiere decir Pablo cuando usa el término "dones espirituales"? En 1ª Corintios 12:4-7 el apóstol usa una serie de palabras para referirse a los dones espirituales que nos ayudan a encontrar una respuesta a esta pregunta. Antes de examinar estas palabras, tenemos que olvidarnos del uso más coloquial que hacemos del término "don", pues ese uso es diferente al que se hace en las Escrituras. Alguien que tiene un don es una persona que destaca en un área concreta. Carl Lewis es un corredor que tiene un don porque puede correr más rápido y saltar más lejos que cualquier otro ser humano. Un estudiante que tiene un don es alguien que tiene una inteligencia muy por encima de la media. También podemos decir que alguien tiene un don para arreglar coches, o para hacer pasteles. La forma en la que usamos la expresión "tener un don" entraría en la categoría de talentos naturales que Dios, en su bondad, da tanto a cristianos como a no cristianos por igual. Pero Dios da dones espirituales solo a los cristianos, con el propósito de fortalecer a los hermanos y hermanas y de extender la influencia de la Iglesia en este mundo apartado de Dios. Los dones espirituales solo son para aquellos que tienen al Espíritu Santo.

Vamos ahora a ver los sinónimos que Pablo usa para referirse a los dones, y así entenderemos mejor lo que quiere decir con ese término.

"Ahora bien, hay diversidad de *dones*, pero el Espíritu es el mismo. Y hay diversidad de *ministerios*, pero el Señor es el mismo. Y hay diversidad de *operaciones*, pero es el mismo Dios el que hace todas las cosas en todos. Pero a cada uno se le da la *manifestación* del Espíritu para el bien común" (1ª Corintios 12:4-7, la cursiva es mía).

Todos nosotros tenemos un cuerpo con muchos miembros o partes, y no todas ellas tienen la misma *función* (Romanos 12:4).

Lo primero que observamos es que hay una palabra que se repite bastante, "diversidad" (o, en otras versiones, "diferentes"), que Pablo usa como una característica de los dones espirituales. La variedad es una expresión del Dios en tres personas. La fuente de los dones en el versículo 4 es el Espíritu, en el versículo 5 el Señor Jesús, y en el versículo 6, Dios el Padre. Pablo está diciendo que la variedad de motivaciones en la Iglesia es una expresión de la diversidad que hay en el Dios trino. Dios es uno en tres personas, y la Iglesia es como el Dios al que adora.

La palabra que traducimos por "diversidad" hace referencia a la distribución, asignación o reparto. El Espíritu tiene la tarea de la distribución de los dones. El énfasis que tenemos que entender es que Dios es el distribuidor de los dones, y nosotros, los receptores.

Ahora nos detendremos en los diferentes sinónimos que Pablo usa.

1. "Hay diversidad de *dones*" (v. 4, la cursiva es mía). El término griego que aparece en este versículo es una palabra compuesta que significa "un don de gracia". No solo somos salvos por Gracia, sino que por Gracia también recibimos capacidades y motivación concretas, únicas, para servir a los demás.

En todos nosotros hay una necesidad básica: el anhelo de ser útiles, de poder aportar algo único, de ser valorados porque hemos dejado una huella en los demás. Los dones son nuestra contribución visible a la salud del Cuerpo de Cristo.

2. "Y hay diversidad de *ministerios*" (v. 5, la cursiva es mía). La palabra "ministerio" capta el espíritu en el que los dones son ofrecidos al Cuerpo de Cristo. Pablo deja claro que el propósito de los dones no es buscar nuestra propia fama, sino edificar a la comunidad. En el versículo 7 Pablo dice que los dones son "para el bien común". Aunque los dones sirven también para darnos valor, su propósito es equiparnos para poder servir a los demás.

Al tratar este tema, Pablo está tratando un problema que había en la Iglesia de Corinto, un problema que puede existir en cualquier época y lugar. Cuando los corintios se reunían, lo que ocurría es que los dones visibles como el de hablar en lenguas o el de sanidad se habían convertido en los más importantes. Muchos estaban usando aquellas reuniones unidas como plataforma para darse a conocer y decir la suya. Es cierto que Dios es quien da y distribuye los dones, pero Él nos ha dejado a nosotros la responsabilidad de decidir cómo los usamos. Por desgracia, muchos los usan para su propia gloria.

La palabra "ministerio" tiene que ver también con el entorno en el que usas tus dones. ¿Trabajas mejor en un grupo grande, en un grupo pequeño, o trabajando con personas de forma individual? El don de la enseñanza se puede usar en un auditorio, en una clase, en una sala de estar, o en clases particulares. Entonces, uno también se debe preguntar: ¿y qué grupo de gente me preocupa más? ¿Los niños? ¿Los jóvenes? ¿Los adultos? ¿Los ancianos? ¿Las mujeres? ¿Los hombres? Tu llamamiento está donde la compasión de Cristo en ti se cruza con una necesidad de este mundo. En ese punto de intersección descubrimos por qué nos ha hecho Dios.

3. "Hay diversidad de *operaciones*" (v. 6, la cursiva es mía). La palabra "operaciones" viene de un término griego cuya raíz significa "energía". Otras versiones transmiten la idea de que hay diversidad de "efectos" o "impactos". Cada don deja su propia huella. Si tienes el don de la enseñanza, habrá gente que será transformada por la verdad de la Palabra. Si tienes el don de la evangelización, habrá gente que llegará a conocer a Cristo. Si tienes el don de la misericordia, habrá personas enfermas y dolidas que recibirán consuelo.

Cuando usamos nuestros dones es como si bebiéramos del pozo de agua fresca del Espíritu de Dios. Muchos tienen un concepto equivocado del servicio o ministerio. Creen que el verdadero servicio tiene que ser un trabajo pesado y sacrificado. El servicio es hacer lo que a uno no le gusta. Ray Stedman escribe: "Por desgracia, a muchos cristianos les han enseñado que hacer lo que Dios quiere que hagas es siempre desagradable; que los cristianos siempre tienen que elegir entre hacer lo que quieren hacer y ser felices, y hacer lo que Dios quiere que hagan y ser desdichados".[1] Pero cuando actuamos usando los dones que hemos recibido, nos sentimos amados y valorados, y sentimos que Dios se acerca con cariño para decirnos al oído: "Esto es para lo que fuiste creado".

4. "Pues así como en un cuerpo tenemos muchos miembros,... no todos los miembros tienen la misma *función*" (Romanos 12:4, la cursiva es mía). Nosotros tomamos la palabra que aquí traducimos por función, para obtener la palabra "práctica". En otros lugares de las Escrituras se traduce por "buenas obras", pero aquí se refiere a nuestra forma de actuar, a nuestra forma natural de hacer las cosas. Los miembros del Cuerpo pueden decir "soy maestro, soy profeta, soy administrador, soy un siervo", porque esos roles describen lo que somos por dentro.

Si tenemos en cuenta todo lo que acabamos de decir, podemos definir los dones espirituales de la forma siguiente: los dones espirituales son las habilidades ministeriales que el Espíritu nos ha dado que expresan nuestra motivación o preocupación particular para trabajar en la edificación del Cuerpo de Cristo.

¿Cuál es nuestra responsabilidad? Descubrir y usar los dones que Dios nos ha dado. En la parábola de los talentos el Señor dice que el que recibió cinco talentos ganó con ellos otros cinco talentos. Y a ese siervo el Señor le dijo: "¡Bien, siervo bueno y fiel!". Y al que enterró el único talento que recibió, el Señor le dijo: "¡Siervo malo y perezoso!" (Ver Mateo 25:14-30). Desenterrar nuestros dones no es un proceso sencillo. Es una búsqueda que dura toda la vida.

Enterrando nuestros dones
La razón principal por la que enterramos nuestros dones es el miedo. Ese miedo puede estar originado por diversas causas.

Miedo al fracaso o al riesgo. Pablo escribe a Timoteo porque éste estaba descuidando su don de evangelización: "Por lo cual te recuerdo

---

1 Ray Stedman, *Body Life* (Ventura, Calif.: Regal, 1972), p. 54.

que avives el fuego del don de Dios que hay en ti por la imposición de mis manos" (2ª Timoteo 1:6). Timoteo había enterrado su don. Cuando no usamos nuestros dones, se atrofian igual que ocurre con los músculos de nuestro cuerpo. ¿Por qué Timoteo no estaba usando su don? Si usaba su don corría el riesgo de encontrar dificultades, y eso le daba miedo. Pablo continúa diciéndole: "Porque no nos ha dado Dios espíritu de cobardía, sino de poder, de amor y de dominio propio" (v. 7). El temor que te lleva a encerrarte en ti mismo no viene de Dios. El Espíritu de Dios nos empuja hacia nuevas posibilidades.

Miedo a enfrentarnos al dolor. Algunos de nosotros nos frustramos porque creemos que no sabemos cuáles son nuestros dones. Cuando intentamos obtener una imagen adecuada de nosotros mismos, normalmente la imagen que vemos está distorsionada. Para mucha gente, esa distorsión se debe a que una dolorosa experiencia del pasado nos dejó una herida espiritual, y nuestro subconsciente cerró parte de nuestro mundo interior. Tenemos el deseo de hacer la voluntad de Dios, pero dentro de nosotros hay un muro que no vemos o no podemos derribar. La única forma de vencer aquello que nos paraliza es ir a la raíz del problema.

Miedo al compromiso. A veces decimos que no sabemos cuáles son nuestros dones porque es más fácil. Sabemos que si ponemos nombre a las habilidades que Dios nos ha dado eso nos obliga a usarlos. Si no hemos descubierto nuestros dones, eso nos libra del deber de usarlos, pero cuando los descubrimos, estamos obligados a rendir cuentas de lo que hacemos con ellos. Elizabeth O'Connor ha escrito: "Yo prefiero comprometerme con Dios de forma abstracta, que comprometerme ante Él en cuanto al tema de los dones".[2] Preferimos probar aquí y allá. Cuando ponemos nombre a nuestros dones nuestras opciones se reducen.

Los que han logrado vencer el miedo al fracaso, el miedo a enfrentarse al dolor personal, y el miedo al compromiso han experimentado un gozo liberador. La gente que deja actuar al Espíritu Santo descubre sus habilidades ministeriales y está dedicando su tiempo y energía a alguna necesidad que les preocupa.

Se cuenta que un día Miguel Ángel iba por la calle empujando un gran bloque de piedra. Un vecino curioso le preguntó: "¿Por qué tanto esfuerzo para empujar un bloque de piedra tosca?". El artista le contestó: "Porque dentro de ese bloque de piedra hay un ángel".

---

2 Elizabeth O'Connor, *Eighth Day of Creation* (Waco, Tex.: Word, 1971), p. 42.

Te invito a salir del bloque de piedra en el que estés, y sumarte a la búsqueda del tesoro. ¡Verás qué descubrimientos más increíbles haces!

Catalogación de los dones espirituales

Aquí tenemos una forma descriptiva de catalogar los dones espirituales que encontramos en 1ª Corintios 12:8-10, 28-31; Romanos 12:6-8; Efesios 4:11-12; 1ª Pedro 4:9-10. Los organizaremos en cuatro grupos:

de capacitación	de palabra	milagrosos	de servicio
apóstol	Ro. 12:7; 1 Co. 12:28)	sanidad (1 Co. 12:8)	fe (1 Co 12:9)
profeta	exhortación	milagros	ayuda (1 Co 12:28)
evangelista pastor-maestro (Ef. 4:11)	(Ro. 12:8)	(1 Co. 12:10)	administración (1 Co 12:28)
	sabiduría (1 Co. 12:8)	lenguas (1 Co. 12:10)	servicio (Ro. 12:7)
	conocimiento (1 Co. 12:8)	interpretación de lenguas (1 Co 12:10)	dar (Ro. 12:8)
			liderazgo (Ro. 12:8)
			misericordia (Ro. 12:8)
			hospitalidad (1 P. 4:9)
			discernimiento de espíritus

La lista que Pablo hace de los dones es descriptiva, no normativa ni definitiva. Su objetivo no fue hacer una lista exhaustiva. Ni tampoco se preocupó de elaborar una lista terminológicamente uniforme. Las listas bíblicas son un punto de partida para identificar la forma que la Gracia de Dios puede tomar.

Dones de capacitación

Aquellos que tienen dones de capacitación tienen la responsabilidad de preparar al resto de los miembros del Cuerpo para el ejercicio de sus dones ministeriales (Efesios 4:11-13). Lo que los apóstoles, los profetas, los evangelistas y los pastores y maestros tienen en común es el uso de la Palabra como herramienta. Ray Stedman usa una analogía de la vida cotidiana para cada uno de los dones de apoyo, para definir cuál es su función en la salud del Cuerpo. Los apóstoles son la estructura del esqueleto, porque éste sirve como marco sustentador del Cuerpo; los profetas son el sistema nervioso, pues en el sistema nervioso el cerebro envía mensajes a través de los nervios para activar las diferentes partes del cuerpo; los evangelistas son como el sistema digestivo que toma los nutrientes, los secciona y envía la energía que extrae para mantener vivo el cuerpo; y los pastores y maestros son como el sistema circulatorio que distribuye la comida de la Palabra y se deshace de lo que no sirve.[3]

Apóstol (misionero). Alguien que es capaz de ejercer influencia sobre los demás para establecer nuevas iglesias locales o para propiciar la extensión del cristianismo a nuevos lugares. Este don es especialmente necesario en etapas iniciales.

Profeta. Alguien que discierne y expresa la verdad que viene de Dios para exhortar, edificar y consolar a la Iglesia o para abrir los ojos de los creyentes para que éstos vean la verdad.

Evangelista. Alguien con pasión por hablar de la Gracia de Dios y del Amor del Padre celestial, ya sea de forma individual o ante un público, para que la gente dé los primeros pasos del discipulado cristiano.

Pastor-maestro. Alguien que tiene una preocupación especial por la situación espiritual a largo plazo de un rebaño, y alguien que enseña la Palabra de Dios como el medio principal para alimentar, nutrir y pastorear.

Dones de palabra

Las características distintivas de los dones de palabra no son muy perceptibles. La parte principal del Cuerpo que usan los que tienen dones de palabra es la lengua. Los dones de capacitación también hacen uso de la lengua, pero van unidos a la función de preparar a los santos y, por tanto, merecen una categoría propia. El libro de Santiago nos recuerda que se debe hacer un buen uso de la lengua debido al poder que ésta tiene (capítulo 3).

Enseñanza. La habilidad de interiorizar, organizar y comunicar la verdad de Dios de una forma eficaz, logrando que los oyentes permitan que Cristo transforme sus vidas.

Exhortación. La capacidad de motivar a una persona o a un grupo de personas consolándolas, retándolas, amonestándolas o animándoles.

Sabiduría. La capacidad de aplicar la guía del Espíritu Santo a necesidades específicas.

Conocimiento. Hay dos definiciones muy diferentes. Dependiendo del trasfondo del que vengamos, encontraremos la una o la otra: *erudición*, o la capacidad de investigar, sistematizar y acumular datos para ayudar a la edificación del Cuerpo; y *revelación*, o la capacidad de reci-

---

3 Stedman, *Body Life*, p. 70ss.

bir conocimiento directamente de Dios que no nos ha sido transmitido a través de canales humanos.

Dones milagrosos
Hay dos razones por las que, a simple vista, podría parecer desafortunado separar los dones milagrosos e incluirlos en una categoría propia. La primera es que podría parecer que estos dones son más "sobrenaturales" que otros dones, como por ejemplo el de administración. Sin embargo, Pablo no hace una separación entre lo milagroso y lo no milagroso. Para él, todos los dones del Espíritu, independientemente de lo comunes que parezcan, funcionan bajo el poder sobrenatural del Espíritu.

Segundo, si hacemos una lista diferente con estos dones estamos haciendo hincapié en que algunas escuelas de pensamiento creen que estos dones no son vigentes hoy. Este autor los incluye como dones normativos en la actualidad por las siguientes razones: (1) Pablo entremezcla lo natural y lo sobrenatural, borrando así nuestra catalogación. (2) En el Nuevo Testamento no dice que estos dones cesarían una vez la época apostólica finalizara. (3) El Espíritu Santo da continuidad a la presencia directa de Jesús en y a través de su pueblo, de acuerdo con la promesa de Jesús de que "aún mayores [obras] que éstas haréis, porque yo voy al Padre" (Juan 14:12).

Milagros. La habilidad de realizar actos sobrenaturales de parte de Dios que van en contra de las leyes naturales del Universo y que dan gloria a Dios y autentican la autoridad del siervo de Dios.

Sanidad. La habilidad de intervenir de forma sobrenatural a través de la fe como un instrumento de Dios para la cura física, emocional o de una enfermedad espiritual.

Lenguas e interpretación. La habilidad de hablar de forma sobrenatural en una lengua humana o angélica, y la finalidad es alabar a Dios o interceder por algo por lo que tú no sabes cómo orar.

Dones de servicio
Esta última categoría es bastante general y nos recuerda el espíritu en que debemos ofrecer estos dones. Con la excepción del liderazgo y la administración, estos dones podrían pasar muy desapercibidos. Los que ejercen estos dones normalmente no tienen ninguna necesidad de que se les reconozca. Sin embargo, su callada fidelidad es el cimiento que hace que el Cuerpo se mantenga unido. Son las articulaciones y los ligamentos que hacen que el cuerpo se pueda mover de una forma ágil.

Servicio. La habilidad de desempeñar cualquier tarea o responsabilidad con gozo, buscando el beneficio de los demás y cubriendo necesidades prácticas o materiales.

Ayuda. La habilidad de servir ayudando a alguien en su ministerio, realizando tareas que liberan a otros para que puedan atender su vocación.

Misericordia. La habilidad de trabajar con gozo con aquellos que la mayoría ignora.

Dar. La capacidad de dar bienes o recursos materiales con gozo, deleitándose en el beneficio que eso supondrá para los receptores.

Hospitalidad. La habilidad de tener invitados en casa y estar por ellos, con gozo y afecto.

Visión (o la fe de los líderes). La habilidad de discernir el sueño de Dios para un grupo concreto de creyentes y entonces equipar a esos creyentes para que puedan trabajar para realizar ese sueño.

Administración. La habilidad de organizar a un grupo de gente para que alcance unos objetivos.

Discernimiento. La habilidad de juzgar o determinar si las fuerzas que están actuando sobre una persona vienen de Dios, de Satanás, o del hombre.

Pasos para descubrir tus dones espirituales
Para descubrir qué dones espirituales tienes no hay un proceso claro. Para hacer un estudio de ti mismo, tienes que acercarte al proceso de descubrimiento desde varios ángulos.

Explorar las posibilidades. Conocer la definición bíblica de los diferentes dones para poder comparar tu comportamiento y motivación con los dones que encontramos en la Biblia.

Discernir tu motivación o deseos. Cuando uses tus dones sentirás que estás haciendo aquello para lo que Dios te diseñó, y eso te llevará a la satisfacción y la realización.

Busca la opinión de los demás. Los que te conocen bien y te han estado observando son los mejores candidatos para evaluarte. Los dones espirituales tienen un efecto sobre los demás porque edifican. Afirma y anima a los demás diciéndoles la forma en la que sus dones te han ayudado a caminar con Cristo.

Prueba las diferentes opciones. A menudo para descubrir qué dones nos ha dado Dios tenemos que lanzarnos, arriesgarnos, probar. Vence el miedo a lo nuevo y prueba algún servicio que te haga poner en práctica áreas que hasta ahora no has tocado. Evalúa las áreas en las que has servido en el pasado e intenta determinar cuáles te llenaban y cuáles no te resultaron satisfactorias.

Explora sentimientos críticos. También puedes descubrir tus dones fijándote en qué cosas criticas de los demás. Muchas veces eso no es más que una voz interior que está diciendo: "Yo puedo hacer eso mejor que ellos". Ahí podrías haber encontrado un don porque has identificado en otra persona algo que crees que eres capaz de hacer. Ten cuidado. También podría querer decir que tienes un espíritu crítico y necesitas arrepentirte.

Estudio de la Lectura

Teniendo el discipulado en mente, nos centraremos en los pasos uno, dos y tres del proceso de descubrimiento. Vamos a hacer los siguientes ejercicios.

1. Rellena el "Test de los dones", y después de revisar en oración tus respuestas, escribe cuáles crees que son tus dones. Puedes compartir con el grupo las cosas que has descubierto al hacer esa lista.

2. Sigue las instrucciones que aparecen bajo el título "Afirmando nuestros dones espirituales".

Test de los dones
En una hoja aparte completa las siguientes declaraciones tan rápido como puedas. No te pares a pensar. Escribe lo primero que te venga a la mente.
1. En mi trabajo o ministerio en la iglesia me siento satisfecho cuando…
2. Otros me han dicho que soy útil cuando…
3. Normalmente me piden que… (p. ej., enseñar o explicar un concepto difícil)
4. Como cristiano, normalmente me veo como… (p. ej., un maestro)
5. Creo que Dios me ha dado la responsabilidad de… en mi congregación.
6. Mi mayor preocupación por la iglesia es…
7. Si estuviera seguro de que no voy a fracasar en el ministerio yo…
Después de revisar mis respuestas creo que tengo los dones de… (Escribe todos los que quieras)

Afirmando nuestros dones espirituales
1. Piensa en los miembros del grupo, y escribe los dones que ves en ellos. ¿Crees que tienes algún don en común con algún miembro del grupo?

2. Elegid a un miembro del grupo. Centraos en esa persona y leedle todos los dones que habéis identificado. Después de que todos hayan hablado, haced lo mismo con el resto de las personas del grupo. En este punto no os detengáis a discutir.

Apunta los dones que otros han identificado en ti:
1.

2.

3.

4.

5.

Apunta tres dones del test:
1.

2.

3.

4. Uno por uno, que cada uno diga qué relación ve entre los dones que el grupo ha identificado y los que él o ella ha descubierto en su autoevaluación.
a. ¿Coinciden? ¿Estás de acuerdo?

b. ¿Qué cosas has descubierto?

c. Afirma lo que ves en los demás y explica cómo has visto que cada una de las personas del grupo está usando sus dones.

22/ La guerra espiritual

VERSÍCULO PARA MEMORIZAR: Efesios 6:14-18
ESTUDIO BÍBLICO: Efesios 6:10-20
LECTURA: Nuestra lucha no es contra sangre y carne

 Enseñanza principal

¿Qué oposición va a encontrar un discípulo de Jesús, y con qué recursos cuenta para combatir esa oposición?

Los discípulos de Jesús tienen un enemigo, Satanás, que luchará para impedir que nuestra confianza en la suficiencia de Jesús crezca. Los discípulos deben armarse para la lucha espiritual contra las artimañas del diablo colocándose la armadura de Dios.

1. Identifica palabras clave o expresiones clave en la pregunta y la respuesta, y explica en tus propias palabras lo que significa.

2. Reescribe esta verdad con tus propias palabras.

3. ¿Qué preguntas o temas te vienen a la mente al pensar en esta verdad?

 **Estudio del versículo para memorizar**

Los cristianos debemos ponernos la armadura de la fe cuando vamos a la lucha contra las fuerzas enemigas.

1. *Veamos el contexto:* Lee Efesios 6:14-18, y haz una lista de cada parte de la armadura y su valor como arma ofensiva o defensiva.

2. Los versículos para memorizar son *Efesios 6:14-18*. Cópialos en este espacio.

3. ¿Cómo nos ponemos toda la armadura de Dios?

4. ¿Qué parte de la armadura te falta?

5. ¿Qué te han enseñando estos versículos esta semana?

🔍 Estudio Bíblico Inductivo

1. *Lee Efesios 6:10-20.* Según este texto, ¿qué tenemos que hacer? ¿Por qué?

2. ¿Cuáles son las estrategias del diablo?

¿A cuáles de ellas eres más susceptible?

3. Efesios 6:12 describe una lucha que va más allá de la esfera humana. ¿Cómo describirías esa lucha con tus propias palabras?

4. ¿Cuál es tu reacción ante la descripción que Pablo hace de una lucha contra "principados, potestades, poderes de este mundo de tinieblas y huestes espirituales de maldad en las regiones celestiales"? (¿Eres escéptico en cuanto a la realidad de la personificación del mal? Explica tu respuesta).

5. ¿Cuál es el objetivo de estas fuerzas del mal?

6. ¿Cuál es tu actitud ante el poder del mal?

7. ¿Qué lugar tiene la oración en esta lucha?

8. ¿Qué implicaciones tiene para ti la enseñanza de este pasaje?

9. ¿Qué versículo o versículos te han impactado de forma especial? Escribe los versículos clave con tus propias palabras.

 **Lectura: Nuestra lucha no es contra carne ni sangre**

¿Cómo explicar la limpieza étnica de los musulmanes en Bosnia? ¿Qué decir de la cantidad de pastores que han comprometido su fe y ministerio cayendo en la infidelidad o tentación sexual? ¿Cómo entender la falta de unidad y la disensión que hay en muchas iglesias y que mancha el nombre de Cristo? ¿Cómo explicar la rápida desintegración del matrimonio, como demuestra el aumento de los divorcios, que en la década de los 50 afectó a un 11 ciento por de las parejas casadas, y que hoy está afectando a más del 50 por cien? ¿Cómo justificamos la conducta autodestructiva que demostramos cuando violamos nuestras propias creencias sobre lo que es correcto, decente y virtuoso?

Las Escrituras dicen que tenemos un enemigo invisible que nos vencerá si no lo tomamos en serio. "Porque nuestra lucha no es contra carne y sangre, sino contra principados, contra potestades, contra los poderes de este mundo de tinieblas, contra las huestes espirituales de maldad en las regiones celestes" (Efesios 6:12). Si buscamos soluciones humanas a problemas cuyo origen es el mal sobrenatural, fracasaremos, porque no habremos calculado correctamente la fuerza de nuestro enemigo. La educación y los grupos de apoyo nos podrán ayudar hasta cierto punto, pero no dejarán de ser soluciones humanas para problemas espirituales.

En su autobiografía, *A General's Life*, el General Omar Bradley recoge un encuentro con el joven William Westmoreland, que más tarde se convertiría en comandante de las fuerzas estadounidenses en Vietnam. En aquel entonces, Westmoreland era cadete en la clase de West Point de 1936. Durante un simulacro de la defensa de una colina, el chico hizo un papel pésimo y perdieron la batalla. Bradley, que en aquel entonces ya era comandante, estaba observando el ejercicio. Acercándose al joven oficial, lo apartó de los demás para darle un consejo: "Mr. Westmoreland, mira esa colina. Mírala desde la perspectiva del enemigo. Es fundamental que te pongas en la posición del enemigo".

Tenemos un enemigo
Pablo dice con toda claridad que detrás de la cara humana del pecado, del sufrimiento y de la maldad, hay un conjunto de fuerzas espirituales invisibles. Dice también que en este mundo de tinieblas hay "poderes". Este término se usaba en la Astrología para referirse a la alineación de los planetas, que controlaba el destino de los seres humanos. Lo que

hace aquí el apóstol es tomar una palabra que todo el mundo conocía para darle otro significado. Al describir a estos poderes como malignos, Pablo está diciendo que son destructivos, sin escrúpulos, malévolos. Pedro escribió: "Vuestro adversario, el diablo, anda al acecho como león rugiente, buscando a quién devorar" (1ª Pedro 5:8).

Aunque Pablo entendió la realidad de la personificación del diablo, nosotros muchas veces no somos conscientes de ello. C.S. Lewis dijo que en cuanto al tema del diablo, nosotros cometemos dos errores muy diferentes entre sí, pero igualmente perjudiciales. En el prefacio de su obra *Cartas del diablo a su sobrino*, escribe: "Uno consiste en no creer en su existencia. El otro, en creer en los diablos y sentir por ellos un interés excesivo y malsano".[1]

En cuanto al primer error, nosotros no creemos en el diablo porque en nuestra era la idea de un ser sobrenatural que es el enemigo de Dios se ve como producto de los tiempos primitivos. Ahora que hemos avanzado, tenemos una explicación causa-efecto para casi todo. Una noción como la del diablo es del todo ingenua. El teólogo escéptico Rudolf Bultmann expresa esta actitud que acabamos de explicar: "Es imposible usar la luz eléctrica y los productos inalámbricos, y valernos de los modernos descubrimientos médicos y quirúrgicos, y a la vez creer en el mundo de demonios y espíritus que nos presenta el Nuevo Testamento".[2]

Richard Mouw, presidente de Fuller Theological Seminary, tuvo la oportunidad de visitar a un profesor de una importante universidad que hacía poco que se había convertido al cristianismo. La conversación empezó de una manera un tanto extraña, hasta que el recién convertido admitió que aquella conversación le ponía algo nervioso. "Quizá te suene extraño, pero es que eres el primer cristiano académico con el que hablo de mi fe". No se atrevía a hacerme las preguntas que tenía por miedo a que fueran demasiado básicas. Uno de los temas que le preocupaban era el tema del diablo. "Antes de ser cristiano yo pensaba que creer en Satanás era de lunáticos, pues eso quedó en la Edad Media. Pero ahora, cuando miro atrás, me doy cuenta de que antes de entregarme a Cristo yo estaba luchando contra un poder que estaba intentando dominar mis pensamientos. Cuando me convertí en discípulo de Cristo me sentí libre de aquella fuerza. En Cristo soy libre para ver las cosas de forma diferente".[3]

---

1 C. S. Lewis, *Cartas del diablo a su sobrino* (Madrid: Ediciones RIALP, 2003), p. 21.
2 Rudolf Bultmann, *Kerygma and Myth* (London: SPCK, 1953).
3 Richard Mouw, *Distorted Truth* (San Francisco: Harper & Row, 1989), p. 30.

El segundo error que cometemos por lo que a Satanás se refiere es, según Lewis, "creer en los diablos y sentir por ellos un interés excesivo y malsano".[4] Algunos cristianos creen ver demonios por todas partes. Si alguien es adicto al tabaco o al sexo es que el demonio del tabaco o del sexo ha entrado dentro de él, y hay que sacárselo. Esta actitud exagerada puede ser una forma de no aceptar la responsabilidad que uno tiene por su propio pecado. Es muy fácil decir: "El demonio me ha obligado a hacerlo".

Además del escepticismo y de esta actitud exagerada, hay un tercer problema que quizá es más común y más dañino que los otros dos. Podemos decir que sí creemos en la personificación del diablo, pero podemos vivir sin que esa creencia tenga ningún efecto en nosotros. Por ejemplo, cuando nos llega una enfermedad o una depresión, nuestra forma de enfrentarnos a ellas queda limitada a los servicios médicos o psicológicos. Aunque decimos que el maligno existe, pensamos con la mentalidad científica de nuestros días que dice que todos los problemas tienen una causa natural y que, por tanto, la única solución posible es una solución natural. La verdad es que la transformación y el cambio en nuestras vidas, la victoria sobre el pecado y sobre la influencia que el maligno ejercía sobre nosotros, es solo gracias a la actuación del Espíritu Santo que se enfrenta y saca a los poderes del mal y del pecado. Es fácil dejarse seducir por la idea de que podemos producir fruto por nuestro propio esfuerzo, cuando de hecho hemos sido llamados a entrar en el reino de una guerra espiritual que no se lidia con armas humanas.

Tenemos un enemigo, y ese enemigo nos está atacando. Dice Pablo que "nuestra lucha no es contra sangre y carne". La palabra "lucha" tiene su origen en el mundo de las competiciones atléticas o lo que es lo mismo, los combates cuerpo a cuerpo. Pablo está queriendo decir que la batalla ahora es "cercana y personal". Del mismo modo en que un luchador tiene que conocer los movimientos de su contrario para saber cómo defenderse, también nosotros tenemos que conocer los movimientos de aquel que nos quiere destruir. Tenemos que ponernos toda la armadura de Dios para poder mantenernos firmes ante las artimañas del diablo.

El diablo usa básicamente cuatro estrategias para destruir a las personas, a la Iglesia, y al mundo. No debemos pensar que el diablo solo lucha a nivel personal. Muchas veces los cristianos no vemos que Satanás no solo está intentando neutralizarnos a nosotros de forma indivi-

---

4 Lewis, *Cartas del diablo a su sobrino*, p. 21.

dual, sino que sus artimañas tienen que ver con la destrucción de la Iglesia de Cristo y con cubrir este mundo de su oscuridad.

¿Cuáles son las estrategias más comunes del diablo?

La tentación
Cuando Jesús inició su ministerio público, la primera acción del Espíritu Santo fue llevarle al desierto "para ser tentado" (Mateo 4:1). La estrategia principal del maligno es ser una serpiente seductora cuyo método es sembrar semillas de desconfianza y de dudas sobre Dios, dudas sobre si Él ciertamente quiere nuestro bien. El diablo siempre empieza de forma muy sutil. Si nos retrotraemos al jardín del Edén, Satanás se le aparece a Eva en forma de una serpiente. Dios ha prometido a la pareja original vida abundante, y la única restricción es que no coman del árbol del conocimiento del bien y del mal. ¿Qué es lo que la serpiente hace? Lanza una pregunta maquinada para sembrar dudas sobre la bondad de Dios: "Conque Dios os ha dicho: 'No comeréis de ningún árbol del huerto'?" (Génesis 3:1).

La tentación consiste en hacernos dudar de que el plan de Dios para nuestras vidas vaya a ser el más satisfactorio. Aunque Santiago nos dice que la tentación se origina dentro de nosotros (Santiago 1:13-15), Satanás está presente en ese proceso alimentando las llamas de esos deseos o pasiones, creando imágenes en nuestra mente y seduciéndonos para que hagamos lo contrario a lo que Dios quiere. La tentación promete satisfacción, pero es superficial y dañina.

La acusación
En Apocalipsis 12:10, Satanás recibe el nombre de "el acusador de nuestros hermanos". Lo que Satanás quiere es destruir a la Iglesia desde dentro. Su objetivo principal es atacar la gloria de Dios y darle un golpe definitivo al Hijo de Dios. ¿Qué mejor forma de hacerlo que sembrando disensión en medio del pueblo de Dios, que está llamado a reflejar la gloria de Dios? Si Satanás logra conseguir que el pueblo de Dios luche entre sí, la batalla habrá acabado. Tenemos que tener cuidado con la forma en la que hablamos sobre nuestros líderes y otros miembros del Cuerpo, pues sin darnos cuenta nos podemos convertir en el arma diabólica que busca la desunión.

Otra forma de experimentar la acusación es la voz interior de autocondena y desespero. Los cristianos muchas veces no alcanzamos a discernir la diferencia entre la convicción del Espíritu y las acusaciones del diablo. ¿Cómo podemos distinguirlas? En el resultado. Satanás tiene la capacidad de crear en nuestras mentes una trágica imagen de nuestros pecados y debilidades. Su intención es llevarnos a la frustración y a la desesperación. Pero la convicción del Espíritu Santo es una dulce liberación. Bajo su influencia, vemos con claridad nuestra culpa y la fealdad de nuestro pecado, pero también podemos ver las aguas frescas de la misericordia de Dios.

El engaño
Satanás se enmascara de ángel de luz. Los creyentes de Éfeso conocían los intentos de Satanás de transformarse en un poder benévolo. En aquella ciudad las prácticas de magia y ocultismo eran bien normales. Se dice que en el templo de Artemisa había un zodíaco que aparentemente podía manipular las fuerzas cósmicas. Cuando mucha gente de la ciudad empezó a seguir a Cristo, "muchos de los que habían creído continuaban viniendo, confesando, y declarando las cosas que practicaban. Y muchos de los que practicaban la magia, juntando sus libros, los quemaban a la vista de todos" (Hechos 19:18-19).

Johanna Michaelsen cuenta la historia de cómo se metió en el mundo del Ocultismo a través de lo que en aquel entonces le pareció una práctica buena de curación psíquica. Su libro se titula *The Beautiful Side of Evil* [El lado hermoso del mal]. Satanás ejerce la curación, e incluso intenta que su acción se asocie al nombre de Jesús, pero ésa es una forma de abrirse camino y lograr que más gente caiga en sus redes. La gente, ingenuamente, se deja engatusar por la Astrología, la lectura de las manos, pensando que son cosas inofensivas, pero son la antesala al dominio del maligno. El atractivo del ocultismo es doble. Por un lado, está el deseo de un conocimiento sobrenatural del futuro y, por otro, el deseo de ganar el poder de manipular a las fuerzas espirituales para el beneficio propio.

La principal arma de Satanás no es el Ocultismo. Él sabe que es mucho más eficaz si lanza una nube de tinieblas sobre toda una cultura. Satanás engaña a naciones enteras con cosmovisiones que imponen una mentalidad dominante. La aceptación del relativismo, por ejemplo, es una maniobra ingeniosa y malévola de Satanás. Un estudio reciente revela que el 67 por ciento de los estadounidenses cree que la verdad absoluta no existe. Casi nadie busca una verdad fuera de uno mismo, pues están convencidos de que no la van a encontrar.

Ataques directos

Cuando Satanás ve que está perdiendo, entonces ataca directamente. Nuestra sociedad es abiertamente hostil hacia los cristianos. Los medios de comunicación los presentan como estrechos de mente e, incluso, como lunáticos. Vivimos en una era de creciente anticristianismo. Tenemos que recordar que el que está potenciando ese antagonismo no es otro que el enemigo, cuyo objetivo principal es el Señor Jesucristo. Si no puede llegar a él de forma directa, lo intentará a través de sus seguidores.

Nos enfrentamos a un enemigo fuerte, pero no nos desanimemos. "Por lo demás, fortaleceos en el Señor y en el poder de su fuerza" (Efesios 6:10). Aunque el maligno parezca muy poderoso, estamos del lado correcto. La cabeza de nuestro ejército es Aquel que colgaron en una cruz, donde desenmascaró y juzgó a Satanás y a sus secuaces. Cuando él creía que había acabado con Jesús, Dios le levantó de entre los muertos, venciendo al poder de las tinieblas. Y el poder que resucitó a Jesús está con nosotros. Por eso Pablo oraba por los efesios diciendo: "Mi oración es que los ojos de vuestro corazón sean iluminados, para que sepáis … cuál [es] la extraordinaria grandeza de su poder para con nosotros los que creemos, … [poder] el cual obró en Cristo Jesús cuando le resucitó de entre los muertos" (Efesios 1:18-20).

El domingo está por llegar

Tony Campolo nos explica el poder de la cruz y la resurrección contándonos lo que pasó en el culto de un viernes santo. En aquella ocasión, Campolo era el sexto de los siete predicadores que iban a participar en aquel acto.

Campolo tenía calor. Después de predicar, se sentó al lado del séptimo orador, se acercó, y le dijo: "A ver si puedes superar eso". Aquel hombre, que era su pastor, le dijo: "Espera y verás". Durante los siguientes cuarenta y cinco minutos aquel predicador mantuvo la atención de toda la congregación, y eso que había construido su sermón en torno a una sola línea: "Es viernes. ¡El domingo está por llegar!".

Empezó lentamente, para ir avanzando hasta el clímax: "Es viernes. Jesús está en la cruz. Está muerto. Ya no está. Les ha dejado. Pero solo es viernes. El domingo está por llegar".

"¡Continúa!", gritó alguien.

"Es viernes. Pilato se lava las manos. Los fariseos llevan la voz cantante. Los romanos se creen importantes. Pero solo es viernes. ¡El domingo está por llegar!".

"¡Sigue predicando!".

"Es viernes. Satanás está disfrutando de su pequeña actuación. Cree que gobierna el mundo. Las instituciones están bajo sus pies, los gobiernos obedecen sus órdenes, y las multitudes no ven más allá de la verdad que él les presenta. Pero eso es porque es viernes. ¡El domingo está por llegar!".

Acabó el sermón gritando a todo pulmón: "¡Es viernes!". Y una congregación de 1500 personas contestó con un gran estruendo: "¡El domingo está por llegar!".

Ánimo. El domingo ya ha llegado.[5]

Estudio de la Lectura

1. ¿Cómo explicas que haya tanto mal?

2. Explica por qué no somos plenamente conscientes de la existencia y el poder de Satanás.

3. El autor identifica cuatro estrategias del diablo. Explica cada una de ellas con tus propias palabras.

a. la tentación

b. la acusación

c. el engaño

d. los ataques directos

5 Tony Campolo, *It's Friday, but Sunday's Comin'* (Waco, Tex.: Word, 1984).

4. ¿Cómo podemos armarnos para defendernos de estas artimañas?

5. ¿A qué ataques de Satanás eres más susceptible?

6. ¿En qué áreas crees que la Iglesia es más susceptible a las artimañas de Satanás?

7. ¿Qué estrategias está usando Satanás en nuestra cultura?

8. ¿Qué preguntas tienes sobre la lectura?

9. ¿La lectura te ha mostrado algún pecado? ¿Te reta? ¿Te consuela? Explica por qué.

23/ Andar en obediencia

VERSÍCULO PARA MEMORIZAR: Efesios 4:22-24
ESTUDIO BÍBLICO: Efesios 4:17-32
LECTURA: El principio de la sustitución

 Enseñanza principal

¿Cómo somos transformados los discípulos para ser más como Cristo?

La conducta pecaminosa es el resultado de la repetición de ciertas prácticas que con el tiempo se convierten en hábitos y echan raíces en nuestra persona. Crecer para parecerse a Cristo es un proceso que consiste en sustituir los viejos hábitos por aquello que agrada a Dios.

1. Identifica palabras clave o expresiones clave en la pregunta y la respuesta, y explica en tus propias palabras lo que significa.

2. Reescribe esta verdad con tus propias palabras.

3. ¿Qué preguntas o temas te vienen a la mente al pensar en esta verdad?

 **Estudio del versículo para memorizar**

Pablo usa en sus epístolas una serie de imágenes para describir el proceso de transformación. Habla de ser hechos conforme a la imagen de Cristo (Romanos 8:29), del fruto del Espíritu que es todo lo contrario a las obras de la carne (Gálatas 5:16-26), y de no adaptarnos a este mundo, sino transformarnos por medio de la renovación de nuestra mente (Romanos 12:2). Los versículos para memorizar describen la santificación como la acción de quitarse la ropa vieja y hecha trizas para vestirse con ropa que honre a Dios.

1. *Veamos el contexto:* Lee Efesios 4:17-32. ¿En qué sentido los versículos 22-24 son una transición entre la descripción del viejo (v. 17-21) y del nuevo estilo de vida (v. 25-32)?

2. Los versículos para memorizar son *Efesios 4:22-24*. Cópialos en este espacio.

3. Mientras que en Romanos 12:2 Pablo habla de la renovación de nuestras mentes, aquí habla de la "actitud" de nuestras mentes (v. 23). ¿A qué se está refiriendo el apóstol?

4. Según Pablo, ¿qué tenemos que quitarnos y qué tenemos que ponernos?

5. ¿Hasta qué punto Dios es responsable del cambio en nosotros? ¿Y hasta qué punto nosotros somos responsables de nuestra transformación?

6. ¿Qué te han enseñando estos versículos esta semana?

 **Estudio Bíblico Inductivo**

Lee Efesios 4:17-32. Mientras que Efesios 4:17-24 describe el principio de sustitución de lo viejo por lo nuevo, y la necesidad de este principio, Efesios 4:25-32 ilustra el principio de que la transformación no es completa hasta que se abandona el viejo estilo de vida y se sustituye por los hábitos que Dios nos pide.

1. Una forma de entender el pecado es verlo como hábitos adictivos, y no como actos aislados. Fíjate en las expresiones de este pasaje que describen el pecado como hábitos enraizados en nuestra conducta.

2. En los versículos del 22 al 24 Pablo no dice simplemente que nos deshagamos de la vieja naturaleza, sino que tenemos que vestirnos con la nueva. ¿Por qué no es suficiente con dejar el mal comportamiento?

3. Fíjate cómo Pablo ilustra el principio de sustitución usando las expresiones "despojarse" y "vestirse" en los versículos 25-32. Anota tus observaciones en la siguiente tabla.

despojarse	vestirse

4. ¿Qué implicaciones tiene para ti la enseñanza de este pasaje?

5. ¿Qué versículo o versículos te han impactado de forma especial? Escribe los versículos clave con tus propias palabras.

 **Lectura: El principio de sustitución**

En *La travesía del explorador del amanecer*, el tercer libro de las Crónicas de Narnia, C.S. Lewis cuenta la historia de la transformación de Eustace, un niño muy difícil. Eustace es un pasajero del Alba, que navega bajo el mando del príncipe Caspian. Eustace es un chico maleducado, odioso, que se queja por todo, y se aísla de sus compañeros de viaje. Cuando el barco llega a una isla, los pasajeros salen para explorar el lugar. Eustace se separa de los demás, porque se da cuenta de que no les cae bien. Al poco tiempo se encuentra con un dragón espantoso. Para alivio del chico, el dragón muere en sus narices, pero después de una noche llena de sueños, Eustace se despierta para ver que se ha convertido en un dragón verde y lleno de escamas. De esta forma Lewis expresa que Eustace acabó siendo por fuera lo que era por dentro.

Cuando el muchacho se da cuenta de lo que ese cambio simboliza, se pone a llorar. ¿Cómo va a deshacerse de esas escamas y cómo van a reconocerle aquellos de quienes se ha aislado? Y llega otra noche llena de sueños, o al menos, eso le parece a él. En ese sueño se le acerca Aslan, un león que desempeña el papel de Cristo en esta historia. Aslan lleva a Eustace a un pozo de burbujas, al que se desciende por unas escaleras de mármol. El agua invita a entrar, pero Aslan le dice que antes de entrar se tiene que desvestir. Eustace sabe que el león quiere decir que se tiene que deshacer de la piel escamosa, como cuando las serpientes cambian la piel. Entonces se empieza a despojar de esa piel, como si de un plátano se tratara. Cuando acaba, empieza a caminar hacia el agua, solo para darse cuenta, al reflejarse, que aún tiene la misma pinta. Dos veces más intenta deshacerse de aquella fea capa, pero sin éxito alguno. No importa cuantas veces lo intente, pues nada cambia.

Entonces Aslan le dice: "Tendrás que permitir que te desvista yo". Aunque Eustace tiene miedo de las garras de Aslan, está desesperado, así que se tumba en el suelo, y deja que el león le ayude:

"La primera lágrima fue tan profunda que pensé que me había dado directamente en el corazón. Y cuando empezó a tirar de la piel, sentí un tremendo dolor, el dolor más grande que nunca había sentido. La única cosa que me ayudó a soportarlo fue el placer de saber que me estaba deshaciendo de aquella horrenda capa. Cuando acabó de quitármela toda, mi piel era suave, agradable como la de un bebé. Aslan me cogió y me tiró al agua. Al principio me escocía, pero luego se convirtió en una sensación muy deliciosa. Me había convertido en un niño de nuevo. … Y después de un rato el León me sacó del agua y me vistió. Me vistió con ropa nueva".[1]

Dios quiere hacer de nosotros personas nuevas que reflejen su imagen. Para ello, tiene que sustituir la piel vieja que representa nuestro antiguo estilo de vida por una piel nueva, hecha a su semejanza. La imagen de despojar y de vestir le sirve a Pablo para transmitirnos esta enseñanza. "En cuanto a vuestra anterior manera de vivir, que os despojéis del viejo hombre, que se corrompe según los deseos engañosos,… y que os vistáis del nuevo hombre, el cual, en la semejanza de Dios, ha sido creado en la justicia y la santidad de la verdad" (Efesios 4:22, 24). Pablo está diciendo que la vida cristiana es un proceso de por vida de despojarnos de las feas vestimentas de nuestra naturaleza pecaminosa y de vestirnos con ropas nuevas que nos transformarán en seres que reflejan la santidad y la justicia de Dios.

Transformación
Vamos a hablar del proceso de transformación en términos prácticos. El ser humano es un ser de hábitos o costumbres. Los hábitos son una forma concreta de pensar, de sentir o de actuar. Llegan a convertirse en una parte tan importante de nuestra vivencia que son como una segunda naturaleza. Por ejemplo, cuando te abrochas una camisa, ¿lo haces de arriba abajo o de abajo arriba? Los tenemos tan interiorizados que podemos llegar a dominar acciones complejas y desempeñarlas de forma inconsciente. ¿Te acuerdas de la primera vez que te sentaste al volante de un coche? Había muchas cosas en las que pensar: poner la llave en el contacto, abrocharse el cinturón de seguridad, colocar el asiento en posición, comprobar los retrovisores… Y todo eso, ¡antes de arrancar! Todas esas actividades eran un esfuerzo consciente. Pero después de muchas horas de práctica nos metemos en el coche y en cuestión de segundos hemos arrancado sin darnos cuenta de que ya hemos realizado todas esas acciones.

La vida esta llena de hábitos buenos y malos. Tenemos hábitos de pensamiento y de conducta que honran a Dios, pero también tenemos

---

[1] C.S. Lewis, \o «La Travesía del Viajero del Alba / Crónicas de Narnia 5» *La travesía del viajero del alba* (Barcelona: Destino, 2005), pp. 143-144.

hábitos que le desagradan. Seguir a Cristo es comprometerse a deshacerse de lo viejo para sustituirlo por lo nuevo. El Señor quiere introducir en nuestras vidas hábitos que agraden a Dios. La palabra "hábitos" deriva del término latino "habitus". Los sacerdotes normalmente llevan un "habitus", una pieza de vestir que representa su compromiso a vivir una vida santa. Nosotros también debemos ponernos hábitos que nos lleven a la santidad.

En Efesios 4:17-24 Pablo habla de cuatro pasos para deshacerse de los hábitos que desagradan a Dios y "revestirse" con hábitos que reflejan el carácter de Dios.

Conoce la vida vieja en la que estabas

Según Pablo, los cristianos tenemos que vivir de forma diferente a la cultura de la que venimos. Para que podamos ver aquello que debemos ser, a grandes pinceladas, Pablo describe la cultura pagana que vive de espaldas a Dios. Pablo quiere que haya un claro contraste; ni siquiera intenta equilibrar esa descripción añadiendo cualidades nobles. Quiere que los creyentes vean que tienen que vivir una vida que sea diferente, que se desmarque de forma clara. "Esto digo, pues, y afirmo juntamente con el Señor: que ya no andéis así como andan también los gentiles, en la vanidad de su mente, entenebrecidos en su entendimiento, excluidos de la vida de Dios por causa de la ignorancia que hay en ellos, por la dureza de su corazón; y ellos, habiendo llegado a ser insensibles, se entregan a la sensualidad para cometer con avidez toda clase de impurezas" (Efesios 4:17-19). Pablo habla de tres pasos que llevan a la oscuridad.

1. *Dirección errónea*. Pablo dice que la oscuridad empieza cuando no pensamos en las cosas adecuadas. En los versículos 17 y 18 aparecen tres palabras relacionadas con el pensamiento: *mente, entendimiento* e *ignorancia*. Pablo dice que entramos en la oscuridad cuando tomamos la decisión de llevar nuestro pensamiento en la dirección equivocada.

Pablo usa tres expresiones para recoger esta idea. En primer lugar hablar de "la *vanidad* de su mente". La palabra "vanidad" tiene que ver con la idolatría. Pablo dice que rechazar al Dios verdadero no significa que no tenga un dios. Si tu dios no es el Dios verdadero, entonces has sustituido al Señor por una mentira. En segundo lugar, la vanidad de la mente lleva a "un entendimiento entenebrecido". Si empezamos con la premisa equivocada, no importa lo meticulosos o lógicos que seamos, porque siempre llegaremos a una conclusión errónea. Por último, Pablo describe esa dirección errónea como "la ignorancia que hay en ellos". No se trata de una ignorancia inocente, sino de una ignorancia consciente, premeditada, de la cual tendrán que responder ante Dios. No tenemos excusa. Dios nos juzgará por nuestra ignorancia porque de lo que Pablo está hablando es de una ceguera voluntaria.

El resultado de llevar esta vida errónea es que estamos "excluidos de la vida de Dios". No solo quedamos separados de la fuente de vida que nos creó, sino que además nos hemos rebelado en contra de nuestro Creador y estamos enemistados con Él.

¿Podemos ver todo esto en nuestra sociedad hoy? Una señal de haber tomado la dirección errónea es el rechazo de los absolutos. Adoramos al dios del relativismo. La actitud dominante es que hemos de ser fieles a aquello que es verdad *para mí*. Eso es lo que se respira en nuestra cultura.

2. *Dureza de corazón*. El camino a la oscuridad empieza por tomar la dirección errónea, y eso nos lleva a la dureza de corazón. Pablo dice que nuestro pensamiento está entenebrecido porque nuestro corazón se ha calcificado. Vamos en la dirección equivocada "por la dureza de nuestro corazón" (v. 18). La palabra que nosotros traducimos por "dureza" deriva de un término médico que define el calcio que se deposita entre las articulaciones y se hace más duro que el mármol. Así, llegamos a ser *insensibles* (v. 19), palabra que significa que ya nada nos importa, por lo que la indiferencia nos invade y la línea divisoria entre el bien y el mal se desvanece.

3. *Permisividad*. Pablo escribe que los gentiles "se entregaron a la sensualidad" (v. 19). La palabra que traducimos por "sensualidad" significa la pérdida de la vergüenza. Cuando una sociedad ya no se escandaliza por nada, o ya no tiene sentido de la vergüenza, encaja en esta descripción que Pablo hace. La segunda expresión que capta muy bien esta permisividad es "cometer con avidez toda clase de impurezas", ese deseo irresistible de tener lo que no nos corresponde.

Pablo nos ofrece una descripción detallada de la cultura pagana porque, para desarrollar hábitos que agraden a Dios, tenemos que reconocer la vieja vestimenta de la que nos tenemos que deshacer.

No subestimes la influencia de la vida vieja
Una de las razones por las que no logramos cambiar nuestros malos hábitos es porque no reconocemos el poder que los hábitos tienen sobre nosotros. Es como si después de cortar un árbol tuviéramos que quitar el trozo del tronco que ha quedado unido a la raíz, y dijéramos: "Esto ya es

pan comido. En una hora acabo". Armados con una pala y una sierra empezamos la tarea, pero después de tres horas tenemos ganas de abandonar porque aunque después de mucho cavar ya se ven muchas de las raíces, nos hemos dado cuenta de que éstas eran más largas de lo que imaginábamos. Habíamos subestimado la tarea.

La perseverancia, la resistencia y la disciplina son elementos clave para cambiar hábitos. Cualquier hábito nuevo requiere un mínimos de tres a seis semanas para llegar a formar parte de nuestra rutina. Muchos de nosotros abandonamos antes de llegar a ese punto. Tenemos que conocer la dureza de la batalla que tenemos por delante para poder clamar a Dios y que éste, en su gracia, nos ayude a cambiar.

Practica el principio de la sustitución
Normalmente creemos que para cambiar un hábito es suficiente con dejar de pensar, sentir o actuar de cierta manera. Por ejemplo, reducimos la cantidad de comida que injerimos, intentamos no hacer comentarios críticos y destructivos, dejamos de beber, etc. Eso está bien. Pero, ¿cuánto dura? En la mayoría de ocasiones nuestra voluntad flaquea y volvemos al viejo hábito, que se apodera de nosotros aún con más fuerza. Lucas nos cuenta la historia de un hombre que tenía un demonio, Jesús se lo sacó, pero como el demonio no tenía dónde ir, volvió al hombre del que había sido expulsado, llevándose consigo siete demonios más (Lucas 11:24-26). Cuando simplemente dejamos de practicar un hábito y no lo sustituimos por otro que agrade a Dios, creamos un vacío que acaba siendo ocupado por una versión más potente del hábito antiguo.

Pablo dice que tenemos que poner en práctica el principio de sustitución. Cuando nos "despojamos" o "desvestimos", luego tenemos que "vestirnos". El primer paso es identificar el hábito al que tenemos que dar muerte. Tenemos que hacer un inventario moral de nosotros mismos y admitir delante de Dios, de nosotros mismos y de los demás la naturaleza de nuestro error. Entonces tenemos que prepararnos para deshacernos de todos los defectos de nuestro carácter. La transformación del Espíritu Santo no solo es deshacerse de los hábitos antiguos, sino que no será completa hasta que los sustituyamos por hábitos nuevos.

Ten en mente el plan que Dios tiene para ti
Dios quiere que reflejes su imagen: "vístete del nuevo hombre, el cual, en la semejanza de Dios, ha sido creado en la justicia y santidad de la verdad" (v. 24). Para llegar a la meta, los atletas ponen la mira en la línea

a la que tienen que llegar. El que hace salto de altura, también pone los ojos en la barra que tiene que superar. Lo que nos motiva a ir hacia lo que debemos ser es poder cumplir ese objetivo. Lo que queremos ver es cómo nuestro carácter se va limpiando de los hábitos que no agradan a Dios, y cómo Jesús va brillando cada vez más a través de nosotros, para así poder llegar a ser lo que Dios quiera que seamos.

Tenemos que ser pacientes porque se trata de un proceso. Richard Lovelace explica muy bien este proceso de santificación: "Dios actúa de forma diferente según la persona. Él sabe cuál es el ritmo adecuado para cada uno de nosotros, y el orden adecuado, así que con el paso de los años nos irá mostrando una tras otra qué cosas debemos cambiar, en qué áreas debemos crecer. Rara vez nos muestra de golpe todos nuestros errores, ¡porque nos frustraríamos!".[2] Dicho de otro modo, la santidad instantánea no existe. Para vivir de una forma que es contraria a nuestra sociedad, tenemos que dejarnos guiar por el Espíritu Santo y estar dispuestos a realizar cambios durante toda nuestra vida.

El Espíritu Santo es como si fuera el sastre de Dios: está dispuesto a darnos ropa nueva y a deshacerse de nuestro raído vestuario. Pero el antiguo modo de vivir muere de forma lenta, amarga, sangrienta. No quiere perder el control que tiene sobre nosotros. Pero la ropa nueva nos favorece mucho más.

Como en la historia de Eustace, tenemos que darle permiso al Señor para que nos vista de nuevo. Nosotros solos no podemos quitarnos esa piel de escamas. Deberíamos orar así: "Señor, haz lo que tengas que hacer, busca en lo más profundo hasta llegar a los malos pensamientos, los malos sentimientos, los malos comportamientos. Aunque me duela, porque mi deseo es ser transformado para parecerme a ti".

Estudio de la Lectura

1. ¿Qué pretende ilustrar C.S. Lewis a través del personaje de Eustace?

---

2 Richard F. Lovelace, *Dynamics of Spiritual Life* (Downers Grove, Ill.: InterVarsity Press, 1980), p. 111.

2. ¿Te parece que la descripción que Pablo hace de la sociedad que está de espaldas a Dios es un tanto exagerada? Explica tu respuesta.

3. ¿De qué hábitos has intentado deshacerte? Si no lo has logrado, ¿por qué crees que ha sido?

4. ¿De qué forma puedes poner en práctica el principio de la sustitución?

a. detectar y dejar un hábito que no agrada a Dios

b. interiorizar los hábitos que agradan a Dios

c. visualizar lo que Dios quiere que seas

5. ¿Qué preguntas tienes sobre la lectura?

6. ¿La lectura te ha mostrado algún pecado? ¿Te reta? ¿Te consuela? Explica por qué.

24/ Compartir la riqueza espiritual

VERSÍCULO PARA MEMORIZAR: 2ª Timoteo 2:2
ESTUDIO BÍBLICO: 1ª Tesalonicenses 2:1-12
LECTURA: La estrategia ministerial de Pablo

 Enseñanza principal

¿Cuál es nuestro papel en el discipulado a partir de ahora?

El discipulado es dejar que Dios nos use para ayudar a otro discípulo a crecer. Una señal de nuestra madurez es el deseo de transmitir a la siguiente generación "la riqueza" que tenemos.

1. Identifica palabras clave o expresiones clave en la pregunta y la respuesta, y explica en tus propias palabras lo que significa.

2. Reescribe esta verdad con tus propias palabras.

3. ¿Qué preguntas o temas te vienen a la mente al pensar en esta verdad?

 **Estudio del versículo para memorizar**

En 2ª Timoteo Pablo quiere motivar a su hijo en la fe. Pablo está al final de su ministerio en la Tierra y su mayor preocupación es que el Evangelio se transmita intacto a la generación siguiente. Por eso anima a Timoteo a que se encargue de ello.

1. *Veamos el contexto:* Lee 2ª Timoteo 1:1-18. ¿De qué forma el consejo de Pablo a Timoteo, "fortalécete en la gracia que hay en Cristo Jesús" (2:1), sirve para responder a los miedos de Timoteo?

2. El versículo para memorizar es *2ª Timoteo 2:2*. Cópialo en este espacio.

3. ¿Qué estrategia ministerial vemos en este versículo?

4. Timoteo tiene que buscar a hombres que sean "fieles", "de confianza". ¿Qué cualidades deberías buscar en un compañero para tu próximo grupo de discipulado?

¿No significa eso que hay cristianos que no son adecuados para este tipo de grupo de discipulado? Explica tu respuesta.

5. William Barclay dijo que todo cristiano es un eslabón entre su generación y la generación siguiente. ¿Qué sientes al pensar que tú puedes ser ese eslabón?

6. ¿Qué te ha enseñando este versículo esta semana?

🔍 Estudio Bíblico Inductivo

En el primer capítulo de 1ª Tesalonicenses Pablo alaba a los receptores de la carta por sus muchas cualidades. Luego, en el capítulo 2, describe las cualidades que él tiene y los métodos que usó para animarles a crecer.

1. *Lee 1ª Tesalonicenses 2:1-12.* Lee Hechos 16:11-40 para ver el trato que les dieron a Pablo y a Silas en Filipos, la ciudad que visitó justo antes de ir a Tesalónica (Hechos 17:1-10). ¿Hay algo que te impresione de estos dos personajes?

2. ¿Qué cualidades ves en Pablo que son dignas de imitar?

Pensando en tu papel de enseñar a otros, ¿cuáles son un reto para ti?

3. ¿Qué método usó Pablo para inculcar estas cualidades a los tesalonicenses (ver v. 7 y 11)?

4. Dios nos llama a que invirtamos tiempo y esfuerzo en personas para ayudarles a crecer en Cristo. ¿Qué puedes aprender de las imágenes que acabamos de ver?

5. ¿Qué implicaciones tiene para ti la enseñanza de este pasaje?

6. ¿Qué versículo o versículos te han impactado de forma especial? Escribe los versículos clave con tus propias palabras.

 **Lectura: La estrategia ministerial de Pablo**

Pablo se presenta como alguien digno de ser imitado. Son muchas las ocasiones en las que él dice: "Si me imitáis, estáis siguiendo a Cristo". Por ejemplo, osa decirle a los corintios: "Os exhorto: sed imitadores míos" (1ª Corintios 4:16). Un elemento muy importante de la enseñanza es el papel del maestro como modelo. ¿Qué había en la vida de Pablo que era digno de imitar?

El modelo de Pablo
Si analizamos el texto de 1ª Tesalonicenses 2:1-12, podemos encontrar algunas de sus cualidades.

Pablo tuvo valor en el Señor (v. 2). Pablo habló del Evangelio a pesar de la oposición que encontró en Filipos (Hechos 16:11-40). Habían encarcelado a Pablo y Silas porque Pablo había sacado un espíritu maligno de una mujer que adivinaba el futuro. Demostraron que confiaban en que el Señor les podía sacar de allí, pues en medio de aquella situación tan desesperada se pusieron a orar y a cantar. Cuando se acabaron sus recursos, Dios proveyó con sus recursos.

El mensaje y la motivación de Pablo eran verdaderos (v. 3). El mensaje no estaba basado en el error, aunque a sus oyentes les pareciera puro engaño. Para los griegos, su mensaje de la encarnación y la resurrección era locura, una locura que no se correspondía con la realidad. Así que insinuaban que era un fraude y un impostor. Pero Pablo dice que su mensaje viene de Dios y que esa locura es, de hecho, el medio de salvación que Dios ha decidido usar.

La palabra griega que nosotros traducimos por "impureza" o por "motivos impuros" proviene de una impureza relacionada con el sexo. Para desacreditar a Pablo, se decía que los cristianos practicaban en secreto rituales inmorales que consistían en beber la sangre de Cristo y saludarse con un beso santo. Pablo predicaba en un contexto en el que las religiones mistéricas griegas eran muy conocidas, religiones en las que la prostitución en el templo era parte de la adoración.

Además, su conducta lo respalda. El apóstol no tenía ninguna intención de engañar o confundir, sino que era abierto y honesto, convencido de la verdad de su mensaje. No era un embaucador, sino que era legal.

Pablo hablaba para agradar a Dios, no a las personas (v. 4). Pablo vivía con un sentido de obligación porque Dios le había confiado un mensaje. Por tanto, él no tenía ningún derecho a cambiar su contenido o reducir su fuerza. Pablo se negó a dejarse llevar por la necesidad humana de sentirse aceptado.

Pablo no buscaba su propio beneficio (v. 5). Pablo nunca intentó sacar beneficio económico de su ministerio. Trabajaba haciendo tiendas, así que nadie puede acusarle de avaro.

El método de Pablo

El método de Pablo era invertir en las personas. La única forma de hacer discípulos es formar parte de las vidas de las personas a las que estás intentando guiar. Dios se acercó a nosotros a través de Cristo, y nos usa en ese sentido cuando nos damos a los demás. Veamos cómo se dio Pablo a los tesalonicenses.

1. "Como una madre que cría con ternura a sus propios hijos" (v. 7). Pablo conocía a la gente que estaba bajo su cuidado, se centraba en sus necesidades y les guiaba hacia la madurez. Era tierno porque sus discípulos eran como bebés. Es como una madre que desempeña el papel de una pediatra que trabaja sin descanso para procurar que los niños sanen.

2. "Os hemos impartido... no solo el Evangelio, sino también nuestras propias vidas" (v. 8). Pablo no era una autoridad lejana, que no tenía ningún tipo de relación con las personas a las que servía. Él se mojó y compartió su vida con los tesalonicenses, mostrándoles su lado humano. Se dio a ellos en cuerpo y alma. La gente sabía que él se preocupaba por ellos. El discipulado consiste en invertir en una persona o personas durante un periodo de tiempo considerable.

3. "Como un padre lo haría con sus propios hijos" (v. 8). De nuevo vemos ese énfasis en la importancia que tienen las personas. Ningún ser humano es igual a otro, cada uno tiene sus necesidades, y no hay nadie que esté en el mismo momento de crecimiento. Un padre tiene que potenciar el carácter único de su hijo, y lo mismo tiene que hacer el que enseña. Tiene que animar y guiar a las personas a las que cuida hacia la madurez y la semejanza a Cristo.

La estrategia ministerial de Pablo versus la estrategia de la Iglesia

El estilo de Pablo es totalmente contrario a lo que normalmente hacemos en la Iglesia hoy. Su estrategia ministerial podría expresarse en este orden: discípulos, congregación, programa. Él no empezaba por el programa, sino que dejaba que el programa se desarrollara desde el contexto espontáneo del discipulado y de la comunión que surgía entre los discípulos. Él proclamaba el Evangelio; luego invertía tiempo y esfuerzo en aquellos que respondían, y con ellos formaba una comunidad de creyentes. Su ministerio creció sobre ese fundamento.

El ministerio de la Iglesia hoy normalmente empieza de forma inversa. Nuestro orden de prioridades suele ser el siguiente: organización, programa, discípulos. Creemos que el hacer discípulos se logra a través de programas, donde el que enseña se presenta como un maestro ante un espectador pasivo. Dicho de otro modo, un grupo reducido de personas planifica unas actividades, y la inmensa mayoría se lo encuentra todo hecho y ya no tiene que hacer nada. Lo que suele ocurrir es que los burócratas (los comités, los consejos, etc.), crean un sistema por el que todo el mundo tiene que pasar, y esperan que haya una producción en masa de discípulos. Pero por naturaleza, los programas se centran en las actividades, no en las personas. Los programas no sirven para atender a las personas de forma individual.

Pablo se centró en las personas
En la primera línea de esta carta a los tesalonicenses, Pablo escribe: "Pablo, Silvano y Timoteo...". El hecho de que Pablo mencione a dos compañeros nos ayuda a descubrir cuál era su estrategia. Él era muy consciente de la responsabilidad que tenía de transmitir el Evangelio. Eligió a personas que estuvieran con él para poder transmitirles la fe en el contexto de la vida cotidiana. Invirtió en las vidas de esas personas durante un largo periodo. Pablo fue fiel a Cristo. Conocía el carácter de Dios y el contenido del Evangelio, que transmitió de una forma eficaz.

Junto con este énfasis en las personas, vemos en Pablo la seguridad de que su vida era digna de imitar. En cierto sentido, suena arrogante. Sin ningún tipo de disimulo se atreve a decir: "Y vosotros vinisteis a ser imitadores de nosotros y del Señor" (1ª Tesalonicenses 1:6). Y también: "Vosotros sois testigos, y también Dios, de cuán santa, justa e irreprensiblemente nos comportamos con vosotros los creyentes" (1ª Tesalonicenses 2:10). La actitud de Pablo era: "Yo represento a Cristo, y vosotros deberíais seguir mis pasos". Pablo sabía que tenía algo que ofrecer, y no dejó que una falsa humildad le empujara a pedir disculpas cada vez que proclamaba la Palabra. Los discípulos debemos creer que tenemos algo que ofrecer.

La visión de Pablo para las generaciones futuras
Pablo no escogió a Timoteo para que en sus viajes le ayudara con el equipaje. Vio en Timoteo la cualidad de la fidelidad, cualidad que servi-

ría para el futuro de la Iglesia. Uno entiende la amplia visión que Pablo tenía cuando lee 2ª Timoteo 2:1-2.

Pablo transmitió su fe a Timoteo en presencia de muchos testigos. Pablo formó a Timoteo en un ministerio público, no como si fueran parte de una secta secreta. Pablo educó a Timoteo en la fe del mismo modo que cuando un padre le enseña su oficio a su hijo. Pablo se dirige a Timoteo como su hijo en la fe.

Timoteo tiene que continuar transmitiendo esa fe a personas fieles, leales, en las que se pueda confiar. Timoteo era el eslabón entre la era apostólica y la generación siguiente. William Barclay dijo: "todo cristiano es un eslabón entre su generación y la generación siguiente".[1]

Pablo no quería transmitir una estructura, una organización o un programa. Para él lo más importante era preparar a personas que luego pudieran preparar a las generaciones futuras. Lo dejó bien claro cuando escribió: "A Él nosotros proclamamos, amonestando a todos los hombres, y enseñando a todos los hombres con toda sabiduría, a fin de poder presentar a todo hombre perfecto en Cristo. Y con este fin también trabajo, esforzándome según su poder que obra poderosamente en mí" (Colosenses 1:28-29).

Estudio de la Lectura

1. Al examinar el modelo de Pablo, ¿qué aspectos de su carácter te llaman la atención?

2. Resume el método de Pablo.

---

1 William Barclay, *The Letters to Timothy* (Philadelphia: Westminster Press, 1956), p. 131.

3. ¿Qué diferencias hay entre la estrategia ministerial de Pablo y la forma en la que normalmente actúa la Iglesia?

4. Pablo se presenta a sí mismo como modelo. ¿Qué es lo que quería que los demás imitasen? ¿De qué forma podemos seguir su modelo?

5. Todo cristiano debe verse como un eslabón entre lo que ha recibido y la generación siguiente. ¿Qué tiene que cambiar en ti para que eso sea verdad?

6. ¿Cuál es tu oración si piensas en que tienes la oportunidad de enseñar a otros?

7. ¿Qué preguntas tienes sobre la lectura?

8. ¿Te ha mostrado la lectura algún pecado? ¿Te reta? ¿Te consuela? Explica por qué.

Lectura recomendada

Coleman, Robert, *Plan supremo de evangelización* (El Paso, Tx.: Casa Bautista de Publicaciones, 1983).

Gregory J. Ogden, *Discipulado que transforma: el modelo de Jesús* (Terrassa: Editorial Clie, 2006).

Apéndice

Construyendo un ministerio de discipulado

Mi visión es que cumplamos el mandato de hacer discípulos, y que las iglesias crezcan a través de la multiplicación de pequeños grupos de discipulado. Yo he tenido el gozo de ver la transformación que las dos iglesias que he pastoreado experimentaron gracias a la puesta en práctica de una red de discipulado. Como yo era el que publicaba este material hasta que diez años después de su creación, dejé esta tarea a una gran editorial, he tenido el privilegio de recibir muchos comentarios sobre el valor de esta herramienta en la elaboración de una estrategia de discipulado.

Después de todos estos años de trabajar enseñando a otros, creo que hay cinco elementos esenciales a la hora de crear un programa de discipulado. Y estos elementos o criterios son los que han servido de base para diseñar la herramienta que presentamos en este libro.

La inversión en personas

El discipulado no es un programa de seis semanas. Muchas iglesias tienen el objetivo de que muchas personas pasen por un curso concreto y creen que, una vez completado, tendrán un gran número de discípulos maduros. Los modelos más académicos se centran necesariamente en cubrir el contenido del curso, un curso donde a todos se les exige el mismo ritmo, los mismos requisitos. El discipulado tendría que verse como una relación entre padres e hijos, en la que los padres invierten tiempo y esfuerzo en sus hijos, dándoles lo que necesitan en cada una de las etapas: la infantil, la de primaria, la de la adolescencia, y la adulta. Solo haremos discípulos cuando cambiemos nuestra mentalidad y entendamos que si queremos resultados duraderos tenemos que invertir en las personas. A la larga los resultados serán más profundos, y también más numerosos.

Puede que pasen de tres a cinco años antes de que los efectos de este acercamiento sobre la cualidad y la vitalidad de la Iglesia se puedan apreciar. Los seleccionados para servir en el liderazgo de la Iglesia serán los que han sido discipulados y, a su vez, pueden enseñar a otros. El grupo de liderazgo crecerá, y surgirá un liderazgo espontáneo cuando las personas empiecen a entender su papel en el Cuerpo de Cristo. Aparecerán grupos de trabajo porque habrá líderes cualificados con el deseo de cubrir las necesidades que vayan descubriendo.

La continuidad
Muchas veces me he frustrado porque no he sido capaz de lograr que aquellos a quienes he enseñado enseñaran, a su vez, a otros. No sé exactamente por qué. O bien no captaron la visión, o no se sintieron capacitados para hacer por otros lo que yo había intentado hacer por ellos. No obstante, el objetivo de cualquier ministerio de discipulado tiene que ser transmitir vida de generación en generación. Cuando Pablo escribió a Timoteo, ¡en un solo versículo cita cuatro generaciones! (2ª Timoteo 2:2).

Uno de los obstáculos de que haya continuidad es la dependencia. El modelo de maestro autoritario puede llevar al discípulo a depender de forma insana del creyente "más maduro". Para que haya continuidad debemos abandonar la perspectiva jerárquica y optar por una dependencia mutua. En lugar de los típicos modelos de padre-hijo, maestro-alumno, en el ámbito del discipulado yo prefiero hablar de un modelo de relación en el que ambos, el que ha tenido la iniciativa y el creyente más joven, caminan juntos hacia la madurez en Cristo. El que enseña no es tanto un maestro, sino que es un guía o compañero en el camino hacia la madurez.

Desde el principio, a todos lo que forman parte del discipulado que proponemos se les anima a que continúen la cadena del discipulado y a que se comprometan a guiar a la generación siguiente. El orden de los capítulos ya está pensado para que vayamos pensando en aquellos a los que vamos a servir, y para que vayamos orando por ellos. Proponemos también que se potencie una independencia progresiva compartiendo el liderazgo de los encuentros de discipulado entre los diferentes miembros del grupo. Esto les da a todos la oportunidad de practicar en un ambiente familiar lo que más adelante tendrán que hacer con un nuevo grupo de discipulado.

El sentido de propósito
Es difícil medir la madurez espiritual de alguien. No obstante, si se están poniendo en práctica las disciplinas espirituales, si se está aprendiendo y aplicando el contenido, y si está habiendo transformación, cam-

bios en el estilo de vida, está claro que el discípulo está progresando. Por ejemplo, parece ser que Pablo creía que un discípulo maduro debía conocer sus dones espirituales y usarlos. Otra cosa que habla de madurez es haber entendido que debe enseñar a otros, del mismo modo en que alguien estuvo dispuesto a enseñarle.

Este acercamiento al discipulado ha sido diseñado para que los participantes perciban que están creciendo espiritualmente. Su formato secuencial da movimiento al discipulado, yendo desde los elementos esenciales del carácter cristiano, pasando por el contenido del Evangelio, y dejando claro el llamamiento que tenemos. Ver que avanzamos hacia una dirección concreta nos da un sentido de propósito.

No quiero que nadie piense que estoy diciendo que el que completa este curso se convierte, automáticamente, en un discípulo maduro. Este curso no es la panacea. Pero cuando alguien se disciplina para seguir un proceso de crecimiento, está creando las condiciones necesarias para que el Espíritu Santo haga su obra.

La flexibilidad

Si estás enseñando a más de un grupo a la vez, no te desanimes si todos no avanzan al mismo ritmo. El discipulado requiere una atención individualizada. En un discipulado se aprende contenido, se ponen en práctica diversas herramientas, y se van realizando cambios en el estilo de vida. No hay nadie que haga estas tres cosas al mismo ritmo ni de la misma forma. Tenemos que respetar el tiempo que Dios ha establecido para cada persona. Si Dios respeta la forma única en la que nos ha hecho, ¡hagámoslo nosotros también!

Esto puede ser una carga para el que está enseñando a la vez a personas que están en diferentes momentos del crecimiento espiritual. Una de las ventajas de *Manual del discipulado* es la naturaleza secuencial de la enseñanza. Así, puedes estudiar un capítulo diferente con cada persona, e ir al ritmo que necesiten.

La preparación

Una vez estés discipulando a varias personas, el tiempo que tendrás para prepararte para cada encuentro será limitado. Y eso es aún más cierto para un pastor o alguien involucrado en la enseñanza. Después de toda la preparación para las predicaciones o estudios, no tendrán ni el tiempo ni la energía emocional para preparar dos o tres lecciones diferentes de discipulado.

El Manual del discipulado es una herramienta que los que hacen discípulos pueden usar para transmitir su amplia experiencia y conocimiento. Su formación bíblica o teológica y su experiencia como creyentes ya es una gran ayuda. Al principio tendrá que invertir un poco de tiempo en la preparación. Pero cuando ya conozcan el material, lo podrán usar en los diferentes encuentros tan solo con un mínimo de preparación. El formato es tan sencillo que con el tiempo, la preparación consistirá en un simple repaso, acompañado de la oración continua por aquellos a quienes se está enseñando.

¡Que Dios nos capacite para hacer su obra a su manera, para que el mundo conozca las Buenas Nuevas de Jesucristo!

Bibliografía en castellano

Adsit, Christopher. *Discipulado Personal. Manual del Perfil de Crecimiento del Discípulo; Mini Caja de Herramientas para el Discipulado Personal.* Eugene, OR: Disciplemakers International.
Barrientos, Alberto. «Evangelismo y discipulado,» en *Trabajo Pastoral*. Miami: Ed. Caribe, 1982.
—. *Formación de la nueva persona en Cristo.* Sevilla: Publicaciones IESEF. [17 diálogos para los grupos de discipulado]
—. *El plan de Dios para cada persona y para el Universo.* Sevilla: Publicaciones IESEF. [4 diálogos que exponen los elementos básicos del Evangelio]
—. *Id y haced discípulos: Un análisis bíblico y práctico de la tarea de hacer discípulos desde una perspectiva pastoral.* Sevilla: Publicaciones IESEF, 1997.
Blackaby, Henry T. & Claude V. King. *Mi experiencia con Dios.* Nueva versión ampliada y corregida. Nashville, TN: LifeWay Press, 1993.
Coleman, Robert A. *Plan supremo de evangelización.* Casa Bautista de Publicaciones, 1983.
Cousins, Don y Judson Poling, Serie: *Caminemos con Dios*: 12 estudios para grupos. Willow Creek Resources. Miami, FL: Ed. Caribe, 1992-95.
Dale, Sara y Padilla, Ruth. *Diálogos de discipulado.* Buenos Aires: Ed. Certeza, 1970.
Dawson, Dave, ed. *Perfeccionando a los santos.* Puebla, México: Ed. Las Américas. [una serie de 8 libros por los Navigantes]
Dunn, James D.G. *La Llamada de Jesús al Seguimiento.* Colección Alcance 53. Santander: Ed. Sal Terrae, 2001. [teología del discipulado]
"Estudios sobre la salvación." Video. Madrid: Producciones Eben-Ezer, 1996.
Green, Michael. *Nueva Vida, Nuevo Estilo.* Terrassa: Clie, 1994; traducción de New Life, New Lifestyle, Hodder & Stoughton, 1973.
Hanks, Billie, Jr. & William A. Shell. *Discipulado.* Miami: Ed. Caribe, 1994; traducción de *Discipleship*, Grand Rapids: Zondervan, 1981.
Henrichsen, Walter A. *El Discípulo se hace, no nace: cómo transformar a los creyentes en discípulos.* Terrassa: Clie, 1976; traducción de *Disciples are Made – not born*, SP Publications, Inc., 1974).
Hybels, Bill. *No tengo tiempo para orar.* Certeza Unida.
Kuhne, Gary W. *La Dinámica de adiestrar discípulos: Un manual efectivo acerca de cómo llevar a cabo la regocijadora tarea de reproducirse en otros para cumplir con la Gran Comisión.* Nashville, TN: Ed. Caribe, 1980; traducción de *Dynamics of Discipleship Training*, Grand Rapids: Zondervan, 1978.
—. *Dinámica de Evangelismo: La atención personal al recién convertido.* Terrassa: Clie, 1977; traducción de *The Dynamics of Personal follow Up*, Grand Rapids: Zondervan, 1976.
La Serie 2:7. Los Navegantes.
Lay, Humberto. *Discipulado: Herramienta de crecimiento espiritual para todo cristiano.* Miami: Ed. Vida, 1996.
Llenas, Miguel L. *Prioridades en la Vida Cristiana.* Editorial Bíblico Dominicano, 1985.
Lewis, C.S. *Cartas del diablo a su sobrino.* Madrid: Ediciones RIALP.
—. *Mero cristianismo.* 3ª ed. Madrid: Ediciones RIALP, 2001.
—. *La travesía del viajero del alba.* Editorial Destino.

Los diez grados básicos del desarrollo cristiano. Editado por la Cruzada Estudiantil y Profesional para Cristo. [10 libritos sobre temas para los nuevos creyentes]

Maldonado, Jorge. "La Iglesia como comunidad discipuladora." *Boletín Teológico*. Año 14, No. 6 (Junio, 1982).

Mendoza de Mann, Lloyd y Wilma. *El Discipulado: Transferencia de Vida*. Terrassa: Clie, 1996.

Los Navegantes. "Estudios sobre la vida cristiana": 6 tomos. [Son estudios básicos para los nuevos creyentes]

Neighbour, Ralph W., Jr. Sígueme: *Una guía práctica para crecer espiritualmente*. CPB, 1981.

Ng, David. *La Juventud: Discipulado para Hoy*. Valley Forge, PN: Judson Perss, 1989.

Ogden, Gregory J. *Discipulado que transforma: el modelo de Jesús*. Colección Teológica Contemporánea. Terrassa: Editorial Clie, 2005.

Packer, J.I. *Conociendo a Dios*. Viladecavalls, Barcelona: CLIE, 1985.

Phillips, Keith. *Id y Haced Discípulos*. Editorial Vida, 1982.

Pippert, Rebeca Manley, *Fuera del Salero para servir al mundo*. Buenos Aires, Argentina: Ediciones Certeza, 2004.

Pratney, Winkie. *Guía para el Discipulado: Una presentación profunda del mensaje, método y estrategia usados por Jesús para reclutar y entrenar discípulos*, 3 Tomos. Puerto Rico: Editorial Betania, 1988; traducción de *Youth Aflame*, Minneapolis, MN, EEUU: Bethany House Publishers, 1970, 1983.

Ramírez, Elvida E. "El discipulado como un ministerio de cada creyente," *Misión* Vol. 3, No. 3 (Octubre, 1984).

Schnackenburg, Rudolf. "Discípulos, Comunidad e Iglesia en el Evangelio de Juan," en *Comentario de Juan*, Tomo 3, pp. 251-67. [teología del discipulado]

Stanton, Gerald B. *Fundamentos Cristianos: Cómo alcanzar la madurez cristiana*. Grand Rapids, MI, EEUU: Portavoz, 1977; traducción de *Christian Foundations*, 1965.

Stott, John. *Cristianismo Básico: ¿En quién y por qué creemos?* 3ª ed. Colombia: Ediciones Certeza, 1997.

—. *La Cruz de Cristo*. Colombia: Ediciones Certeza, 1996.

Sweeting, George. *Cómo Iniciar la Vida Cristiana: Los primeros pasos de un nuevo creyente*. Grand Rapids, MI, EEUU: Editorial Portavoz, 1977; traducción de *How to Begin the Christian Life*, Chicago, IL: Moody Press, 1976.

Taylor, Kenneth N. *Próximos Pasos para Nuevos Creyentes*. Miami, FL: Editorial Unilit, 1992; traducción de *Next Steps for New Christians*, Wheaton, IL: Tyndale House, 1985.

Watson, David. *Creo en la Gran Comisión*. Ed. Caribe. [teología del discipulado]

White, John. *La Lucha: Un manual práctico para la vida cristiana*. Miami: Ediciones Certeza, 1993.

Willard, Dallas. *Renueva tu corazón: Sé como Cristo*.Barcelona: CLIE, 2004.

Zapata, Rodrigo. *Manual del Discipulado: Hagamos Discípulos*. Miami, FL: Editorial Unilit, 1992. [una serie de estudios básicos]

Bibliografía Selecta en inglés

Adsit, Christopher B. *Personal Disciplemaking: A Step-by-Step Guide for Leading a Christian from New Birth to Maturity.* Orlando, FL: Campus Crusade for Christ, 1996.
Bennett, Ron. *Intentional Disciplemaking.* Nav Press, 2001.
Biehl, Bobb. *Mentoring: Confidence in Finding a Mentor and Becoming One.* Nashville, TN: 1996.
Bugbee, Bruce L. *Networking: Equipping those who are seeking to serve.*
Coleman, Robert. *Disciplemaking: Training Leaders to Make Disciples.* Wheaton, IL: Billy Graham Institute, 1994.
—. *The Master Plan of Discipleship.* Old Tappan, NJ: Revell, 1987.
Cosgrove, Francis M. *Essentials of Discipleship.* Fort Collins, CO: Treasure Publishing, 1988.
—. *Essentials of New Life: Biblical Truths a New Christian needs to Know.* Colorado Springs: NavPress, 1978.
Eims, Leroy. *Disciples in Action.*
—. *The Lost Art of Disciplemaking.* Colorado Springs: NavPress, 1978.
—. *What Every Christian Should Know about Growing: Basic Steps to Discipleship.* Wheaton, IL: Victor Books, 1977.
Fryling, Alice. *Disciplemakers' Handbook.* Downers Grove: IVP, 1989.
Hadidian, Allen. *Discipleship: Helping Other Christians Grow*, 1987.
Hull, Bill. *Disciplemaking Pastor.*
—. *New Century Disciplemaking.*
Longenecker, Richard N., ed. *Patterns of Discipleship in the New Testament.* Grand Rapids: Eerdmans, 1996. [teología del discipulado]
Martin, J. R. *Ventures in Discipleship.*
McKnight, Scot. *A New Vision for Israel.* Grand Rapids: Eerdmans, 1999: 156-237. [teología del discipulado]
Ogden, Greg. *Discipleship Essentials: A Guide to Building your Life in Christ.* Downers Grove: IVP, 1998.
Petersen, Jim. *Lifestyle Discipleship: The Challenge of Following Jesus in Today's World.* Colorado Springs: NavPress; 1993.
Rabey, Steve & Lois, ed. *Side by Side. A Handbook: Disciple-Making for a New Century.* NavPress, 2000.
Ryder, Andrew, S.C.J. *Following Christ: Models of Discipleship in the New Testament.* Franklin, WI: Sheed & Ward, 1999. [teología del discipulado]
Warr, Gene. *Making Disciples.* Fort Worth, TX: IEAP, 1978.
Watson, D. L. *Accountable Discipleship: Handbook for Covenant Discipleship Groups in the Congregation*, Nashville: Discipleship Resources.
Wilkins, Michael J. *Discipleship in the Ancient World and Matthew's Gospel.* 2a ed. Grand Rapids: Baker, 1995. [teología del discipulado]
—. *Following the Master: A Biblical Theology of Discipleship.* Grand Rapids: Zondervan, 1992. [teología del discipulado]
Willard, Dallas. *The Spirit of the Disciplines: Understanding How God Changes Lives.* San Francisco: Harper & Row, 1988.
Wright, N.T. *Following Jesus: Biblical Reflections on Discipleship.* Grand Rapids: Eerdmans, 1994.

www.ingramcontent.com/pod-product-compliance
Lightning Source LLC
Chambersburg PA
CBHW070637160426
43194CB00009B/1480